Uni-Taschenbücher 1846

Eine Arbeitsgemeinschaft der Verlage

Wilhelm Fink Verlag München
Gustav Fischer Verlag Jena und Stuttgart
Francke Verlag Tübingen und Basel
Paul Haupt Verlag Bern · Stuttgart · Wien
Hüthig Verlagsgemeinschaft
Decker & Müller GmbH Heidelberg
Leske Verlag + Budrich GmbH Opladen
J.C.B. Mohr (Paul Siebeck) Tübingen
Quelle & Meyer Heidelberg · Wiesbaden
Ernst Reinhardt Verlag München und Basel
Schäffer-Poeschel Verlag · Stuttgart
Ferdinand Schöningh Verlag Paderborn · München · Wien · Zürich
Eugen Ulmer Verlag Stuttgart
Vandenhoeck & Ruprecht in Göttingen und Zürich

Klaus P. Hansen

Kultur
und Kulturwissenschaft

Eine Einführung

Francke Verlag Tübingen und Basel

Klaus P. Hansen ist Professor für Amerikanistik an der Universität Passau.

Die Deutsche Bibliothek – CIP-Einheitsaufnahme

Hansen, Klaus P.:
Kultur und Kulturwissenschaft : Eine Einführung / Klaus P. Hansen. –
Tübingen ; Basel : Francke, 1995
   (UTB für Wissenschaft : Uni-Taschenbücher ; 1846)
   ISBN 3-8252-1846-5 (UTB)
   ISBN 3-7720-2242-1 (Francke)
NE: UTB für Wissenschaft / Uni-Taschenbücher

© 1995 · Francke Verlag Tübingen und Basel
Dischingerweg 5 · D-72070 Tübingen
ISBN 3-7720-2242-1

Das Werk einschließlich aller seiner Teile ist urheberrechtlich geschützt. Jede Verwertung außerhalb der engen Grenzen des Urheberrechtsgesetzes ist ohne Zustimmung des Verlages unzulässig und strafbar. Das gilt insbesondere für Vervielfältigungen, Übersetzungen, Mikroverfilmungen und die Einspeicherung und Verarbeitung in elektronischen Systemen.
Gedruckt auf chlorfrei gebleichtem und säurefreiem Werkdruckpapier.

Einbandgestaltung: Alfred Krugmann, Stuttgart
Druck und Bindung: Presse-Druck, Augsburg
Printed in Germany

ISBN 3-8252-1846-5 (UTB-Bestellnummer)

Vorbemerkung

Zu Beginn der neunziger Jahre wurde an der Universität Passau ein neuer Studiengang eingerichtet, der, wie er inoffiziell heißt, „Diplomkulturwirt". Trotz des verunglückten Namens war dieser Studiengang in kürzester Zeit so erfolgreich, daß ein strenger *numerus clausus* eingeführt werden mußte. Die eigentliche und in Deutschland einmalige Neuerung dieses Studiengangs besteht zum einen in seiner Interdisziplinarität und zum anderen in seiner Verbindung von Wirtschafts- und Geisteswissenschaften. Ein Pflichtanteil Wirtschaft wird mit einem Wahlanteil Sprachen und einem weiteren Wahlanteil, der in der Spezialisierung auf ein bestimmtes Ausland oder eine Ländergruppe besteht, kombiniert. In diesem letzteren Teil besucht der Student Veranstaltungen zu Politik, Geschichte, Literatur und Landeskunde, d.h. im Zentrum steht die „Kultur" des gewählten Landes.

Der Begriff Kultur, der sich sowieso im Aufwind befand, bekam dadurch einen besonderen Stellenwert, so daß bald eine Einführung gefordert wurde, die sich grundsätzlich und fächerübergreifend mit diesem Begriff beschäftigen sollte. Dieser Forderung stelle ich mich seit einigen Jahren und biete regelmäßig eine – stets überfüllte – Vorlesung an, die sozusagen kulturelle Grundlagenforschung betreibt. Die Einarbeitung in diese Grundlagen konfrontierte mich mit einem Paradox: Auf der einen Seite wird man von einer Fülle an Arbeiten erdrückt, die Kultur im Titel führen, denen auf der anderen jedoch keinerlei Zusammenschau gegenübersteht. Es fehlt eine Theorie der Kultur, die in Bündelung der verschiedenen Ansätze das Grundsätzliche klärte. Die Vorarbeiten, das stellte eine weitere Schwierigkeit dar, stammen aus den verschiedensten Disziplinen der Wissenschaft. An erster Stelle liefert natürlich die Anthropologie bzw. Ethnologie Beiträge, doch ebenfalls die Semiotik, die Geschichte, die Soziologie und die – allerdings noch kaum existierenden – Landeskunden. Hin und wieder stößt man auch auf Autoren, die sich nicht eindeutig bestimmten Fächern zuordnen lassen wie etwa Veblen und Bourdieu.

In den vier Jahren, in denen ich die Vorlesung hielt, veränderte sie sich ständig. Mehr und mehr fügten sich die zusammengetragenen Mosaiksteine zu einem Bild, auf dessen Untergrund die Umrisse einer Theorie der Kultur sichtbar wurden. Die Umformung des Materials zu einem Buchmanuskript bedeutete einen weiteren Klärungsprozeß. Was nun in diesem Band vorliegt, ist eine interdisziplinäre Einführung in den Kulturbegriff, die einerseits mit dem gesicherten, aber weit verstreuten Wissensstand vertraut macht, andererseits aber auch die noch ungelösten Probleme beim Namen nennt. Da es um Grundsätzliches geht, mußte es ein hoch abstraktes und theoretisches Buch werden. Mit Hilfe einer Fülle hoffentlich treffender und auch amüsanter Beispiele habe ich jedoch versucht, das Abstrakte auf die Erde der konkreten Erscheinungen zurückzubringen. Die Mehrzahl dieser Beispiele stammt aus dem deutschen und amerikanischen Alltag, was einfach daran liegt, daß ich Deutscher bin und das Fach Amerikanistik vertrete.

Weil es eine interdisziplinäre Einführung ist, die sich vom Gegenstand leiten läßt und nicht von seiner – logistisch notwendigen – Zerstückelung im Universitätsbetrieb, sind viele Fächer angesprochen. Studenten der Anthropologie, Ethnologie und Volkskunde werden von der Lektüre ebenso profitieren wie ihre Kommilitonen in der Soziologie, den Literaturwissenschaften und den Landeskunden. Insofern ein semiotischer Kulturbegriff vertreten wird, sind auch Semiotiker und Linguisten angesprochen. Für die Linguistik wird vieles referiert, über das Konsens besteht, doch mit der radikalen Ablehnung der Angeborenheitsthese und dem Versuch, den Gesetzescharakter anders zu fassen, wird Neuland betreten. Doch auch für den Psychologiestudenten könnte das Buch anregend sein, da an einigen Stellen sein Fach einer äußerst ketzerischen Kritik unterzogen wird. Für ihn wäre es deshalb ratsam, solange mit der Lektüre zu warten, bis die Professoren die vorliegende Einführung gelesen und gutgeheißen haben.

Passau, im Januar 1995   Klaus P. Hansen

Inhalt

I Der Kulturbegriff 9

II Natur und Kultur 17

III Grundelemente der Kultur: Standardisierungen 30
    Standardisierungen der Kommunikation
      1. *Zeichen* 33
      2. *Sprache* 49
    Standardisierungen des Denkens 71
    Standardisierungen des Empfindens 94
    Standardisierungen des Handelns 102
    Standardisierung und Kultur 114

IV Individuum und Kollektiv 121
    Intermezzo 123
    Die Prägung des Individuums durch die Kultur 130
    Die Sonderkollektive Volk und Nation 143
    Der Status von Volk und Nation 152

V Aufgaben einer zukünftigen Kulturwissenschaft 169
    Natur versus Kultur, Kollektiv und Standardisierung 173
    Interkulturalität 179
    Funktionsbestimmung von Kultur 193
      Der instrumentelle Kulturbegriff 195
      Der substantielle Kulturbegriff 204
      Der semiotische Kulturbegriff 209

Literaturverzeichnis 217

I Der Kulturbegriff

Kulturwissenschaften beschäftigen sich mit dem Phänomen Kultur. Was aber, das muß unsere allererste Frage sein, ist darunter zu verstehen? Am einfachsten nähert man sich ihr über den Alltagsgebrauch des deutschen Wortes Kultur. Daher wollen wir zunächst fragen, was wir umgangssprachlich unter Kultur verstehen. Die folgenden, bewußt umgangssprachlich gehaltenen Beispielsätze sollen den geläufigen Wortgebrauch demonstrieren, wobei sofort auffällt, daß verschiedene Bedeutungen des Wortes Kultur zu unterscheiden sind:

1. Der Meier macht irre in Kultur; dauernd rennt er in die Oper oder ins Theater; den Kulturteil der Frankfurter lernt er auswendig!
2. Die Müllers haben keine Kultur, keine Lebensart! Sie besitzen zwar alle Errungenschaften der Zivilisation, sind aber kulturlos. Auf Reisen nehmen sie nicht einmal einen Kulturbeutel mit!
3. Frau Schulz reist viel, denn sie interessiert sich für fremde Kulturen. Sie findet es auch spannend, die Subkulturen des eigenen Landes zu erkunden.
4. Der starke Regen vernichtete die meisten der angepflanzten Kulturen.

Da jeder Satz das Wort Kultur anders verwendet, müssen wir von vier Bedeutungen ausgehen.
1. Im ersten Beispiel umfaßt Kultur jene Gegenstände, mit denen sich der Kulturteil oder das Feuilleton der anspruchsvolleren Zeitungen beschäftigt: Oper, Theater, Literatur, bildende Kunst, Film, Architektur, Kunsthandwerk etc. Was ist diesen Gegenständen gemeinsam? Alle sind sie zunächst Artefakte, d.h. Produkte menschlicher Arbeit. Von anderen Produkten, wie einem Brot oder einem Schuh, unterscheiden sie sich zum einen dadurch, daß sie keinen praktischen Zweck verfolgen und daß zum anderen die in ihnen steckende Arbeit geistig, kreativ und künstlerisch ist. Des weiteren schwingt mit, daß nicht jeder diese Art von Arbeit verrichten kann und daß sie kaum erlernbar ist; nur besonders begabten Menschen soll sie zu Gebote stehen. Doch nicht nur vom Produzenten solcher Produkte wie einem Roman oder einem Gemälde werden besondere Begabungen gefordert, auch auf Seiten des Konsumenten oder Rezipienten werden bestimmte, nicht jedem gegebene Eigenschaften vorausgesetzt wie etwa

Sensibilität oder Kunstsinn. So wie nicht jeder befähigt ist, ein ansprechendes Gedicht zu schreiben, kann es auch nicht jeder nachvollziehend genießen.

Kurzum: Die erste Bedeutung von Kultur bezieht sich auf kreative und künstlerische Arbeit. Alles, was damit zusammenhängt, nennen wir deshalb *Kulturbetrieb*. Diese Arbeit gilt als besonders anspruchsvoll und zählt bei vielen Völkern zu den höchsten Leistungen, deren der Mensch fähig sein soll. Wenn wir für den Opernbesuch den dunklen Anzug ausbürsten und das kleine Schwarze hervorholen, huldigen wir dieser Aura des Besonderen.

2. Der zweite Satz verwendet Kultur zur Bezeichnung einer bestimmten Lebensart. Wiederum sind es herausgehobene Menschen, welche sie praktizieren. Sie zeichnen sich durch Humanität, Bildung, Geschmack, Manieren und schöngeistige Interessen aus. Sie nennen einen gepflegten Weinkeller ihr eigen und schätzen Antiquitäten wie auch edle Pferde. Die Körperpflege gehört ebenfalls hinzu, und deshalb hieß das *Necessaire* oder moderner der *beauty case* bei der älteren Generation *Kulturbeutel*. Diese spezielle Lebensart erstreckt sich zwischen den Polen Humanität, d.h. Menschlichkeit, Sensibilität und Toleranz auf der einen und *savoir vivre* auf der anderen Seite. Wir besitzen für diese zweite Bedeutung von Kultur im Deutschen ein weiteres Wort, nämlich *Kultiviertheit*. Sie schließt die erste Wortbedeutung mit ein, denn der Kultivierte wird sich ebenfalls den Künsten widmen.

Gleichzeitig behauptet diese Wortverwendung einen Gegensatz zwischen Zivilisation und Kultur, was übrigens nur im Deutschen der Fall ist.[1] Treffend wird dieser Gegensatz durch den bekannten Ausspruch beschrieben: Zivilisation ist, wenn man eine Badewanne besitzt; Kultur, wenn man sie benutzt. Kultur oder Kultiviertheit, so betont es die deutsche Sprache, besteht nicht nur in bestimmten materiellen, insbesondere technischen Voraussetzungen, sondern hinzukommen müssen eine besondere geistige Einstellung und besondere geistige Fähigkeiten. Die technischen Hilfsmittel, also die Zivilisation, kann sich auch der Neureiche zulegen, doch Kultur, also Manieren, Geschmack, Kunstsinn und Humanität, läßt sich nicht käuflich erwerben.

Die erste und zweite Bedeutung des Wortes Kultur besitzen gewisse Gemeinsamkeiten. Beide bezeichnen sie zunächst einen bestimmten

---

[1] Norbert Elias, *Über den Prozeß der Zivilisation* (Frankfurt am Main 1976) Bd. I, S. 1-42.

Bereich des gesellschaftlichen Lebens (Kulturbetrieb) bzw. eine bestimmte Lebensart (Kultiviertheit), um diese Phänomene dann, weil sie für die praktische Daseinsbewältigung funktionslos sind, ihr als besonders hochstehend überzuordnen. Insofern sind diese beiden Verwendungen des Wortes Kultur sowohl beschreibend als auch wertend.

3. Im Gegensatz dazu ist der Wortgebrauch des dritten Beispiels rein beschreibend. Neutral bedeutet Kultur jetzt das Brauchtum, die Sitten, die Manieren, die Religion etc., kurzum alle Eigenarten und Besonderheiten, die an einem fremden Volk auffallen. Der amerikanische Ausdruck *way of life* bezeichnet wohl am besten, was gemeint ist. Diese Wortverwendung ist umfassender als die beiden ersten, deren Bereiche ihr subsumiert sind. Frau Meier wird sich ja auch für die Künste und die Art der Kultiviertheit der von ihr bereisten fremden Länder interessieren. Bei dieser Bedeutung des Wortes Kultur wird der Bereich der praktischen Daseinsbewältigung oder der des Alltags nicht ausgeschlossen, sondern gerade integriert, da jetzt die Gesamtheit der Gewohnheiten eines Stammes oder Volkes im Vordergrund steht. Die ersten beiden Verwendungen sonderten bestimmte Bereiche aus und stellten sie wertend über die anderen; im Gegensatz dazu ist die dritte sowohl integrativ als auch wertneutral.

Wie Frau Meiers Interesse an Subkulturen zeigt, bezieht sich die dritte Bedeutung von Kultur nicht nur auf den speziellen Lebensstil eines fremden Volkes. Es können vielmehr auch Untergruppierungen gemeint sein. Das Wort *Jugendkultur* beispielsweise bezieht sich auf den *way of life* der jungen Generation. Wir sprechen von *Subkultur* und meinen damit die besonderen Verhaltensweisen und Ansichten eines bestimmten Milieus, das wir unterhalb der vorzeigbaren Schichten ansiedeln. Desgleichen könnten wir von der Kultur einer religiösen Sekte sprechen. Bei der Zusammensetzung *Eßkultur* wird ein spezieller Bereich ausgesondert, in welchem wiederum die speziellen Verhaltensweisen interessieren.

In all diesen Verwendungen bedeutet Kultur folglich die besonderen Gewohnheiten, die für eine bestimmte Gruppierung oder einen bestimmten Bereich typisch sind. Der folgende, scheinbar paradoxe Satz, den ein frustrierter Lehrer seiner vielleicht randalierenden Klasse entgegenschleudern könnte, "Die heutige Jugendkultur ist völlig kulturlos!", verbindet den neutralen und integrativen Wortgebrauch der Bedeutung 3 mit dem exklusiven und wertenden der Bedeutung 2.

4. Gegenüber den ersten drei Bedeutungen ist die vierte äußerst prosaisch. Kultur in diesem Sinne - verwendet entweder in der Landwirtschaft

(Monokultur) oder in der Geographie (Kulturlandschaft), aber auch in der Medizin (Bakterienkultur) – meint das Resultat einer anbauenden und pflegerischen Tätigkeit. Genau wie bei der ersten Bedeutung ist menschliche Arbeit vonnöten, wobei jetzt allerdings kein Nachdruck auf der Geistigkeit oder Kreativität liegt. Insofern findet sich auch keine wertende Komponente.

★ ★ ★

Wieso kommt es zu diesen vielen und so unterschiedlichen Bedeutungen eines einzigen Wortes? Das deutsche Substantiv Kultur ist sprachgeschichtlich lateinischen Ursprungs und leitet sich vom Verb *colo, colui, cultus* her. Das Lexikon nennt für dieses Verb zwei Bedeutungen: 1. *pflegen, bebauen, bestellen* und 2. *anbeten*. In der ersten Bedeutung des lateinischen Verbs erkennen wir sofort die vierte Bedeutung des deutschen Substantivs wieder. In Prägungen wie Monokultur und Kulturlandschaft steckt das Pflegen, Bebauen und Bestellen. Der zweiten lateinischen Bedeutung sind wir hingegen bisher nicht begegnet. Das liegt daran, daß die deutsche Sprache für sie eine eigene Ableitung bildete, nämlich das Wort *Kult*. Kultgegenstände dienen der Verehrung. Wenn man mit etwas Kult treibt (Starkult), so verehrt man es. Wie das letzte Beispiel zeigt, bekam das Wort Kult inzwischen einen negativen Unterton, der ursprünglich nicht vorhanden war.

Das lateinische Verb *colere* besitzt zwar nur zwei Bedeutungen, doch sie scheinen noch weiter auseinanderzuliegen als die vier Bedeutungen des deutschen Substantivs. Dennoch lassen sich alle Bedeutungen auf eine gemeinsame Wurzel zurückführen und als Ausdifferenzierungen ein und derselben Idee verstehen.

Ackerbau und Götterverehrung sind jene Tätigkeiten, die den Urmenschen vom Tier unterschieden. Die Jagd gehörte nicht dazu, weil sich Raubtiere ja auch jagend ernähren. Daher waren es vor allem diese beiden Tätigkeiten, die den Bereich des Menschlichen von dem der Natur abgrenzten. Sobald der Mensch begann, seine Nahrung anzupflanzen und eine Gottheit zu verehren, deren Anbetung er beispielsweise durch kultische Höhlenzeichnungen zum Ausdruck brachte, verließ er den Naturzustand und betrat den Raum der Kultur. Für beides waren ein Bewußtsein des eigenen Tuns und die Vernunft vonnöten, jene Eigenschaften also, welche das Tier nicht besitzen soll. In dieser Vorstellung des Ursprungs der Menschheit sind die beiden Bedeutungen des lateinischen *colere* vereint.

Das deutsche Wort entwickelte sich sehr viel später, so daß es der inzwischen sichtbar gewordenen Verschiedenheit im Lebensstil der Völker als auch dem unterschiedlichen Entwicklungsgrad dieser Lebensstile Rechnung tragen konnte. Der Zusammenhang mit der ursprünglichen Idee des lateinischen Wortes bleibt dabei aber gewahrt. Allumfassend bedeutet Kultur die Veränderung der äußeren und inneren Natur durch Arbeit. Das steckt auch heute noch in der neutralen dritten Bedeutung, wenn wir etwa Natur und Kultur als Gegensätze betrachten. Während der Ackerbau die unterste und erste Form der Arbeit darstellt, gilt die in der Bedeutung 1 erfaßte künstlerische Tätigkeit als deren höchste Form. Kultur bedeutet aber nicht nur die Veränderung des Äußeren - die Landschaft wird durch den Menschen zur Kulturlandschaft - sondern ebenfalls die Veränderung der inneren Natur, also der Natur im Menschen selbst. Kultur bedeutet die Zähmung der Leidenschaften oder, moderner formuliert, die Disziplinierung der Triebe und Egoismen. Auch das fällt unter die Vorstellung der Arbeit oder der menschlichen Gestaltung. Der Höhepunkt dieser Veränderung im Innern ist die als Bedeutung 2 beschriebene Kultiviertheit. Wenn Kultur also letztendlich Arbeit und Gestaltung beinhaltet, so ergibt sich die wertende Bedeutung 1 aus einer Rangordnung der verschiedenen Formen der Arbeit und die ebenfalls wertende Bedeutung 2 aus einer Zielvorstellung der zu erreichenden Veränderung der Menschennatur.

Wie schon gesagt, beinhaltet die Bedeutung 3 eine grundsätzliche Definition der Rolle des Menschen auf der Erde: Kultur meint die Veränderung der Natur durch menschliche Tätigkeit, was dazu führt, daß die natürliche Ordnung durch eine vom Menschen geschaffene ersetzt wird. Gleichzeitig berücksichtigt diese Bedeutung, daß diese Ersatzordnung bei verschiedenen Völkern verschieden ausfällt. Zunächst ohne jede Wertung sprechen wir deshalb von fremder und eigener Kultur. Die Bedeutung 3 ist somit die weiteste und umfassendste, die alle anderen Bedeutungen einschließt.

Die Neutralität und die Weite der Bedeutung 3 läßt sich auch daran erkennen, daß mit Hilfe von vorangestellten wertenden Zusätzen die ganze Menschheitsentwicklung begriffen werden kann. Wir unterscheiden Hochkulturen und Primitivkulturen. Den letzteren fehlt Kultur der Bedeutungen 1 und 2, d.h. ihnen fehlt eine sublimierte geistige Form der Arbeit und die Verfeinerung der Lebensart. Die Ethnologen oder Anthropologen, die solche Primitivkulturen erforschen, gehen sogar noch weiter. Sie zählen solche Völker dazu, die noch keine Schrift entwickelt haben. Oder anders herum: Als Voraussetzung der Hochkultur gilt die Schrift, die somit als Voraussetzung einer verfeinerten Geistigkeit angesehen wird. Bei alledem steht die Vorstellung im Hintergrund, daß sich die Menschheit von primitiven, naturnahen Anfängen, die als wild und barbarisch angesehen wurden, immer mehr verfeinerte und immer humanere Fähigkeiten ausbildete.

★ ★ ★

Die umfassende und wertneutrale Verwendung des Wortes Kultur, also die Bedeutung 3, bildet die Grundlage des wissenschaftlichen Begriffs gleichen Namens. Dabei wirkten sich zwei Tendenzen aus, die bereits umgangssprachlich vorhanden waren, so daß bei dem Wissenschaftsbegriff Kultur zwei Zielrichtungen zu unterscheiden sind. Zum einen lenkt dieser Begriff die Aufmerksamkeit auf die Gewohnheiten eines Volkes, Stammes, einer Gruppe oder ganz allgemein eines Kollektivs; zum anderen richtet er den Blick auf den Gegensatz von Natur und Kultur.

Beginnen wir mit dem ersten. Folgende Wissenschaften benutzen den Kulturbegriff in seiner Ausrichtung auf kollektive Gewohnheiten: die Ethnologie (*ethnos,* gr. Volk), die Anthropologie (*anthropos,* gr. Mensch), die Volkskunde, die Kulturgeographie sowie die modernen Landeskunden oder *cultural studies*. Diese Wissenschaften und Universitätsfächer untersuchen den speziellen *way of life* von Nationalkulturen, Regionen (Volkskunde) oder bestimmten Stammesgruppierungen der dritten Welt. Neuerdings wenden sich die Kultursoziologie und die *cultural studies* auch Untergruppierungen der Nationalkulturen zu, wenn sie beispielsweise - national oder international - die Jugendkultur oder die Frauenkultur erforschen oder wenn, wie eine bestimmte Schule der *American Studies* es tut, die USA als multikulturelle Gesellschaft betrachtet wird. Die zu erforschenden Kollektive können auch über den innergesellschaftlichen Bereich, zu dem sie gehören, charakterisiert sein. So wird beispielsweise inzwischen die Unternehmenskultur erforscht oder die des deutschen Handwerks. Auch hier sind ja Gewohnheiten und ein *way of life* zu entdecken.

Bis zu dieser neutralen und wertfreien Verwendung des Kulturbegriffs war es ein weiter Weg. Um zu ihr zu gelangen, mußte die Jahrhunderte andauernde Naivität beseitigt werden, die eigene Kultur für die einzig richtige und am höchsten entwickelte zu halten. Zwar verwies schon im Jahre 1580 der französische Philosoph Montaigne in seinem Essay "Des cannibales" auf die Relativität von Kulturen, doch bis sich diese Einsicht verfestigte und zur Grundlage von Wissenschaft wurde, vergingen noch einmal dreihundert Jahre. Endgültig erreicht und wissenschaftlich durchgesetzt wurde sie von Edward Burnett Tylor, dem Begründer der modernen Ethnologie. In seinem 1871 erschienenen Hauptwerk *Primitive Culture* definiert er Kultur wie folgt: Sie ist "im weitesten ethnographischen Sinne jener Inbegriff von Wissen, Glauben, Kunst, Moral, Gesetz, Sitte und allen übrigen Fähigkeiten und Gewohnheiten, welche der Mensch als Glied der Gesellschaft sich angeeignet hat".[2] Mit dieser Definition, und zwar mit ihrer speziellen Wortwahl, schockierte Tylor seine viktorianischen Zeitgenossen. Bisher hatte man bei primitiven Völkern von Brauchtum, Mythen, Götterverehrung, Magie und Ritualen gesprochen. Tylor hingegen verwendet die Hochkulturen vorbehaltenen Bezeichnungen wie Kunst, Wissen und sogar Moral und Religion. Dadurch bringt er zum Ausdruck, daß die grundsätzliche Funktionsweise von Kultur immer dieselbe ist. Wie schon der Titel zeigt, macht Tylor zwar weiterhin einen Unterschied zwischen Primitiv- und Hochkulturen, doch dieser ist eher einer der Quantität als der Qualität. Für die moderne Ethnologie, wie sie in Europa heißt, oder die moderne Anthropologie, wie sie in den USA genannt wird, ist das seit Tylor zur Arbeitsgrundlage geworden.

In der heutigen Situation, die durch eine Neubesinnung auf den Kulturbegriff gekennzeichnet ist, eröffnet er insbesondere zwei Arbeitsfelder. Die Definition, was unter Kultur zu verstehen ist, wurde zwar einfacher, doch gerade diese Einfachheit führt in neue Problembereiche. Auf dem Stand der bisherigen Ausführungen, die ja noch nicht sehr tief in den Gegenstand eingedrungen sind, ließe sich Kultur vorläufig so definieren: Sie umfaßt die Gesamtheit der Gewohnheiten eines Kollektivs. Aus dieser einfachen Aussage ergeben sich immense Arbeitsfelder, und zwar sowohl theoretische als auch praktische. Die letzteren ergeben sich überall dort, wo sich Kollektive bildeten und diese Kollektive Gewohnheiten entwickeln, die als besonders und von solchen anderer Kollektive unterscheidbar auffallen. Dieses Arbeitsfeld ist grenzenlos und zeitlos. Es geht ja nicht mehr nur um die Erforschung von Nationen oder Regionen. Da sich die Gesellschaft immer mehr zersplittert, da ständig neue Kollektive und neue Arten des *lifestyle* entstehen, da alles schnellebiger wird und die Moden immer rascher wechseln, können die Kulturwissenschaften über einen Mangel an Forschungsgegenständen nicht klagen.

Je mehr das Wissen über die verschiedensten Kollektive wächst, desto nachdrücklicher stellen sich jedoch theoretische Fragen, die bisher kaum

---

[2] Edward B. Tylor, *Primitive Culture* (London 1871), S. 1.

wahrgenommen, geschweige denn angegangen wurden. Um nur die wichtigsten zu nennen: Wie entstehen und vergehen Kollektive? Wie entwickeln sich ihre Gewohnheiten? Wie verändern sie sich? Welches ist das Verhältnis von Individuum und Kollektiv? Wie stark wird das Individuum von den Kulturen, an denen es partizipiert, geprägt, beispielsweise von der Nationalkultur? Was heißt überhaupt *prägen*? Wird das Individuum determiniert oder besitzt es eine Wahlfreiheit? Dann: Welchen Zweck erfüllt überhaupt Kultur? Auf diese Frage sind zwar viele Antworten gegeben worden, doch sie erscheinen nicht mehr zeitgemäß. Einigen dieser Fragen, um die Aufzählung damit zu beenden, werden wir uns im folgenden noch widmen.

Damit kommen wir zur zweiten Ausrichtung des wissenschaftlichen Kulturbegriffs, die sich auf den Gegensatz von Natur und Kultur konzentriert. Da dieser Gegensatz für jede Kulturwissenschaft von zentraler und, man könnte sagen, propädeutischer Wichtigkeit ist, soll er im folgenden Kapitel genauer behandelt werden.

II Natur und Kultur

„Will man die Welt beschreiben, so reichen dafür die Begriffe Natur und Kultur."[1] Diesem Ausspruch des Ethnologen Wolfgang Marschall kann man zustimmen. Schon nach antiker Definition umfaßte der Begriff Natur die Gesamtheit des materiell Vorgefundenen, während Kultur das menschlich Geschaffene bezeichnete. Im Konzept der beiden Begriffe stehen somit solche Phänomene, die sich auch ohne die Existenz des Menschen auf der Erde befinden würden, jenen gegenüber, die, egal ob materiell oder geistig, auf menschliche Urheberschaft zurückführbar sind. Mit Hilfe dieser groben Zweiteilung ist in der Tat der irdische Kosmos erschöpfend beschrieben.

Mag die Unterscheidung auch kompliziert klingen, so ist die Zuordnung von Einzelheiten indes problemlos. Der Wasserfall ist ein Stück Natur; die Turbine, die er antreibt, oder das Gemälde oder Photo, das ihn abbildet, ein Stück Kultur. Auch die Konvention, daß Wasserfälle im 19. Jahrhundert zu *sujets* der Kunst wurden oder daß sie auch heute noch touristische Neugier erregen, gehört in den kulturellen Bereich. Nicht so einfach lassen sich solche Zuordnungen allerdings beim Menschen selbst vornehmen, in welchem ja beide Bereiche zusammentreffen. Einerseits ist der Mensch Naturwesen, welches derselben Kreatürlichkeit unterworfen ist wie das Tier; andererseits ist er Stifter und Träger der Kultur. Aus dieser Doppelrolle resultieren Interaktionen über die Grenzen der Bereiche hinweg. Vor dem Examen bin ich nervös und bekomme Magenschmerzen. In diesem Beispiel zeigt ein Kulturphänomen, das Examen, körperliche Auswirkungen, d.h. es beeinflußt den Bereich der Natur.

Noch komplizierter wird es, wenn man bedenkt, daß der Mensch nicht nur als Subjekt der Kultur fungiert, d.h. als ihr Stifter und Träger, sondern ihr gleichzeitig als Objekt unterworfen ist. Der Philosoph Nietzsche prägte die Kultur der Moderne; dem ging voraus, daß er als junger Mensch seinerseits von der Kultur geprägt worden war, nämlich von der des ausgehenden 19. Jahrhunderts, wie er sie in Elternhaus, Schule und auf der

---

[1] Wolfgang Marschall, „Die zweite Natur des Menschen: Kulturtheoretische Positionen in der Ethnologie", in: Klaus P. Hansen, hg., *Kulturbegriff und Methode: Der stille Paradigmenwechsel in den Geisteswissenschaften* (Tübingen 1993), S. 17.

Universität vorfand. Der Mensch ist Subjekt der Kultur, weil sie durch ihn geschaffen wurde und geschaffen wird. Doch er ist auch kulturelles Objekt, insofern der jeweilige Kulturzustand das Einzelindividuum weitgehend formt. Daher muß man von zwei prägenden Faktorengruppen ausgehen, die ein Individuum zu dem machen, was es ist: von seiner biologischen Natur und von der Kultur seines Sozialisationsmilieus. Daß von einer solchen Doppelprägung auszugehen ist, wird von niemandem bestritten, doch tauchen sofort Meinungsverschiedenheiten auf, wenn konkrete Zuordnungen von menschlichen Eigenschaften anstehen. Was zur Natur und was zur Kultur gehören soll, darüber schwelt ein jahrhundertealter Streit.

Um zunächst ein konkretes Beispiel zu geben. Ist Mozarts musikalisches Genie eine Gabe der Natur, oder ist es dem erzieherischen Einfluß des Vaters zuzuschreiben, der ebenfalls ein großer Musiker war? Vererbte der Vater dem Sohn in seinen Genen die Musikalität; ist sie also biologischen Ursprungs, so daß Amadeus, auch wenn er sofort nach der Geburt in eine andere, gänzlich unmusikalische Familie gegeben worden wäre, auch dort begonnen hätte, Noten zu schreiben? Oder war es ausschließlich das kulturelle Milieu der Familie Mozart, die, hätte sie fremde Kinder adoptiert, auch diese zu Musikern gemacht hätte? Es würde also bei diesem Beispiel darum gestritten werden, was ist angeboren, was erworben; und das heißt, der Streit geht um die Abgrenzung und um die Größe der Einflußbereiche von Natur und Kultur.

Dieser Streit ist für die Kulturwissenschaften insofern von fundamentaler Wichtigkeit, als von seinem Ausgang die Größe des Kompetenzbereichs der die Kultur erforschenden Disziplinen abhängt. Sollte man der Natur die grundsätzliche Herrschaft über den Menschen einräumen, büßen die Kulturwissenschaften jeden Alltagsbezug ein; sollte man jedoch in der Kultur das prägende Element erkennen, gewinnt ihre Erforschung an Bedeutung. Doch, wie wir an den heftigen Debatten der Laien merken, ist dieser Streit nicht nur akademisch brisant. Das liegt wohl daran, daß oft genug praktische, ja sogar politische Konsequenzen involviert sind. Wenn, wie noch in den fünfziger Jahren geschehen, den schwarzen Amerikanern von renommierten Psychologen eine, biologisch feststehend, geringere Intelligenz bescheinigt wird, so führt dieses Ergebnis, falls man es für zutreffend hält, zwangsläufig zu bestimmten bildungspolitischen Schritten, etwa daß Sonderschulen für Schwarze eingerichtet werden. Wenn der Sohn in Englisch und Französisch nur schlechte Noten nach Hause bringt, stehen die Eltern vor der Frage, woran das liegt und wie dem Problem begegnet werden kann. Sollten sie auf Faulheit erkennen, ist die Lösung einfach; sollten sie jedoch auf fehlende Sprachenbegabung schließen, d.h. auf Defizite der Erbanlagen, müßten sie radikalere Maßnahmen bedenken, zu denen auch das Verlassen des Gymnasiums gehören würde.

Ob ich Natur oder Kultur am Werke sehe, zieht also praktische, den Alltag und die Politik gestaltende Konsequenzen nach sich. Das liegt ganz einfach daran, daß der Bereich der Natur menschlicher Beeinflussung entzogen ist, derjenige der Kultur hingegen der Gestaltung offensteht. Was zur Natur erklärt wird, bleibt also unzugänglich und muß hingenommen werden, wie es ist. An dieser Stelle kann sich Ideologie einschleichen. Der Verfechter des Istzustandes braucht nur die Zuordnung zur Natur zu präsentieren, um vor Veränderungen sicher zu sein. Der Rassist braucht nur das schlechtere Abschneiden der Schwarzen als biologisch verursacht hinzustellen, um sie von weißen Bildungseinrichtungen fernzuhalten. Ob ideologisch oder nicht, aufgrund der unmittelbaren Konsequenzen für die Praxis besteht ein enthusiastisches Allgemeininteresse an diesem Zuordnungsstreit, und daher ist es nicht verwunderlich, daß bestimmte in ihm vertretene Positionen Teil des derzeitigen kollektiven Wissens sind, d.h. daß sie auch dem wissenschaftlichen Laien zu Gebote stehen. Der Lieferant dieser Positionen ist in erster Linie die Psychologie, deren Erkenntnisse sich überhaupt schnell popularisieren, wie schon die Existenz von psychologischen Illustrierten zeigt. Im folgenden soll nun versucht werden, jene beiden Positionen oder Richtungen zu skizzieren, die in der derzeitigen Diskussion führend sind. Dabei möchte ich mich nicht auf direkte fachwissenschaftliche Forschungen beziehen als vielmehr auf ihre Resultate, soweit sie von der interessierten Öffentlichkeit zur Kenntnis genommen werden.

Die erste Richtung sieht Natur als den hauptsächlichen Gestaltungsfaktor menschlicher Identität, wobei ihm aber eine Kontrolle über Phänomene zuerkannt wird, die eigentlich zur Kultur gehören. Im obigen Beispiel würde ein Anhänger dieser Richtung die Musikalität Mozarts für angeboren halten, also für eine biologisch gespeicherte Fähigkeit, obwohl Musik doch der Kultur zuzurechnen ist. Auch die zweite Richtung, die ich als Entlarvungspsychologie bezeichnen möchte, sieht Natur als dominant, käme aber nie auf die Idee, ihr Kulturelles zu unterstellen, da Kultur für eine bloße, das Existentielle und Essentielle nicht tangierende Verzierung gehalten wird. Geben wir ein einfaches Beispiel. Bei Tempo 170 bedrängt auf einer deutschen Autobahn ein schwarzer BMW mit Alufelgen einen schwarzen Mercedes mit Alufelgen, der sich weigert, die Überholspur zu räumen. Der BMW-Fahrer blinkt und hupt, erhebt dann drohend sein Autotelefon, was sagen soll, jetzt rufe ich die Polizei an. Diese kulturgesättigte Szene, die nur in den neunziger Jahren und nur in Deutschland spielen kann, würde von einem Anhänger der Entlarvungspsychologie allein aus dem Aggressionstrieb erklärt. Das Kulturelle, die Marke und Farbe der Autos, das Autotelefon, die deutsche Institution Autobahn etc. wären für ihn unerheblich, so daß der Vorgang zu einer Räume und Zeiten übergreifenden Ursituation zusammenschrumpfte, bei der sich die beiden Fahrer gegenüberstehen wie zwei brünstige Bullen. Dabei könnten sich die Fahrzeuglenker, sobald sie ihre PS-starken Motoren abgestellt haben, in zwei friedliche, zuvorkommende und vorsichtige Senioren verwandeln, die eventuell Angst hätten, auf eine Leiter zu steigen. Diesen Aspekt blendet der Entlarvungspsychologe aus, da er die kulturellen Details zum Beiwerk erklärt und den Trieb zur einzigen Antriebskraft erhebt. Zugespitzt formuliert, könnte man sagen, daß diese Richtung, deren Verfechter sich für Realisten halten, dem Vernunftwesen Mensch die Maske der Menschlichkeit abreißt und zeigt, was er wirklich ist: ein Tier.

Beide Richtungen sind zutiefst traditionell und blicken auf eine lange Geschichte zurück. Beginnen wir mit der Herkunft der ersten Richtung. Der Streit Natur versus Kultur begann zur Zeit der Aufklärung, also im 18. Jahrhundert. Voltaire propagierte die Kultivierung der Menschheit durch die Vernunft, Rousseau, der Gegenaufklärer, empfahl die Rückkehr zur Natur. Er und sein Vorgänger Montaigne prangerten die Kultur des französischen Hofes, die kultivierteste in ganz Europa, als affektiert, gekünstelt und lasterhaft an. Ihr hielten sie die natürliche Lebensweise der gerade entdeckten Wilden in Übersee als Korrektiv entgegen. Auf diese Weise schufen Montaigne und Rousseau eine populär werdende Konvention, die man als Kulturkritik bezeichnet. Sie wurde nicht nur von fortschrittlichen, dem Feudalismus abholden Philosophen vertreten, sondern auch von Entdeckungsreisenden benutzt, die an den Eingeborenen die Natürlichkeit priesen und den Topos des edlen Wilden schufen. Die Südsee-Paradiese, die Captain Cook und Georg Forster im 18. Jahrhundert beschrieben und die noch gegen Ende des 19. von Gauguin gemalt wurden, stehen ganz in dieser Konvention.

Die Argumentation der Kulturkritik kehrte die bis dahin gültige Wertigkeit von Natur und Kultur um. Galt der Antike Natur als Zustand gefährlicher Barbarei und Kultur als Bemühung um sinnvolle Ordnung, so wird das Kultivierte nun als pervertiertes und dekadentes Menschenwerk abgelehnt und die Natur vorgezogen, in deren Schoß man die menschlichen Belange besser aufgehoben glaubte. So entstand die uns heute noch geläufige, positiv besetzte Vorstellung der Natürlichkeit bzw. der Vorwurf des Unnatürlichen. Dieser Umwertung liegt eine fundamentale Veränderung und Ausweitung des Naturbegriffs zugrunde. Für die Kulturkritiker umfaßte er weit mehr als für die antiken Philosophen, die darunter bloße Materie und Biologie verstanden. Rousseau sah in der Natur bereits die sinnvolle Ordnung des ganzen Universums einschließlich der Menschheit angelegt und erblickte in ihr eine Art Vorprogrammierung für das Geistige, das Moralische und Vernünftige. Mit anderen Worten, Natur umfaßte neben Materie und Biologie auch jenen Bereich, der bis dahin der Kultur vorbehalten war. Kein Wunder, daß man jetzt mit Natürlichkeit auskam und auf Kultur wie Vernunft verzichten konnte. Durch die kulturkritische Argumentation ging allerdings die Trennungsschärfe zwischen den Begriffen Natur und Kultur verloren, und der Naturbegriff wandelte sich zu einem Instrument metaphysischer Spekulation. Eine ähnliche Verwendung fand er bei den Zeitgenossen Leibniz und Spinoza, die den mittelalterlichen Abstand zwischen Gott und Schöpfung dadurch auflösten, daß sie Natur zur Manifestation Gottes erklärten.

Die Ausweitung des Naturbegriffs und die fehlende Trennungsschärfe zwischen den beiden Polen, das ist meine These, gilt auch heute noch und bildet das Fundament der erwähnten ersten Richtung. Ohne es groß zu problematisieren, gehen wir wie selbstverständlich davon aus, daß kulturelle Errungenschaften und auch kulturelle Fehlentwicklungen irgendwie in die Natur gelangen und durch das Erbmaterial weitergegeben werden. Dabei weiß die Biologie seit der Widerlegung Lamarcks durch Darwin, daß erworbene Eigenschaften nicht vererbt werden. Davon unbeeindruckt gehen viele Psychologen und mit ihnen das kollektive Wissen davon aus, daß Intelligenz, Genialität, Musikalität, künstlerisches Talent, kaufmännisches Fingerspitzengefühl, Sprachenbegabung und auch Depressionen und Alkoholismus angeboren sind. Oder denken wir an Konzepte wie Kleptomanie oder Legasthenie. Ein normaler Kaufhausdieb ist ein schlechter Mensch, der gegen die Regeln der Kultur verstößt; ein Kleptomane hingegen ist ein Kranker. Genaugenommen wird sein Defekt nicht dem Geist oder fehlender Willenskraft, sondern seiner Natur angelastet. Ein Schüler mit schlechten Noten in Mathematik ist entweder dumm oder faul; ein Legastheniker hingegen soll an einer Art Krankheit leiden, die verhindert, daß seine ansonsten normale Intelligenz im Bereich der Rechtschreibung ordnungsgemäß funktioniert. Beide Konzepte verbergen sich hinter einem schwammigen Krankheitsbegriff und bleiben die genauere Antwort schuldig, woran es denn eigentlich liegen soll. Die gibt sich jeder unbewußt selbst: Natürlich liegt es an der Natur. Ihr läßt sich ja, da man in sie nicht hineinschauen kann, fast alles unterstellen.

Die meisten Unterstellungen kommen mit Hilfe von Statistik zustande. Ihre Ergebnisse hält man daher für empirisch abgesichert. Dabei wird jedoch übersehen, daß weder die Prämissen der Statistik noch die aus ihren Ergebnissen gezogenen Schlußfolgerungen empirisch, geschweige denn naturwissenschaftlich zustande kommen. Die Statistiken über die Intelligenz der Schwarzen beispielsweise beruhen auf der höchst fragwürdigen Prämisse, daß es eine vom Lernstoff unabhängige oder überhaupt kulturunabhängige Intelligenz gebe, die sich testen lasse. Dabei muß jeder Intelligenztest Kulturtechniken wie Schrift oder Piktogramme benutzen. Die Behauptung, Mozarts musikalisches Genie sei angeboren, beruht auf einer empirisch nicht abgesicherten Schlußfolgerung. Die Angeborenheit der Musikalität des Sohnes wird aus der Abstammung von seinem musikalischen Vater erschlossen. Beide sind aber nicht nur biologisch, sondern auch kulturell miteinander verknüpft, so daß mit gleicher Berechtigung auch der gegensätzliche Schluß möglich ist. Ein naturwissenschaftlich haltbarer Beweis wäre erst erbracht, wenn man das für die Musikalität verantwortliche Gen isoliert, es einem anderen Menschen eingepflanzt hätte und dieser zu einem großen Musiker würde.

Wenn auch nicht naturwissenschaftlich, so scheinen die Forschungen, die man an eineiigen Zwillingen anstellte, zumindest empirisch verläßlicher zu sein. Doch auch das ist zu bezweifeln. Wenn man eineiige Zwillinge, die ja nachweislich ein identisches Erbmaterial besitzen, in verschiedene Familien gäbe und dort aufwachsen ließe, d.h. wenn man dasselbe Erbmaterial verschiedenen kulturellen Milieus aussetzte, so müßte das aussagekräftige Ergebnisse liefern. Allerdings sind solchen Experimenten mit Menschen von vornherein Grenzen gesetzt. Nicht der Wissenschaftler, der sie in völlig unterschiedliche Milieus und am liebsten in verschiedene Länder stecken würde, organisiert die Adoption der elternlosen Zwillinge, sondern die jeweiligen Landesbehörden, die darauf achten, daß die Kinder in ihrem sozialen Milieu und in ihrem Heimatland bleiben. Es fragt sich, was bei einer solchen experimentellen Anordnung noch herauskommen kann. Nehmen wir an, ein irisches, plötzlich verwaistes Zwillingspaar, geboren in der unteren Mittelschicht, wird auf verschiedene Familien dieses Milieus aufgeteilt. Nach einiger Zeit stellen die beobachtenden Psychologen fest, daß beide Marlboro rauchen, Whisky trinken, eine rothaarige Frau geheiratet haben und Friseur geworden sind. Läßt ein solches Ergebnis Aussagen über das Erbmaterial zu? Wohl kaum! Wenn man bedenkt, daß die Mehrheit der unteren Mittelschicht raucht, daß Marlboro eine zur Zeit führende Marke ist, daß in Irland traditionell Whisky getrunken wird und daß es dort viele rothaarige Frauen gibt, so bleibt als einzig sinnvoller Schluß, daß sich die beiden gesellschafts- und milieukonform verhielten. Erstaunlich bliebe allerdings der identische Beruf, aber ein so vereinzeltes Kriterium könnte schlicht auf Zufall beruhen.

Kurzum: Die Überantwortung von kulturellen Errungenschaften oder Lastern an die Natur arbeitet mit methodischen Unzulänglichkeiten. Das Gegensatzpaar Natur und Kultur wird nicht trennungsscharf gehandhabt; die Erkenntnisse der biologischen Vererbungslehre werden mißachtet, bzw. es wird keine Erklärung dafür gegeben, wie die kulturellen Fähigkeiten, welche die Primaten noch nicht besaßen, ins Erbgut gelangten; und schließlich wird mit Hilfe von Statistik ein empirisches Verfahren vorgegaukelt, das aber, was die Zuordnung zur Natur betrifft, nicht empirisch ist. Inzwischen operiert man zwar mit Prozentzahlen wie 80% Veranlagung und 20% Sozialisation, doch sind damit die oben genannten Defizite nicht ausgeräumt.

Die zweite Richtung, die der Entlarvungspsychologie, ist, was ihre Herkunft betrifft, jüngeren Datums. Sie geht auf einen falsch oder einseitig verstandenen Darwinismus zurück. Darwin vertrat die These, daß der Mensch wie alle anderen Arten das Produkt einer rein kontingenten biologischen Entwicklung sei, die durch das Zusammenspiel von genetischer Variation und Anpassung an die Umwelt voranschreite. Die entsetzten Zeitgenossen erblickten darin vor allem eine Widerlegung der meisten bis dahin gültigen christlichen und philosophischen Grundsätze. Die Konfessionen konzentrierten sich auf den Widerspruch zur Schöpfungslehre; die philosophisch Gebildeten nahmen die Ablehnung jeder ontologisierten Geistigkeit zur Kenntnis. War es die Gemeinsamkeit der verschiedensten philosophischen Schulen und auch der christlichen Religionen, daß sie von einem die Welt regierenden geistigen Prinzip ausgingen, das entweder Gott, Natur (Rousseau) oder Vernunft (Hegel) genannt wurde, so kam Darwins Evolutionstheorie ohne ein solches Prinzip aus. Darin hatte ihm Schopenhauer zu Anfang des 19. Jahrhunderts vorgearbeitet, als er den Urgrund des Universums, den er „Willen" nannte, als dumpfe, seelenlose Dynamik beschrieb. Mit solchen Ansätzen trugen Schopenhauer, Darwin und auch Nietzsche letztendlich dazu bei, die Philosophie von der spekulativen Metaphysik zu befreien. Doch ihre weniger klugen

Nachfolger schütteten das Kind mit dem Bade aus. Das Pendel, das zur Zeit des Idealismus auf Geist stand, schlug nun zur anderen Seite aus zugunsten eines platten Materialismus und Biologismus. Es wurde Mode, menschliche Eigenschaften und Verhaltensweisen aus der Natur zu erklären, und zwar aus einer metaphysikfreien, auf die Biologie beschränkten Natur. Damit fand man zwar zum alten, trennungsscharfen Naturbegriff der Antike zurück, doch sein Gegenpol wurde gänzlich aufgegeben. Es gab nur noch die biologische Natur, und alle geistigen Fähigkeiten und kulturellen Errungenschaften wurden hinsichtlich ihrer Gestaltungskraft geleugnet. Wie es auch der literarische Naturalismus bestätigt, riß man dem Menschen die Kulturmaske ab, um dahinter die Fratze einer indifferenten Daseinsautomatik freizulegen.

Ein ebenfalls falsch oder zumindest trivialisiert verstandener Sigmund Freud gab dieser Mode neue Nahrung. Durch ihn und seine Ideen der Triebsublimation und Rationalisierung lernte man, scheinbar kulturell motivierte Handlungen auf Sexualität zurückzuführen. Auch die Anthropologie huldigte einem solchen, wie der Amerikaner es nennt, *reductionism*. Ganz im Sinne der Evolutionslehre verstand sie Kultur bald als Mittel der Überlebenssicherung oder als Mittel der Erhaltung der Art. Insofern begann auch sie differenzierte und spezifizierte Vorgänge in den Kulturen auf einfache Lebensgesetze zu reduzieren. Als aktuelles Beispiel ist dafür das Buch *The Evolution of Desire: Strategies of Human Mating* von David M. Buss (1994) zu nennen. Die Auswahl des Lebenspartners werde auch in Hochkulturen, so die aufgestellte Behauptung, nur nach dem Prinzip des Überlebens und der Erhaltung der Art vorgenommen. Letztendlich gebe nicht der Charakter, die Schönheit, Nettigkeit, Intelligenz etc. den Ausschlag für die Wahl des Partners, sondern eher Busen und Po, wobei man weniger auf ästhetische Rundung, als vielmehr rein auf Quantität achte, weil daran Fortpflanzungsfähigkeit zu erkennen sei. Wer solche Bücher schreibt, besitzt kein Auge für die kulturellen Realitäten, die wechselnden Schönheitsideale und die charakterlichen Vorlieben.

Werfen wir, um zu zeigen, welche sonstigen Blüten die Natur-Kultur Diskussion in der Vergangenheit trieb, noch einen Blick auf drei populäre Bücher des späten 19. und frühen 20. Jahrhunderts, auf Max Nordaus *Entartung* (1893), Otto Weiningers *Geschlecht und Charakter* (1903) und auf Ernst Kretschmars *Körperbau und Charakter* (1921). Gemeinsam ist diesen Schriften, daß ein Zusammenhang hergestellt wird zwischen biologischen Faktoren (Geschlecht, Körperbau, Erbanlagen) und dem Charakter bzw. Geist des Individuums. Diese Gemeinsamkeit besitzt traditionelle Vorgänger in der Physiognomik, der Phrenologie, der Rassenlehre und der auch heute noch praktizierten Graphologie. Alle diese Pseudowissenschaften wollen am Äußeren des Menschen sein Inneres erkennen. Die Physiognomik betrachtet das Gesicht und schließt von seinen Eigentümlichkeiten auf den Charakter. Einiges davon ist als Volksweisheit noch erhalten, so beispielsweise die Interpretation von angewachsenen Ohrläppchen als Anzeichen von Jähzorn. Die Phrenologie schloß von der Schädelform auf den Charakter, genau wie es die Rassenkunde von rassischen Merkmalen ausgehend tat und die Graphologie von der Handschrift. Es geht bei diesen Verfahren zwar nicht um allgemeine kulturelle Errungenschaften, sondern um den Charakter von Individuen, doch dabei wird ebenfalls eine Entscheidung zugunsten der Natur gefällt. Wenn der Geist am Körper zu erkennen ist, müssen beide gleichen Ursprungs sein, und dieser Ursprung ist selbstverständlich die Natur.

Zurück zu den genannten Büchern. Max Nordau, der den Nationalsozialisten ein wichtiges Stichwort lieferte, konstruierte auf der Grundlage einer kruden Anthropologie eine Verbindung zwischen der Reinheit des Erbmaterials, der Vitalität des Körpers und der Gesundheit des Geistes. Indem er die Kunst und Philosophie der Moderne, die er zutiefst ablehnte, „entartet" nannte, suggerierte er Anomalie, Mißgeburt und Krankheit und führte so die angeblich mißratenen Kulturprodukte auf eine degenerierte Natur zurück. Konventionalität auf seiten des Geistes wird mit der Gesundheit des Körpers gleichgesetzt. Wie das eine mit dem anderen zusammenhängen soll, bleibt wie immer im dunkeln. Der Frauenverächter Weininger unterstellte dem weiblichen Geschlecht eine minderwertige Naturausstattung und schloß von ihr auf einen minderwertigen Charakter. Kretschmars Buch, das bis in die fünfziger Jahre eine Pflichtlektüre für Mediziner und Psychologen war, entwarf eine Typologie von Körperbauformen (Leptosom, Athlet, Pykniker) und ordnete ihr ebenso typisierte Charakterformen zu. Beide Typengruppen, die des Körpers wie die des Charakters, waren allgemein genug, so daß sie mit ein wenig selektiver Wahrnehmung überall wiederzuerkennen waren.

Wir sehen, wie verworren der Natur-Kultur-Streit verlief und zu welchen Abstrusitäten er sich versteigen konnte. Zwar sind solche inzwischen ausgestanden, doch immer noch ist die Vorliebe zu erkennen, entweder die Kultur zu leugnen oder sie unter die Natur zu subsumieren. Die erwähnten methodischen Balanceakte, die man dabei vollführen muß, halten niemanden davon ab. Obwohl die der Kultur den Vorzug gebende

Argumentation demgegenüber sauberer verfährt, konnte sie sich bisher nicht durchsetzen. Wenn ich Mozarts Musikalität aus seinem Umfeld begründe, aus der Familie und der Blüte dieser Kunst in Österreich, bleibe ich im Bereich der Kultur. Sollte ich jedoch die erbliche Veranlagung ins Spiel bringen, halse ich mir die Verpflichtung auf, erklären zu müssen, wie Natur in Kultur umschlägt. Diese Erklärung steht aber immer noch aus. Erst wenn wir genau, d.h. naturwissenschaftlich wissen, wie aus der Biologie, der Chemie und der Elektronik des Körpers Gedanken und Gefühle werden, sollten wir uns dem Problem des Zusammenhangs von Natur und Kultur zuwenden.

Doch auch ohne Antwort auf diese Frage kann festgestellt werden, daß der bisherige Streit das Problem falsch anpackte. Bisher stellte er eine Entweder-Oder Entscheidung zur Wahl. Mozarts außergewöhnliche Musikalität war entweder angeboren oder durch Umweltstimulanzien erlernt. Egal welcher Antwort man zuneigt, stets geht man dabei von der Prämisse aus, daß Natur oder Kultur wie fertige Bausteine oder, moderner formuliert, wie Module zu denken sind, welche die Musikalität schon fertig enthalten. Oder anders formuliert, man hält Natur und Kultur für Phänomene gleicher Art und gleichen Ranges, denn schließlich traut der Zuordnungsstreit beiden gleiches zu. Von dieser Prämisse rücken auch die prozentualen Aufteilungsversuche nicht ab. Auch sie betrachten Erbanlagen auf der einen und Erworbenes auf der anderen Seite wie gleichartige Phänomene, die man jetzt nur miteinander kombiniert. Darin aber liegt ein entscheidender Denkfehler. Das Verhältnis von Natur und Kultur bildet gerade kein Entweder-Oder, sondern ein Sowohl-Als Auch; es ist keine Addition, sondern eine Interaktion. Es ist das Verhältnis von Material und Ausführung.

Wenn wir die auf einer Baustelle lagernden Materialien betrachten, die Moniereisen, den Sand und die Zementsäcke, erkennen wir daran nicht, wie das zu errichtende Gebäude aussehen und welcher Funktion es dienen wird. Es könnte eine Bürohaus werden oder eine moderne Kirche. Aus dem Holzstoß vor der Schreinerei geht nicht hervor, ob drinnen Särge oder Fenster gefertigt werden. In diesem strengen Sinne müssen wir auch die Materialhaftigkeit der Natur betrachten. Dem natürlichen Material darf nicht schon Kulturelles unterstellt werden. In Mozarts Erbanlagen lag nicht schon Musikalität bereit; sie ließ sich allerdings daraus entwickeln, und sie wurde über den intensiven Kontakt mit der Musik im Elternhaus entwickelt. Wäre Mozart woanders aufgewachsen, wäre er mit den gleichen Erbanlagen vielleicht ein Schachgenie geworden; in einem reizarmen

Milieu hätte er sein Material vielleicht nie genutzt und wäre ein durchschnittlicher Mensch geblieben. Wenn man das Verhältnis von Natur und Kultur als das von Material und Form beschreibt, ist entscheidend, daß man die Bereiche getrennt läßt und nicht schon der Natur kulturelle Tendenzen unterstellt und daß man sie als verschiedenartig ansieht. So wie die Barockhaftigkeit einer Kathedrale nicht schon von den Granitquadern her interpretiert werden kann, aus denen sie gebaut ist.

Die These von der reinen Materialhaftigkeit der Natur findet inzwischen von seiten der Naturwissenschaft Unterstützung. Die moderne Hirnforschung arbeitet an einer Theorie, welcher eine solche Auffassung zugrunde liegt. Das menschliche Gehirn soll naturseits aus sogenannten Neuronen bestehen, die sich der Laie als elektrische Kontakte vorstellen kann. Sie werden, um im Bild zu bleiben, verdrahtet, so daß zwischen den Kontakten Strom fließt. Man nennt diese Verdrahtungen „neuronale Netze" oder „neuronale Landkarten". Das Interessante ist nun, daß die Netze immer wieder anders ausfallen und von Gehirn zu Gehirn verschieden sind. Die Individualität des Einzelmenschen läßt sich damit schon rein physiologisch nachweisen.

Gegenüber der traditionellen Hirnforschung vollzieht dieser Ansatz eine entscheidende Wende. Früher zeichnete man Landkarten des Gehirns, in denen Funktionszentren eingetragen waren. Hier lag das Sprachzentrum, dort das Empfindungszentrum etc. Man ging davon aus, daß für bestimmte Funktionen (Sprechen, Empfinden) bestimmte Hirnteile von Anfang an, also von Natur aus vorgesehen waren. Probleme hatte man allerdings mit der Frage, wieso Menschen, deren Sprachzentrum durch einen Schlaganfall zerstört wurde, dennoch wieder sprechen lernten. Die Einteilung des Gehirns nach Funktionen, wobei viele davon eindeutig kulturell sind, unterstellte somit dem Material eine kulturelle Befähigung, d.h. es wurde auch in solchen naturwissenschaftlichen Theorien die Grenze zwischen Natur und Kultur verwischt. Der moderne Erklärungsansatz, der viel vom Computerbau gelernt hat, beseitigt diesen Makel. Angeboren sind nur die Neuronen und ihre Anzahl. Die Funktion, der sie später einmal dienen werden, wird nicht durch die Neuronen bestimmt, die ja nichts anderes als Kontakte sind, sondern allein durch die Vernetzung. Diese aber entwickelt sich erst im Laufe des Heranwachsens und ist abhängig von den besonderen Lebensumständen des Individuums. Sie kommt durch Lernen, durch Außenstimulanzien, also durch Kultur zustande. Mozart, um ihn ein letztes Mal als Beispiel zu malträtieren, besaß bei seiner Geburt, vielleicht durch den Vater, eine überdurchschnittliche

Menge an noch unverknüpften Neuronen. Durch den Musikenthusiasmus seiner Familie und durch die Blüte der Musik in Österreich zu dieser Zeit knüpfte sich ein besonders leistungsfähiges musikalisches Netz.

Das Modell von natürlichem Material und kultureller Formung geht von einer Interaktion zwischen Natur und Kultur aus, wobei die Begriffe trennungsscharf sind und die Verschiedenartigkeit der Phänomene gewahrt bleibt. Sicherlich ist dieses Modell eher eine Metapher als eine ausgewachsene Theorie, schon gar nicht eine naturwissenschaftlich exakte, doch es genügt vorläufig, um den Stellenwert der Kultur angemessen zu beschreiben und das zu ermöglichen, was Clifford Geertz, der derzeit führende Kulturtheoretiker aus Princeton, „thick description", also, wie es gut übersetzt wurde, „dichte Beschreibung"[2] nennt.

Was nützte einem jungen Paar, bei dem es im Bett nicht klappt, der Hinweis auf den Naturtrieb der Sexualität oder auf die Strategien des *mating*, wie sie Buss zu erkennen glaubt? Solche „thin descriptions", solcher *reductionism*, welcher die Vielfalt der Lebenswirklichkeit auf Weniges und immer Gleiches zurückführt, helfen niemandem und erklären nichts. Das Problem, welches das junge Paar nervt, ist nicht der Trieb, der in beiden Partnern als eine Art Grundenergie agiert, sondern seine praktische Umsetzung, die von der gerade geltenden Sexualkultur abhängig ist. Der Trieb bleibt immer gleich, doch die kulturellen Umsetzungen wechseln. Die Kultur diktiert, mit wem ich schlafen kann oder auch muß und mit wem ich nicht schlafen darf; sie hält Gebrauchsanweisungen bereit, wie ich es zu tun habe und was ich dabei empfinden muß. Sie definiert, was gewagt ist und was konventionell, was unanständig und erlaubt. Zur Zeit der englischen Königin Viktoria riet die Mutter ihrer vor der Hochzeitsnacht stehenden Tochter, „Close your eyes and think of England!". Demgegenüber ist unsere heutige aufgeklärte Sexualität gänzlich anders geformt und handelt sich dadurch gänzlich andere Probleme ein. Keinesfalls aber ist sie natürlicher, denn sie unterliegt weiterhin kulturellen Vorgaben.

Dichte Beschreibungen, wie der Völkerkundler Geertz sie wünscht, kann nur derjenige liefern, der den Gesamtvorgang in seiner kulturellen Einbettung beläßt. Der also vorher nicht eine Minderheit von Details für wichtig erklärt und eine Mehrheit für unwichtig. Die erotische Begegnung zweier Partner ist viel mehr als der biologische Geschlechtsakt. Es beginnt schon mit der andeutungsreichen Verabredung am Telefon; dann

---

[2] Clifford Geertz, *Dichte Beschreibung. Beiträge zum Verstehen kultureller Systeme* (Frankfurt am Main 1983).

folgt die besonders gewissenhafte Körperpflege und Wahl der Kleidung; dann die Begrüßung, die inniger ist als alle vorausgegangenen; schließlich das gemeinsame Essen, bei dem nicht auf den Pfennig geschaut wird, oder der Kinobesuch; das Herzklopfen bei der ersten Berührung auf dem Heimweg etc. Diese Ritualisierungen einer Begegnung, die der einzelne nach seinem Gusto ausgestalten kann, sind genauso wirklich und wahrhaftig wie der spätere biologische Vorgang. Wie er ja auch nur ein verschwindender Teil von dem ist, was wir Liebe nennen. Daß dadurch nebenbei auch noch unsere Art erhalten wird, tut dem Ganzen keinen Abbruch, doch es wäre höchst selektiv und blind, ja es wäre unmenschlich, darin das einzige Movens zu erblicken.

III Grundelemente der Kultur

Nach den Vorüberlegungen der ersten beiden Kapitel ist es nun an der Zeit, eine nähere Beschreibung des Phänomens Kultur zu versuchen. Zitieren wir noch einmal die bekannte Definition Tylors: Kultur ist „im weitesten ethnographischen Sinne jener Inbegriff von Wissen, Glauben, Kunst, Moral, Gesetz, Sitte und allen übrigen Fähigkeiten und Gewohnheiten, welche der Mensch als Glied der Gesellschaft sich angeeignet hat." Diese Definition besteht zunächst aus einer Aufzählung (Wissen, Glauben etc.), verweist dann aber auf zwei Gemeinsamkeiten, die allen Teilen der Aufzählung zukommen. Zum einen lassen sie sich als Gewohnheit bezeichnen; zum anderen als Gewohnheit gesellschaftlicher Art. Engt man den Satz Tylors auf diese beiden Gemeinsamkeiten ein, ließe sich vereinfacht definieren, daß Kultur aus den Gewohnheiten einer Gemeinschaft besteht. Gemeint sind dabei nicht die Gewohnheiten eines einzelnen Individuums, sondern nur solche, die von einer Mehrheit praktiziert werden.

Sollte mein Nachbar zum Frühstück täglich Bratheringe verspeisen und dazu Himbeersaft trinken, so wäre das seine rein persönliche und individuelle Eigenart, die nichts darüber aussagt, in welcher Kultur er lebt. Demgegenüber ist das aus Brötchen mit Marmelade und Kaffee bestehende Frühstück aller sonstigen Nachbarn eine kulturelle Gewohnheit, die für große Teile des europäischen Kulturraums typisch ist. Daß eine Untergruppe dieses Kulturraums inzwischen Müsli frühstückt, muß ebenfalls als kulturelles Phänomen gesehen werden, woran wir schon erkennen, daß eine kulturelle Gewohnheit nicht von allen Mitgliedern des kulturellen Verbandes geteilt werden muß. Wir wollen festhalten: Nicht die individuellen Gewohnheiten sind für die Kultur relevant, sondern nur die kollektiven, wie ja überhaupt Gesellschaftlichkeit oder Kollektivität die Grundvoraussetzung der Kultur ist.

Tylor zählt in seiner Definition Bereiche auf, in denen solche gesellschaftlichen oder kulturellen Gewohnheiten vorkommen. Um für jeden der aufgezählten Bereiche ein Beispiel zu geben: Eskimos besitzen ein traditionelles Wissen über den Iglubau; die katholische Kirche tradiert religiöse Dogmen; christliche Nationen leben nach einer altruistischen Moral; in Irland ist Abtreibung gesetzlich verboten; in Amerika herrschen bestimmte Tischsitten, die der Europäer als ungewöhnlich empfindet. Auch wenn wir das Wort normalerweise nicht so benutzen, ließen sich die in den Beispielen beschriebenen Vorgänge durchaus als Gewohnheiten bezeichnen. Gewohnheit heißt ja, daß man sich in bestimmten Situationen immer gleich verhält, und eben das war bei den genannten Beispielen der Fall: Die Iglus werden immer gleich gebaut; alle Katholiken glauben an die Dreieinigkeit Gottes; Abtreibung wird immer bestraft.

Statt von Gewohnheiten, die sich auch auf Individuen beziehen können, soll im folgenden von Standardisierungen die Rede sein. Dieser Begriff enthält bereits das kollektive oder gesellschaftliche Moment. Da sie in der Sache dasselbe meinen, könnten auch die Begriffe Stereotypen oder Klischees benutzt werden. Allerdings besitzen sie einen leicht negativen Unterton - auf den an anderer Stelle eingegangen wird - so daß der neutrale Begriff Standardisierung vorteilhafter erscheint. Mit seiner Hilfe würde eine erste, ganz allgemeine Definition von Kultur lauten: Neben den materiellen wie geistigen Leistungen eines Kollektivs umfaßt Kultur die Standardisierungen, die in ihm gelten.

Tylor zählt Bereiche auf, in denen Standardisierungen erkennbar sind. Aufzählungen von Bereichen haben aber stets den Nachteil, daß sie entweder nicht vollständig ausfallen oder aber zu umfangreich geraten. Deshalb wird hier ein anderer Weg beschritten. An Stelle der Standardisierungsbereiche sollen Standardisierungstypen in den Mittelpunkt gestellt werden. Da Kultur auf Kollektivität basiert und diese über Handlungen und Kommunikation konstituiert wird, bieten sich zunächst zwei Typen an: Standardisierungen des Handelns und solche des Kommunizierens. Mit der Handlung, die ein Individuum ausführt, und auch der Kommunikation, die als Sonderfall der Handlung angesehen werden kann, gehen allerdings weitere Aktivitäten einher, die man, da sie sich im Inneren des Handelnden abspielen, nicht so deutlich sieht. Jede Handlung ist von Gedanken und Empfindungen begleitet. Damit ergeben sich zwei weitere Standardisierungtypen, die des Denkens und die des Empfindens.

Wie sich diese Typen zueinander verhalten, steht nicht im Mittelpunkt unseres Interesses. Denken und Empfinden kann der Handlung vorausliegen und damit ihr Anlaß sein; beides kann durch sie aber erst ausgelöst oder zumindest verändert werden. Dafür eine allzu rigide Kausalität aufzustellen, erscheint gefährlich und wird für unseren Zusammenhang auch nicht gebraucht. Wichtig ist allerdings die Einsicht, daß die genannten Standardisierungstypen sowohl einzeln als auch miteinander auftreten können. Denken und Empfinden kann eventuell für sich vorkommen; kommunizieren und handeln wird man aber nicht ohne Gefühle und Gedanken, wenn man von reflexartigen Handlungen wie Husten und Kratzen einmal absieht. Im Normalfall, der für die Beschreibung von Kultur als Ausgangspunkt genommen werden muß, treten alle Aspekte zusammen auf. Der Neonazi, der Ausländer angreift und dadurch handelt wie auch kommuniziert, wird bei seiner Tat Wut verspüren und in seinem Spatzenhirn denken: Deutschland den Deutschen! Obwohl alles zusammenspielt, ist es sinnvoll, die Aspekte mit Hilfe eines Abstraktionsvorgangs zu trennen. Wenn der Strafrichter den Neonazi zu beurteilen hat, unterscheidet er die Handlung von der Motivation, d.h. er untersucht Handeln, Denken und Empfinden für sich. Ein solches Vorgehen ist auch für die Kulturwissenschaft sinnvoll. Zunächst schon deshalb, weil die Komplexität von Vorgängen in einzelne Schritte zerlegt wird, die dann nacheinander betrachtet werden können. Ein solches Zerlegungsverfahren ist in allen Wissenschaften üblich und der Erkenntnis förderlich, solange nicht vergessen wird, daß die Zerlegung auf dem Wege der Abstraktion erfolgte. Auf eben diesem Wege ergeben sich die hier vorgeschlagenen vier Typen:

Standardisierungen der Kommunikation,
Standardisierungen des Denkens,
Standardisierungen des Empfindens,
Standardisierungen des Verhaltens.

In der Wirklichkeit, d.h. im Normalfall einer Handlung, die sich innerhalb einer kulturellen Gemeinschaft abspielt, treten sie meist zusammen auf, für die Analyse werden sie aber aus methodischen Gründen getrennt. Da sie in der Wirklichkeit sowieso zusammenhängen, ist es müßig, über eine Reihenfolge der Typen nachzudenken.

Ob allerdings dieser Angang an das Phänomen Standardisierung der beste ist, steht dahin. Denkbar sind andere Angänge, die vielleicht noch tiefer in den Gegenstand Kultur eindringen. Ein praktischer Grund spricht allerdings für diese Art der Typisierung. Für sie liegen Vorarbeiten bereit, auf die zurückgegriffen werden kann. Seit dem Beginn des 20. Jahrhunderts gibt es die Semiotik, die sich mit Kommunikation beschäftigt und dabei auch den Aspekt der Standardisierung berücksichtigt. In jüngster Zeit entdeckte eine französische Historikerschule den Begriff Mentalität wieder, und schon dreißig Jahre vorher hatte die Soziologie mit dem Konzept des sozialen Wissens gearbeitet, was beides standardisiertes Denken meint. Seit Thorstein Veblen kennen wir den Begriff „institution", der dem des standardisierten Verhaltens weitgehend entspricht; fünfzig Jahre später wurde der Begriff Institution durch den deutschen Kulturphilosophen Arnold Gehlen wieder aufgenommen. Nur bei den Gefühlen, die wir für spontan, für rein individuell und deshalb fälschlicherweise für nicht standardisiert halten, fällt, wie wir im einzelnen noch sehen werden, die Literatursuche mager aus.

Standardisierungen der Kommunikation

1. Zeichen

Der Ethnologe Leslie A. White schreibt in seinem Buch *The Science of Culture*:

> In July, 1939, a celebration was held at Leland Stanford University to commemorate the hundredth anniversary of the discovery that the cell is the basic unit of all living tissue. Today we are beginning to realize and to appreciate the fact that the symbol is the basic unit of all human behavior and civilization.
>
> All human behavior originates in the use of symbols. It was the symbol which transformed our anthropoid ancestors into men and made them human. All civilizations have been generated, and are perpetuated, only by the use of symbols. It is the symbol which transforms an infant of Homo sapiens into a human being; deaf mutes who grow up without the use of symbols are not human beings. All human behavior consists of, or is dependent upon, the use of symbols. Human behavior is symbolic behavior; symbolic behavior is human behavior. The symbol is the universe of humanity.[1]

Symbole – wir würden moderner sagen Zeichen – dienen der Verständigung. Wenn ich im Wirtshaus mein leeres Glas erhebe, so teile ich mit Hilfe dieser zeichenhaften Geste dem Kellner mit, daß ich noch ein Bier möchte. Zeichen und die durch sie ermöglichte Verständigung gehören, da ist White uneingeschränkt recht zu geben, zu den Grundvoraussetzungen der Kultur. Das läßt sich schon aus den bisherigen Überlegungen ableiten.

---

[1] Leslie A. White, *The Science of Culture: A Study of Man and Civilization* (New York 1949), S. 22.

Kultur ist ihrem Wesen nach kollektiv. Kollektivität, die ja mehr bedeutet als bloßes Nebeneinander, kann sich aber nur ergeben, wenn die das Kollektiv bildenden Mitglieder miteinander kommunizieren. Kollektivität meint Gemeinsamkeit, und diese läßt sich nur durch Informationsaustausch, also Kommunikation herstellen. Eine solche auf gegenseitigem Austausch basierende Gemeinsamkeit besteht über die Grenzen des Ortes und der Zeit hinweg. Auch das Nachbardorf hat daran Teil und auch die noch nicht geborene Generation. Die Information wird nicht nur ausgetauscht, wobei räumliche Entfernungen keine große Rolle spielen, sondern auch, wie Jan Assmann[2] es nennt, im „kulturellen Gedächtnis" aufbewahrt. Kulturen speichern die ihnen wichtige Information und geben sie in Form von Büchern, Museen und Unterweisungen an die kommenden Generationen weiter. Man spricht von Tradition oder Tradierung, wodurch der Bestand des Kollektivs über den Tod der Einzelindividuen hinaus gesichert wird. Ohne Kommunikation würde sich kein Schatz an wichtigen Informationen bilden, und er könnte auch nicht über Zeit und Raum hinaus weitergegeben werden.

Wenn White den Zeichengebrauch ausschließlich kulturell ansetzt, bleibt allerdings einzuwenden, daß sich auch Tiere verständigen. Der Hund knurrt, fletscht die Zähne oder wedelt mit dem Schwanz. Es fragt sich nur, ob dabei Zeichen Verwendung finden oder ob es sich um natürliche Kommunikationsmittel handelt, die gleichsam aus sich selbst heraus allen Lebewesen verständlich sind. Solche universellen Kommunikationsmittel gibt es aber nicht, denn jede Verständigung ist gattungs- oder artmäßig irgendwo begrenzt. Zwar werden die gefletschten Zähne des Hundes von der Katze verstanden, nicht aber vom Fisch oder der Spinne. Die Katze wedelt mit dem Schwanz, wenn sie Jagdlust verspürt, und insofern wird sie das freudige Schwanzwedeln des Hundes zunächst mißverstehen, es bei weiteren Kontakten aber richtig zu deuten lernen.

Tierische Kommunikation ist einerseits auf Arten oder Gattungen beschränkt, andererseits bestehen aber Verständigungsmöglichkeiten zwischen jenen Arten, die einander öfter begegnen und die sich gegenseitig gefährlich oder nützlich werden können. Diese grenzüberschreitende Verständigung ist allerdings auf solche Mitteilungen beschränkt, die für das Überleben wichtig sind. Da viele Arten von Säugetieren einander begegnen, werden bei ihnen die Aggressions- oder Friedfertigkeitssignale

---

[2] Jan Assmann, „Kollektives Gedächtnis und kulturelle Identität", in: Jan Assmann/ Tonio Hölscher, hg., *Kultur und Gedächtnis* (Frankfurt 1988), S. 9-19; Assmann greift auf die Vorarbeit zurück von M. Halbwachs, *La mémoire collective* (Paris 1950).

artenübergreifend verstanden, und in der Welt der Fische und Vögel wird das nicht anders sein. Selbst wenn man sich scheut, solche Signale wie Knurren oder Heulen Zeichen zu nennen, lassen sich andere tierische Verständigungsmittel anführen, die alle Bedingungen einer semiotisch ablaufenden Mitteilung erfüllen. Wenn eine Biene eine neue Futterstelle entdeckt hat, fliegt sie zu ihrem Volk zurück und beginnt einen Tanz, aus dessen Bewegungen die anderen entnehmen können, wo sich die Futterstelle befindet. Dieses rein artenspezifische Artikulationsmittel ist durchaus ein Zeichen, insbesondere wenn man es nicht für angeboren hält. Genau wie der junge Mensch allmählich begreift, was das Heben eines leeren Bierglases bedeutet, muß die junge Biene die komplexe Zeichenfolge der Tanzbewegungen zu entschlüsseln lernen.

Somit müssen wir White dahingehend korrigieren, daß die grundsätzliche Funktionsweise menschlicher Kommunikation zwar qualitativ nicht anders abläuft als die tierische, sie aber einerseits der bloßen Überlebensnotwendigkeit enthoben ist und andererseits quantitativ unendlich vielseitiger erscheint. Der Unterschied ist riesengroß, betrifft aber mehr die Inhalte als die Funktionsweise. Doch nicht nur um White zu korrigieren, wurde der Ausflug ins Tierreich unternommen. Er klärt vielmehr eine Grundvoraussetzung von Kommunikation, nämlich ihre Gebundenheit an Kommunikationsgemeinschaften. Es gibt keine allgemeinen oder natürlichen oder aus sich selbst heraus verständlichen Zeichen, die im gesamten Universum Geltung besäßen. Kommunikation ist stets eine entweder artenspezifische oder sonst wie an ein Kollektiv gebundene Tätigkeit. Beim Menschen ist diese Voraussetzung noch weiter entwickelt. Zwar werden Basismitteilungen – insbesondere solche, die dem Überleben dienen wie Schmerzensschreie oder Aggressionslaute – von allen Menschen verstanden, doch die speziellere Kommunikation funktioniert keinesfalls für die gesamte Gattung. Sie ist vielmehr auf Gemeinschaften beschränkt, eben auf Kulturen, so daß die Verständigung über die Kulturen hinweg besonderer Fähigkeiten bedarf. Das beginnt bei so einfachen Zeichen wie dem Kopfschütteln, das in westlichen Breiten Ablehnung bedeutet, bei den Orientalen aber Zustimmung, und findet seinen Höhepunkt in der Sprache.

Die Wichtigkeit der Kommunikation und daß sie mit Hilfe von Zeichen erfolgt, wurde von White und anderen Anthropologen erkannt, doch sie übersahen, daß sich mit dem Beginn des 20. Jahrhunderts eine Wissenschaft zu etablieren begann, die sich mit diesen Dingen beschäftigte. Saussure, der noch ausführlicher erwähnt werden wird, begründete 1916 nicht nur die Linguistik, also die moderne Sprachwissenschaft, sondern auch die Semiotik, die Wissenschaft von den Zeichen. Ihr derzeit berühmtester Fachvertreter ist Umberto Eco, der aufgrund seiner Romane auch außerhalb der Disziplin bekannt wurde. Schon 1949, als White die zitierte Passage schrieb, hätte er von diesen neuen Wissenschaften profitieren können, was die Anthropologie inzwischen weitgehend nachholte. Da Kultur auf Kommunikation angewiesen ist, können wir kulturelle Kollektivität nur verstehen, wenn wir ein wenig in die Semiotik eindringen. Von ihren vielen Ergebnissen können wir jedoch nur einige Grunderkenntnisse vorstellen, wobei die uneinheitliche und deshalb oft verwirrende semiotische Terminologie vermieden werden soll.

Beginnen wir mit einem Beispiel. Zwei Bankräuber verabreden untereinander, daß der eine als Kunde getarnt den Schalterraum betritt und daß der andere erst dann maskiert und bewaffnet nachkommt, wenn sein Komplize durch geräuschvolles Naseputzen ein Zeichen gegeben hat. Rein abstrakt läßt sich diese Kommunikation in einzelne Aspekte zerlegen, die grundsätzlich gelten. Das Zeichen besteht aus zwei Teilen, dem Bedeutungsträger (das Naseputzengeräusch) und der Bedeutung (Lage ist günstig, Schalterraum mit Waffe betreten). Beim Zeichen, sagt Eco, steht der Bedeutungsträger nicht für sich selbst, sondern für etwas anderes. Das Naseputzen erfolgt nicht aus einem körperlichen Bedürfnis, sondern dient einer Mitteilung. Anders formuliert, zwischen dem Bedeutungsträger und der Bedeutung besteht kein logischer oder sonstiger kausaler Zusammenhang, was als erster Saussure entdeckte. Diesen fehlenden Zusammenhang oder die Willkür der Verbindung machen sich die Bankräuber zunutze, denn niemand kann ahnen, daß das Naseputzen erstens ein Zeichen ist, also für etwas anderes steht, und was zweitens dieses andere ist.

Zur Vertiefung ein Gegenbeispiel. Wenn der Arzt aufgrund der roten Flecken auf meinem Körper Masern diagnostiziert, schließt er von Zeichen, den Symptomen, auf eine Bedeutung, die Krankheit Masern. Dieser Vorgang unterscheidet sich jedoch in zweierlei Hinsicht. Anders als bei den Bankräubern liegt erstens keine Kommunikationsabsicht vor, denn die roten Flecke wollen ja nichts mitteilen; und zweitens besteht ein Zusammenhang zwischen Bedeutungsträger und Bedeutung, nämlich der ursächliche oder kausale von Symptom und Krankheit. Bei dem Bankräuberzeichen ist der Zusammenhang nicht kausal, sondern rein willkürlich – schließlich hätte man auch Husten verabreden können – und daher funktioniert die Kommunikation nur für die beiden Eingeweihten. Nur sie kennen die Verbindung zwischen Bedeutungsträger und Bedeutung, und das deshalb, weil sie sie verabredeten. Insofern ergibt sich als ein dritter konstitutiver Aspekt des Zeichens die Verabredungs- oder Benutzergemeinschaft. Beim Banküberfall besteht sie aus zwei Personen; beim Tanz der Biene besteht sie aus den Bienenvölkern, die diese Kommunikationsform benutzen.

Damit können wir eine Definition wagen. Ein Zeichen konstituiert sich dadurch, daß innerhalb einer Benutzergemeinschaft willkürlich einem Bedeutungsträger eine Bedeutung zugeordnet wird. Am deutlichsten ist das bei den Verkehrszeichen. Als nach der Erfindung des Automobils der Verkehr so zunahm, daß man Regelungen brauchte, wurden in den davon betroffenen Ländern Kommissionen gebildet, die Verkehrszeichen festlegten. Vollkommen willkürlich einigte man sich in Deutschland beispielsweise darauf, daß ein auf der Spitze stehendes Dreieck *Vorfahrt achten* bedeuten sollte. Genausogut hätte man auch ein grünes Quadrat mit einem roten Punkt wählen können. Die Zeichen, die man bestimmte, wurden durch Gesetz als solche festgeschrieben und mußten nun bekannt gemacht und gelernt werden. Das gilt nicht nur für Verkehrszeichen, sondern alle Zeichen müssen aufgrund ihrer Willkürlichkeit gelernt werden. Bei den Verkehrszeichen ist dieses Lernen institutionalisiert, denn jeder, der einen Führerschein erwerben will, muß den Verkehrsunterricht besuchen und durch eine Prüfung unter Beweis stellen, daß er den Bedeutungsträgern die richtige Bedeutung zuordnen kann.

Die beiden Beispiele, das mit den Bankräubern und das der Verkehrszeichen, zeigen uns, daß eine private von einer kollektiven Kommunikation abgesetzt werden kann. Diese beiden Formen unterscheiden sich zunächst in nichts anderem als der Größe der Benutzergemeinschaft. Das Naseputzenzeichen ist nur für die beiden Räuber verstehbar, die Verkehrszeichen sind es jedoch für alle Führerscheininhaber. Zeichen, die der Mehrheit eines Kollektivs vertraut sind wie etwa die Verkehrszeichen, können als standardisiert angesehen werden. Jede Kultur kennt und braucht eine große Anzahl von standardisierten Zeichen und Zeichensystemen. Zu solchen standardisierten Zeichen würde in Deutschland der Weihnachtsbaum gehören oder der Ehering oder das Posthorn auf gelbem Grund. Auch die Schuhe, die ich trage, sind ein standardisiertes Zeichen ebenso wie das Auto, welches ich fahre. Das wichtigste Zeichensystem ist natürlich die Sprache, von der gesondert zu handeln sein wird.

Obwohl die Semiotik den Begriff Standardisierung nicht verwendet, benutzt sie das dahinterstehende Konzept. Aus der willkürlichen Verbindung zwischen Bedeutungsträger und Bedeutung ergibt sich die Notwendigkeit, diese Verbindung innnerhalb der Benutzergemeinschaft zu verabreden; eine solche Verabredung, die, wie wir noch sehen werden, oft genug unterschwellig und unbewußt erfolgt, macht aber das Wesen der Standardisierung aus. Kulturwissenschaften und Semiotik benutzen trotz unterschiedlicher Terminologie identische Grundkonzepte. Was die eine Seite Benutzergemeinschaft und Verabredung nennt, bezeichnet die andere als Kollektivität und Standardisierung.

An der soeben versuchten allgemeinen Bestimmung des Zeichens lassen sich in einem zweiten Schritt Differenzierungen vornehmen, indem man die Eigenschaften der genannten Konstituenten näher untersucht. Wir wollen das nur insoweit tun, wie es für das Verständnis von Kultur hilfreich ist. Insbesondere wollen wir versuchen zwei Zeichensorten von einander abzugrenzen. Beginnen wir mit dem Verhältnis von Bedeutungsträger und Bedeutung. Vergleichen wir die Verkehrszeichen *Vorfahrt achten* und *Fußgängerüberweg*.

Beim rechten Zeichen, das in Form eines Piktogramms einen die Straße überquerenden Mann zeigt, scheint der Tatbestand der Willkür nicht zu gelten. Man unterscheidet deshalb sogenannte digitale Zeichen (*Vorfahrt achten*) von analogen (*Fußgängerüberweg*). Manche Zeichentheoretiker benutzen für diesen Unterschied die Begriffe Zeichen (digital) und Symbol (analog). Ein Symbol, und so soll der Begriff weiterhin benutzt werden, ist somit ein analoges Zeichen. Beim digitalen Zeichen besteht, wie mehrfach betont, ein rein willkürlicher Zusammenhang zwischen Bedeutungsträger und Bedeutung. Beim analogen hingegen ist zwischen den beiden Teilen irgendeine Analogie zu erkennen. Schematisch zeigt das Piktogramm einen die Straße überquerenden Fußgänger, so daß zwischen dem Bild, also dem Bedeutungsträger, und dem bedeuteten Tätigkeitsgebot eine gewisse Übereinstimmung herrscht. Was aber nicht heißt, daß in diesem Fall der Zusammenhang zwischen Bedeutungsträger und Bedeutung zwingend wäre. Wenn ich einem Eskimo das Schild zeige, also einer Person, die nicht zum Benutzerkreis gehört, wird er schwerlich erraten können, was gemeint ist. Er könnte auf folgende Bedeutungen kommen: Männer müssen hier zu Fuß gehen; oder: Personen mit Hut müssen hier große Schritte machen etc. Das analoge Zeichen ist zwar nicht willkürlich, aber auch nicht, das ist entscheidend, aus sich selbst heraus verständlich. Es herrscht zwar eine Art Zusammenhang, den aber muß ich äußerst vorsichtig bestimmen: Er ist keinesfalls zwingend, wohl aber weniger willkürlich als beim digitalen Zeichen. Der Vorteil der Analogie besteht allein darin, daß mit ihrer Hilfe das Zeichen leichter zu lernen und zu behalten ist.

Eine weitere Differenzierungsmöglichkeit von Zeichen wäre die nach dem Fixiertheitsgrad der Bedeutung. Da für einen bestimmten und speziellen Zweck gebraucht, besitzt ein Verkehrszeichen eine ebenso spezielle wie exakt definierte Bedeutung. Damit verglichen, ist jene der amerikanischen Freiheitsstatue eher schillernd. Die kolossale Dame wurde den USA von Frankreich geschenkt und sollte an die amerikanisch-französische Waffenbrüderschaft während des Revolutionskriegs erinnern. Für die meisten Amerikaner verlor die Statue aber diese ursprüngliche Bedeutung, an deren Stelle die der Freiheit trat. Wahrscheinlich war es die Inschrift „Liberty Enlightens the World" [to enlighten = erleuchten; fig. aufklären], die diesen Bedeutungswandel verursachte. Die Bedeutung Freiheit ist aber vage und diffus, und der Versuch, sie exakt zu bestimmen, würde einen heftigen ideologischen Streit auslösen, der nicht geschlichtet werden könnte. Die Wirksamkeit dieses Zeichens ergibt sich aber gerade aufgrund seiner Diffusität. Es regelt ja nicht den Verkehr, sondern artikuliert plakativ eine Aussage über Amerika, die eher einen Mythos zum Ausdruck bringt als eine wissenschaftlich abgesicherte Erkenntnis. Wer Kulturen untersucht, wird oft genug mit solchen Diffusitäten konfrontiert.[3] Rational gesehen, mag das Diffuse unbefriedigend sein, doch

---

[3] Es gibt eine Gruppe von Intellektuellen, zu der Walter Benjamin, Paul Ricœur, Manès Sperber und auch die gerade aussterbenden Dekonstruktivisten gehören, die von der grundsätzlichen und völligen Offenheit von Symbolen ausgeht. Das ist richtig und falsch. Natürlich kann ein Symbol seine Bedeutung verändern, doch die neue wird in irgendeinem Zusammenhang zur alten stehen. Natürlich können Künstler mit Bedeutungen spielen, aber nur deshalb, weil diese allgemein verständlich festliegen. In einem bestimmten Zeitraum und einer bestimmten Kollektivität hingegen liegt immer eine ganz bestimmte eingegrenzte Bedeutung vor, wie vage sie auch sein mag. Vgl. Berence Martin, *A Sociology of Contemporary Cultural Change* (Oxford 1981), insbesondere das Kapital „Symbols, Codes, and Culture", S. 27-52.

andererseits kann es gerade deshalb eine Ausstrahlung besitzen und über eine mythische Aura wirksam werden. Für die Kultur sind die diffusen Zeichenbedeutungen eventuell wichtiger als die exakt definierten.

Es fällt auf, daß die Differenz zwischen exakter und diffuser Bedeutung mit einer unterschiedlichen Entstehungsart der Zeichen korreliert. Das Verkehrsschild ist bewußt und per Verwaltungsakt geschaffen und wird der Benutzergemeinschaft gesetzlich vorgeschrieben. Das gleiche gilt für die Rangabzeichen an Uniformen. Der Christbaum oder der Ehering hingegen sind keine gewollten und geplanten Symbole, sondern haben sich irgendwie ergeben, ohne daß dahinter ein bewußter, zweckrationaler und punktueller Schöpfungsakt erkennbar würde. Sie sind, wie wir es nennen wollen, gewachsen. Wahrscheinlich fing ein einzelner damit an, doch aus der individuellen Marotte wurde bald ein kollektives und standardisiertes Zeichen, das in den Zeichenbestand der Gemeinschaft aufgenommen wurde. Wie das genau vor sich ging und warum sich gerade dieses Zeichen durchsetzte und nicht ein anderes, läßt sich nicht sagen. Kultur rekrutiert sich hauptsächlich aus gewachsenen Phänomenen. Nicht nur an der Kommunikation beansprucht sie den Löwenanteil, sondern generell bei allen Standardisierungen, so daß die Entstehungsart des Gewachsenseins zum Markenzeichen von Kultur erhoben werden kann. Sicherlich ist die Bezeichnung *gewachsen* nur eine Metapher, aber sie stiftet zumindest dahingehend Klarheit, daß sie eine deutliche Grenze zu geplanten Phänomenen zieht.

Zur Erklärung des Sprachwandels, der ja nicht geplant abläuft, hat sich in der Linguistik die von Adam Smith übernommene Bezeichnung „invisible hand" eingebürgert, die ebenfalls nur eine Metapher ist.[4] Smith, der erste Theoretiker der Marktwirtschaft, sah den Markt durch eine unsichtbare Hand arrangiert, verstand ihn also als eine ungeplante, aber dennoch funktionierende Ordnung. „Invisible-hand-Phänomene" sind für den Linguisten Rudi Keller solche, die sich aus der spontanen und nicht zielgerichteten Interaktion zwischen Mitgliedern eines Kollektivs ergeben, sich in einen bestimmten Kontext einfügen oder ihn erst konstituieren. Wie das im einzelnen und konkret vor sich geht, entzieht sich unserer Kenntnis, die hier an die Grenze der noch nicht ergründeten Geheimnisse der Kollektivität stößt. Die Entstehungsart des Gewachsenseins trifft auf den Sprachwandel oder die Symbolentstehung genauso zu wie auf die Mehrheit der kulturellen Gewohnheiten. Ob es auf den freien Markt

---

[4] Rudi Keller, *Sprachwandel: Von der unsichtbaren Hand in der Sprache* (Tübingen 1990).

zutrifft, der immer schon und immer mehr von Gesetzen und Politik gesteuert wurde, ist allerdings fraglich.

Damit lassen sich zwei Zeichenarten gegeneinander absetzen. Die erste Art ist geplant, wenn nicht gar per Verwaltungsakt geschaffen; sie wird bewußt und institutionalisiert gelernt (Verkehrsunterricht) und besitzt eine exakte Bedeutung. Die andere Art entsteht ungeplant, sie wächst, d.h. etabliert sich ohne absichtsvolles Bemühen; sie wird, wie noch genauer zu demonstrieren, unbewußt und uninstitutionalisiert gelernt, und ihrer Bedeutung fehlt begriffliche Schärfe. Diese zweite, kompliziertere Zeichenart ist für die Kulturwissenschaften die interessantere. Wie überhaupt, wovon noch genauer zu handeln sein wird, die ungeplanten, ohne Absicht und leitende Rationalität entstehenden und scheinbar ziellosen Aktivitäten eines Kollektivs den eigentlichen Gegenstand ausmachen, den diese Wissenschaften im Blick haben.

* * *

Zeichen, das wäre ein letzter Aspekt, den wir erwähnen müssen, stehen nur selten für sich alleine, sind vielmehr meistens Teil eines Zeichensystems oder zumindest eines Zeichenverbunds. Beginnen wir mit einem kleinen Experiment.

Betrachten Sie bitte die abgebildeten Personen und entscheiden Sie sich, ob sie deren Kleidung als

1. elegant oder
2. sportlich-elegant oder
3. sportlich

bezeichnen würden. Ich habe diesen Test wiederholt mit Studenten gemacht, und das Resultat war jedesmal, daß sich über 90% für die Kategorie sportlich-elegant entschieden. Wieso kommt es zu diesem Ergebnis? Wieso fällt die Antwort so eindeutig, aber dennoch nicht hundertprozentig aus?

Kleidung dient nicht nur dem Schutz vor der Witterung, sondern ist darüber hinaus ein Zeichen, mit dessen Hilfe der Träger etwas über sich mitteilt. Der Test bestätigt das und zeigt außerdem, daß in unserem Kulturkreis die Bedeutung der textilen Bedeutungsträger mehrheitlich verstanden wird. Aber um was für eine Zeichenart handelt es sich? Die Kleidungszeichen, die fast so alt sind wie die Menschheit, wurden wahrscheinlich nicht absichtsvoll geschaffen und per Dekret verfügt, sondern entwickelten sich ungeplant. Sie gehören zu den gewachsenen Zeichen. Zunächst teilten sie den Stand (Handwerker) und vielleicht die besondere Funktion (Schornsteinfeger) einer Person mit. Dabei handelte es sich fast um analoge Zeichen, denn teure Stoffe wie Pelz, Seide und Leinen sowie aufwendige Ornamente verkündeten, daß ihr Träger zu den Reichen und Mächtigen gehörte. Zur Zeit des Feudalismus und des Ständestaates war jeder Stand an seiner Kleidung erkennbar, und diese Erkennungszeichen wurden hoheitlich kontrolliert, was allerdings ein Moment der Planung ins Spiel bringt. Noch im 17. Jahrhundert erließen die bereits antifeudalistisch gesonnenen Puritaner, die den heutigen amerikanischen Bundesstaat Massachussetts gründeten, sogenannte „sumptuary laws" [Luxusgesetze], die Personen unteren Standes verboten, Kleidung aus teuren Stoffen zu tragen und dadurch eine Art von Hochstapelei zu betreiben. Wie weit wir uns inzwischen vom Feudalismus entfernt haben, läßt sich an den Veränderungen der Kleidungszeichen erkennen. Mit Aufkommen der Bürgerlichkeit und dem Verwischen der Standesgrenzen verloren die Kleidungszeichen ihre exakte Standesaussage und wurden zu einem diffuseren Indikator der Vermögensverhältnisse. Seit dem 20. Jahrhundert wird die Kleidung durch zwei gegensätzliche Tendenzen bestimmt, zum einen durch die Mode, welche die neue Botschaft des *up-to-date* Seins mitteilt, zum anderen durch eine erweiterte Mitteilungsabsicht, die neben der sozialen Position die individuelle Identität herausstellt. Seit den fünfziger Jahren entwickelte sich außerdem eine spezielle Kleidung der jungen Generation, wobei die Schuhe zum ersten Mal eine wichtige Rolle spielten.
Von einigen Ausnahmen (Klostertracht) abgesehen, das wollen wir diesem Schnellüberblick entnehmen, gehört Kleidung zur zweiten, also zur gewachsenen Zeichenart, denn all die Veränderungen, welche die Kleiderordnungen durchmachten, waren weder geplant noch von einer Mehrheit absichtsvoll gewollt. Als weitere Kriterien dieser Zeichenart können zum einen ihre Bedeutungen eine gewisse Diffusität nicht leugnen, und zum anderen ist der Vorgang ihrer Verbreitung genauso unklar wie der ihrer

Entstehung. Niemand hat uns Lehrmaterialien in die Hand gedrückt, aus denen wir die Bedeutungen der Kleidungsstücke hätten erfahren und uns einprägen können. Dennoch, das zeigte unser Test, haben wir die Lektion gelernt. Wahrscheinlich unterschwellig - was immer das heißen mag - mit Hilfe permanenter Anschauung. Was der Ehering bedeutet, könnte ich lernen, ohne meine Eltern danach zu fragen, denn ich kann es durch wiederholte Beobachtung erschließen. Bei der Kleidung aber ist das schwieriger, denn sie bildet ein kompliziertes und vielseitiges Zeichensystem. Betrachten wir es am Beispiel der Herrenmode. In Katalogen des Herrenausstatters Hugo Boss finden wir folgende Reihe von Abbildungen:

Betrachtet man die Bilder hintereinander, entdeckt man eine Art Hierarchie, die von festlicher Kleidung bis zur Freizeitmontur reicht. Wir sehen den Smoking für Oper und Ball, den eleganten Anzug mit Weste, die sportlich elegante Kombination und schließlich den rein sportlichen Aufzug mit Jeans, Pullover und Lederjacke bis herunter zum gänzlich saloppen Jogginganzug. Die Bedeutungen festlich, elegant, sportlich etc. werden dabei nicht über ein einzelnes Zeichen erreicht, sondern stets über mehrere Zeichen, die eine Art Ensemble bilden. Es setzt sich aus folgenden Einzelzeichen zusammen: Farbe, Stoffqualität, Kleidungsstück, Zuschnitt, Accessoires (Krawatte) und schließlich deren Kombination. Beim Smoking wird die Bedeutung

festlich nicht nur und nicht schon durch die Farbe schwarz erzeugt. Schwarz ist auch die Lederkleidung des Motorradfahrers oder der Trauerflor, und außerdem gibt es weiße Smokingjacken, sogenannte *dinnerjackets*.

Bei Zeichensystemen, das lernen wir daraus, kann das Einzelzeichen, so wie hier die Farbe schwarz, mehrdeutig sein, was den pragmatischen Vorteil hat, daß es für verschiedene Botschaften verwendet werden kann. Diese Mehrdeutigkeit muß dann aber durch Hinzunahme weiterer Zeichen überwunden werden. Beim Smoking kommen zur Farbe die teure Stoffqualität (Seide oder Mohair), das ebenfalls aus kostbarem Material gefertigte weiße Hemd, die Fliege und die schwarzen Lackschuhe hinzu, so daß die Bedeutung festlich letztendlich erst durch dieses ganze Zeichenensemble realisiert wird. Der Eindruck sportlich-elegant wird hauptsächlich dadurch erzeugt, daß Hose und Jacke aus verschiedenem Stoff und von verschiedener Farbe kombiniert werden. Aber wiederum reicht dieses einzelne Kriterium der Kombination nicht aus - für Festlichkeit können ja weißes *dinner jacket* und schwarze Hose kombiniert werden - vielmehr müssen weitere Einzelzeichen wie Stoffqualität und Accessoires hinzutreten. Des weiteren erkennen wir, daß Zeichensysteme weder systematisch noch stringent sind und daß sie nicht gesetzmäßig funktionieren. Es sind keine Systeme im technischen Sinne. Um sie zu beschreiben, bedarf es vieler und wechselnder Parameter, die sich nur über einen Wust von Ausnahmen in eine Regelhaftigkeit bringen lassen.

In der Kultur, das zeigt unser Kleidungsbeispiel insgesamt, existieren nicht nur Einzelzeichen, sondern auch Zeichensysteme, innerhalb derer die Botschaft durch eine Kombination von verschiedenen Einzelzeichen erfolgt. Für die Kombinationsmöglichkeiten gibt es dabei bestimmte unsystematische Regeln, die für unser Beispiel äußerst schwer zu beschreiben sind. Dennoch lernen wir sie mehr oder weniger automatisch und unterschwellig und können sie trotz ihrer Komplexität bald souverän anwenden. Genauso ist es übrigens mit dem noch weit komplexeren Zeichensystem der Sprache, das wir ebenfalls ohne große pädagogische Organisation lernen.

Dank der spezifischen Art der Regelhaftigkeit von Zeichensystemen, das ist die stete Paradoxie der Kultur, ergeben sich Freiräume, die das Individuum für seine eigene Identität nutzen kann. Etwas gegen die Norm, aber dennoch ohne die Grenzen des Systems zu sprengen, könnte der Theaterbesucher eine giftgrüne Fliege zum Smoking wählen oder, was es wahrscheinlich bald geben wird, eine Fliege aus Khaki im *Camel look*. Mit

Hilfe der generativen Regeln, das ist das Verwunderliche, kann man gegen sie experimentieren. Zu meiner Smokingjacke könnte ich beispielsweise Jeans tragen und so eine ungewöhnliche Zeichenkombination vornehmen, deren Bedeutung aber, wenn auch etwas ambivalent und diffus, verstehbar wäre. Ich würde mich als Zwischentyp zu erkennen geben, der sich einerseits als weltoffen, jugendlich und sportlich inszeniert, andererseits aber eine Vorliebe für Formen bewahrt hat. Die Botschaft wird deshalb verstanden, weil der Regelverstoß die Existenz der Regeln anerkennt, oder anders formuliert, weil er innerhalb des Zeichensystems bleibt und in ihm eine noch nicht realisierte Möglichkeit auftut. Vielleicht würde dieses Experiment sogar Schule machen, und Karl Lagerfeld würde eine Abendjeans mit Silberornamenten kreieren!

Das Beispiel der Kleidung lenkt unsere Aufmerksamkeit darauf, daß ohne Einsatz einer sich selbst bewußten Vernunft, auf die wir so große Stücke halten, daß ohne rationale Planung komplizierte Systeme entstehen, sich verändern, gelernt und benutzt werden. Diese Systeme sind äußerst komplex, was uns schmerzlich bewußt wird, wenn wir versuchen, ihre Funktionsmechanismen und Regeln begrifflich exakt zu beschreiben. Dennoch beherrschen wir sie souverän. Wenn wir unter Vernunft ein planendes und ein Ziel anvisierendes Vermögen verstehen, dann kommt hier, könnten wir sagen, etwas Vorrationales ins Spiel, dessen Wesen uns noch weitgehend verschlossen ist. Kultur und die ihr zugrundeliegende Kollektivität bedienen sich in erster Linie solcher Vorrationalitäten.

Tiefer wollen wir in die Semiotik nicht eindringen. Das Gesagte genügt auch schon, um ein Fazit bezüglich des Zusammenhangs von Kultur und Zeichen zu ziehen. Kulturen stecken voller Zeichen, und der Entwicklungsgrad der Kultur läßt sich an der Größe des Zeichenvorrats ablesen. Das Aufkommen von Zeichen markiert den Eintritt in die Kultur, die erst dann beginnt, wenn die Notdurft befriedigt ist. Die Kleidung der ersten Menschen diente noch rein materiellen Zwecken; sie sollte wärmen und schützen. Bald kam eine kulturelle Funktion hinzu: Kleidung wurde zum Zeichen und zum Zeichensystem. Die Gegenstände, die Zeichencharakter bekommen, wechseln. Neue Zeichen werden eingeführt und alte verlieren an Bedeutung. Noch vor fünfzig Jahren kannte die Mehrheit der Deutschen alle Orden und Rangabzeichen an militärischen Uniformen; die sind inzwischen nur noch Fachleuten vertraut. Dafür kennt man sich heute mit der Ikonologie (ein anderes Wort für Zeichensystem) der Schuhe aus. Nachdem der Schuh lange Zeit ein Dasein als untergeordnetes Accessoire fristete, rückte er inzwischen zu einem Hauptzeichen auf. Es begann mit der kulturellen Entdeckung des Tennisschuhs. Zunächst diente er dem rein materiellen Zweck eines Sportschuhs, allerdings gab er, da er unpraktisch weiß war, immer schon den Hinweis auf eine Edelsportart. Plötzlich, und keiner weiß warum, avancierte er oder wuchs er zum Indikator des Lebensgefühls einer Generation. Daß die Schuhe bequem und anfänglich auch billiger waren als Lederschuhe, reicht zur Erklärung ihrer Verbreitung nicht aus, denn sie wurden ja nur von der jungen Generation bevorzugt. *Sneakers* werden getragen, dafür nimmt man im Sommer sogar Schweißfüße in Kauf, weil sie ein Zeichen sind. Inzwischen ist ihr Bedeutungsradius stark erweitert, ja es hat sich ein ganzes Zeichensystem ergeben. Insbesondere in den USA kann dieses Schuhwerk verschiedenste Botschaften senden. Ich kann mich als Technokrat zu erkennen geben, der einen wissenschaftlich konstruierten Laufschuh schätzt; als *yuppie*, der die letzte und teuerste Kreation bevorzugt; als Insider einer schwarzen Ghettokultur, der sich nicht nur am Schuh und den baumelnden Senkeln, sondern auch am Fortbewegungsstil (vgl. den „pimp roll" in Wolfe, *The Bonfire of the Vanities*) zu erkennen gibt.

Wir leben in einer Zeit, in der fast jedes Artefakt über seine materielle Funktion hinaus eine Zeichenfunktion besitzt und somit ein kultureller Gegenstand ist. Automobile sind schon länger Bedeutungsträger, Fahrräder sind es erst seit kurzem. Skier, Tennisschläger, Schulranzen, Dampfstrahlreiniger etc. besitzen inzwischen ein Image, und lange muß man suchen, bis man auf einen Image-freien Gegenstand trifft. Das einzige, was noch verschont blieb, sind Standardwerkzeuge wie Hammer, Zange und Schraubenzieher, doch wer weiß! Schuld an dieser Zeichenexplosion ist die Wirtschaft, die seit ungefähr fünfzig Jahren immer stärker in den Prozeß der Kultur eingreift. Das Individuum benutzt und versteht diese Zeichen unbewußt und unwillkürlich. Es entscheidet sich aus praktischen und scheinbar rationalen Gründen für eine bestimmte Automarke. Doch egal was bei der Kaufentscheidung den Ausschlag gab, das vor der Haustür parkende Auto wirkt immer auch als Zeichen einer Wunschidentität, welche die Nachbarn vielleicht ebenso unbewußt zur Kenntnis nehmen. Die für die Zeichen angestellten Überlegungen lassen Rückschlüsse auf das Phänomen Kultur zu. Es gibt, wie wir sagten, geplante Zeichen, die absichtlich, meist aufgrund eines politischen Willens geschaffen werden, die, da sie eine bestimmte Aufgabe erfüllen, eine exakt definierbare Bedeutung besitzen, welche der Benutzergemeinschaft in irgendeiner Form erklärt wird. So versieht man auf einem Universitätscampus die einzelnen Gebäude mit Symbolen (Buchstaben und/oder Zahlen), die dann auf Hinweistafeln erklärt werden. Solche Zeichen sind für die Kulturwissenschaft nicht weiter interessant. Sie bevorzugt, über gewachsene Zeichen nachzudenken, deren Entstehung unklar und deren Bedeutung diffus ist und die eher unterschwellig oder halbbewußt verstanden wie auch gelernt werden. Man hat Tests mit Bankangestellten gemacht, die über Anträge auf Kleinkredite zu entscheiden hatten. Die Antragsteller wurden von den Initiatoren des Tests bewußt verschieden gekleidet. Das Ergebnis überraschte niemanden: Die im Anzug oder Kostüm bekamen den Kredit; die im T-Shirt aber nicht und auch nicht der, der zum Anzug mit Krawatte einen Cowboyhut trug. Die Mehrheit der Angestellten konnte die Gründe für die Ablehnung nicht befriedigend formulieren. Man hätte ein ungutes Gefühl gehabt, hieß es.

Als Notbehelf, weil wir es noch nicht genau erklären können, sagen wir, Zeichen der letzteren Art wachsen. Was heißt das aber? Wir umschreiben damit, daß sie von der Kultur, von dem sie tragenden Kollektiv geschaffen wurden, ohne daß nachvollziehbar ist wie. Warum sich die westliche Männerwelt mit Krawatten die Luft abschnürt, ist nicht mit letzter Sicherheit zu sagen. Wir wissen, daß Krawatte sprachlich von Kroate kommt und daß die Mode des Halstuchs um ca. 1670 von einem in französischen Diensten stehenden kroatischen Regiment eingeführt wurde. Die Franzosen fanden das schick und ahmten es nach. Dann begann eine lange Geschichte mit vielen Variationen sowohl des Bedeutungsträgers als auch der Bedeutung, bis das heutige Korrektheitssymbol dabei herauskam. Kultur, dieses Fazit läßt sich ziehen, ist kreativ. Sie läßt Zeichen und Zeichensysteme wachsen, die unterschwellig gelernt und verstanden werden. Ganz am Anfang steht wahrscheinlich die Kreativität eines einzelnen, die, wenn sie eine kollektive Bereitschaft vorfindet, kulturelle Folgen hat.

Die Kreativität der Kultur sorgt für Dynamik. Die unterschwelligen Zeichensysteme basieren auf Regeln, die aber nicht rigide sind. Dem einzelnen lassen sie Raum für Kreativität, so daß sich, wenn das Kollektiv mitmacht, das ganze System verändern kann. Im Bereich der Zeichen konstatieren wir deshalb permanente Veränderung, was nicht auf diesen Bereich beschränkt ist. Die Geschichte des Zeichensystems Kleidung, die ja erst teilweise geschrieben ist, würde ein dickes Buch mit endlosen Fortsetzungen. Den Prozeß solcher Veränderungen muß man sich so vorstellen, daß zunächst Einzelveränderungen stattfinden, die einzelne Zeichen betreffen, was sich dann so stark summiert, daß es zu einem Systemwechsel kommt. Einen solchen hatte es auf jeden Fall zwischen dem

Feudalismus und der Bürgerlichkeit gegeben, als die früher exakten Standesbedeutungen diffuser wurden. Später dann wurden bei einem erneuten Systemwechsel aus den Standes- Individualzeichen.

2. Sprache

Eine Einführung in die Kultur wäre unvollständig, wenn insbesondere im Zusammenhang mit standardisierter Kommunikation das Phänomen Sprache unerwähnt bliebe. Da sie die komplexeste *software* darstellt, die wir kennen, überragt sie alle anderen Zeichensysteme der Kultur, und aufgrund dieses hohen Niveaus dient sie auch als das Hauptunterscheidungskriterium zwischen Mensch und Tier. Der amerikanische Anthropologe Marvin Harris sagt dazu:

> Der kulturelle Aufbruch ist wesentlich auch ein sprachlicher. Ein rascher und kumulativer Wandel in den Traditionen setzt eine neue Qualität in der Informationsmenge voraus, die sich auf gesellschaftlichem Weg erwerben, speichern, verfügbar machen und mit anderen teilen läßt. Wer ein Loblied auf das eine anstimmt, muß auch das andere besingen. Die menschliche Sprache ist das Medium, kraft dessen Erinnerungen, Individuen und Generationen überleben. Aber sie ist nicht einfach ein geduldiger Palimpsest, ein im passiven Sinne vielbeschriebenes Blatt. Sie ist auch eine aktive, tatkräftige Macht bei der Gestaltung des zunehmend komplexeren gesellschaftlichen Seins, das dem Alltagsleben durch die kulturelle Entwicklung aufgebürdet wird. Über Sprache zu verfügen, macht es möglich, passende Verhaltensregeln für Situationen zu formulieren, die räumlich und zeitlich weit auseinanderliegen. Ohne je eine Wanderameise oder eines ihrer Nester gesehen zu haben, kann der beschränkteste Durchschnittsmensch im Unterschied zum aufgewecktesten Schimpansen seinesgleichen darüber aufklären, wie er beim Ameisenfang vorgehen muß. Es bedarf dann zwar immer noch der Übung (die stets erst den Meister machen wird), aber die Fähigkeit, mit sprachlichen Mitteln eine Regel für den Ameisen- oder Termitenfang zu formulieren, erleichtert die Nachahmung dieser Tätigkeiten durch andere Individuen der jeweiligen Generation wie auch späterer Generationen. Das gesellschaftliche Leben der Menschen besteht in hohem Maße (allerdings nicht ausschließlich) aus Vorstellungen und Verhaltensweisen, die durch solche

Regeln koordiniert und bestimmt werden. Wenn Menschen neue Formen gesellschaftlicher Tätigkeit entwickeln, entwickeln sie entsprechende Regeln, die auf die neuen Praktiken abgestimmt sind, und speichern diese Regeln in ihrem Gehirn (im Unterschied zu den Anleitungen für biologische Entwicklungen, die im Genmaterial gespeichert werden). Unter dem bestimmenden Einfluß dieses sprachgestützten, regelgeleiteten Verhaltens übertreffen die Menschen mühelos alle anderen Arten, was die Komplexität und Vielfalt sozialer Rollen und die Bildung kooperativer Gruppen betrifft.[5]

Entwicklungsgeschichtlich ist Sprache zunächst gesprochene Sprache, d.h. der Bedeutungsträger ist lautlicher Natur. Er wird in dem besonders geräumigen Kehlkopf des Menschen – den kein Tier besitzt, auch der Primat nicht – artikuliert und über das Gehör aufgenommen. Mit der Erfindung der Schrift kommt später die geschriebene Sprache hinzu, welche die hörbare Lautung in graphische, also sichtbare Zeichen umsetzt. Dieser Vorgang beinhaltet mehr als eine bloße Umwandlung des Bedeutungsträgers. Zwar ließ sich schon die gesprochene Sprache speichern, nämlich auf den Gedächtnis-Festplatten der Individuen, doch diese Speicherung war zum einen nicht zuverlässig und zum andern erlosch sie mit dem Tod. Erst durch die Erfindung der Schrift wird eine zuverlässige und unbefristete Archivierung möglich.

Daß wir heute noch von den antiken Philosophen wissen, ja daß wir sie im Original lesen können oder gegen unseren Willen müssen, verdanken wir der Schrift. Durch sie gewannen die Kulturen eine längerfristige Dimension. Allerdings auf andere Weise, als man vermutet. Die nur im Gedächtnis gespeicherte Kultur hielt starr und ängstlich an den flüchtigen Schätzen der Tradition fest. Mit der Haltbarkeit und einfachen Verfügbarkeit dieser Schätze ließ die Ehrfurcht jedoch nach, so daß die starre Traditionshörigkeit gelockert wurde und ein schnellerer Wandel als zuvor eintrat. Die Ethnologie hält die Erfindung der Schrift für so entscheidend, daß sie daran den Übergang von der Primitiv- zur Hochkultur festmacht. Im strengen Sinne wurde diese Wissenschaft als Disziplin eingerichtet, die sich ausschließlich mit Primitivkulturen beschäftigen sollte, d.h. mit solchen, die keine Schrift besitzen. Dem entspricht auf der Gegenseite, daß sich die Erforschung von Hochkulturen auf schriftliche Dokumente konzentrierte. An ihnen meinte man, die Kultur besonders gut studieren

---

[5] Marvin Harris, *Menschen: Wie wir wurden, was wir sind* (Stuttgart 1991), S. 69; Originalausgabe: *Our Kind* (New York 1989).

zu können, woran sich bis heute nicht viel änderte. Die sich Romanistik, Anglistik und Germanistik nennenden Fächer, die terminologisch behaupten, Frankreichkunde, Englandkunde etc. zu sein, beschäftigen sich in erster Linie mit der Literatur des jeweiligen Landes. Vor allem sie soll aussagekräftig sein, wobei allerdings die normative Vorstellung von Kultur – das, was wir ihre erste Bedeutung nannten – eine Rolle spielt.

Trotz der engen und von niemandem geleugneten Verbindung zwischen Kultur und Sprache hat man auch sie der Natur überantwortet. Der Amerikaner Noam Chomsky, einer der Gründerväter der modernen Linguistik, sieht Sprache und Sprechen als dem Menschen gattungsmäßig zu eigene, also angeborene Fähigkeiten. Er geht dabei so weit, daß er an die Existenz eines „mental organ" glaubt, also eines speziellen, nur für die Sprache verantwortlichen Organs, das sich irgendwo in unserem Gehirn befinde.[6] Jede Naturalisierung der Sprache gerät aber zwangsläufig in zweifache Erklärungsnöte. Zum einen muß sie begründen, warum bei der identischen Gattung Mensch so viele verschiedene Sprachen anzutreffen sind. Chomsky löst dieses Problem mit dem Hinweis auf die Existenz einer Universalgrammatik, der alle Sprachen gehorchten. Die Verschiedenheit der konkreten Sprachen, und hier benutzt er ein metaphysisches Denkmodell des 17. Jahrhunderts, ergäbe sich daraus, daß sie die Universalgrammatik auf verschiedene Weise realisierten. Von Leibniz und Spinoza wurde die Vorstellung in die Philosophie eingeführt, daß identische Substanzen existierten, die in verschiedenen Manifestationen aufträten. Genau wie bei Chomsky wurde diese Vorstellung dazu benutzt, disparate Phänomene zu vereinen, ohne die Disparität aufgeben zu müssen. Indem sie von Substanz und Manifestation sprachen, überwanden die beiden Philosophen die ehemals krasse Dualität von Gott und Welt. Gott wurde zur kosmologischen Substanz erklärt, die sich in allen Phänomenen des Universums, in der Natur und im Menschen, auf verschiedene Weise niederschlage. Bei Chomsky ist die Universalgrammatik eine solche Substanz, die in den einzelnen Sprachen wie Deutsch und Englisch trotz aller Unterschiedlichkeit anwesend sei.

Ein weiteres Problem, das sich der biologistischen Sprachphilosophie stellt, ist das der Gesetzmäßigkeit. Naturphänomene unterliegen Naturgesetzen, und folglich müßte auch der Sprache, wenn man sie für ein Stück Natur hält, eine stringente oder zumindest mechanische Gesetzmäßigkeit und Systematik zugrunde liegen. Wenn solche Qualitäten überhaupt zu

---

[6] Noam Chomsky, *Rules and Representatives* (Oxford 1980), S. 39.

finden sind, dann höchstens im Bereich der Grammatik. Aber auch dort ist es mit wirklicher, naturwissenschaftlicher Gesetzmäßigkeit nicht weit her, wie jeder weiß, der die Kapriolen einer fremden Grammatik zu büffeln hatte. Jede mühsam gelernte Regel zieht einen Rattenschwanz von Ausnahmen nach sich, und innerhalb wie außerhalb des Systems wird die Logik immer wieder großzügig außer Kraft gesetzt. Die Linguistik gibt diese Problematik indirekt dadurch zu, daß sie sich mit den Methoden der Grammatikbeschreibung unzufrieden zeigt. Durch Neuansätze wie der Transformations- und Valenzgrammatik versuchte man die traditionelle, auf dem Lateinischen basierende Grammatikdarstellung zu ersetzen, doch auch diese neuen Beschreibungsmodelle konnten nicht allumfassend überzeugen. Eine Grammatik, die logische Ansprüche befriedigt, wird und kann es auch nicht geben, da Sprachen weder wie physikalische Systeme noch wie zweckrational entworfene Computerprogramme funktionieren. Sprachen sind gewachsene Zeichensysteme, und als solche, das haben wir am Beispiel der Herrenmode erarbeitet, zeigen sie zwar eine vage Art der Regelhaftigkeit, aber keinesfalls im technischen oder naturwissenschaftlichen Sinne.

Die genannten Probleme stellen sich erst gar nicht, wenn man Sprachen als Kulturphänomene betrachtet. Als solche lassen sie sich in der Kategorie Zeichensystem führen, deren Grundvoraussetzungen, das können auch die Biologisten nicht bestreiten, von allen Sprachen erfüllt werden. Sie verwenden Bedeutungsträger, die Wörter, die willkürlich einer Bedeutung verbunden sind, und sie besitzen ebenso willkürliche Gewohnheiten, wie die Einzelzeichen kombiniert werden können. Auch für die Sprachen gelten insofern jene zwei Prinzipien, die für alle kulturellen Phänomene konstitutiv sind: Willkür und Gewohnheit oder Beliebigkeit und Standardisierung.

Mit Hilfe des Begriffs Willkür erledigen sich die meisten Probleme. Wie alle anderen Gewohnheiten auch sind Zeichensysteme willkürlich und daher in jeder Kultur anders. Insofern besitzt jede Kultur ihre eigene Sprache und deren Grammatik eigene Regeln. Mit dieser Aussage ist die Verschiedenheit der Sprachen eleganter, d.h. einfacher erklärt als mit dem metaphysischen Modell von natürlich vorgegebener Substanz und jeweilig kultureller Manifestation. Daß es sprachliche Universalien geben kann und eventuell auch eine rudimentäre Universalgrammatik, wird damit nicht in Abrede gestellt. Da alle Sprachen dieselbe Funktion erfüllen, da sie erstens der zwischenmenschlichen Kommunikation dienen und da zweitens der Bezug auf die außerhalb liegende Wirklichkeit gewährleistet sein muß, ist es nicht verwunderlich, daß grobe strukturelle Ähnlichkeiten vorliegen, die per Abstraktion aufgelistet werden können. Wie alle Archetypen besitzen diese groben Strukturanalogien, die ja keine Kommunikation jenseits einzelsprachlicher Verschiedenheit eröffnen, jedoch nur einen minimalen Erkenntniswert. Sie stehen auf derselben Stufe wie Hinweise auf universelle Bedingungen der Gattung: daß der Mensch essen, schlafen und sich fortpflanzen muß. Für den Gattungsvergleich, etwa zwischen Tier und Mensch, mögen solche Hinweise taugen, nicht aber zur Beschreibung, schon gar nicht einer dichten, der Feinstruktur menschlichen Lebens.

Die Begriffe Gewohnheit oder Standardisierung wappnen uns gegen das zweite Problem, das der angeblichen Regelhaftigkeit und Systematik. Sprachen sind keine technischen Systeme mit einem alle Elemente durchdringenden Bauprinzip und einer diesem Rechnung tragenden Regelhaftigkeit. Eine Sprache ist etwas anderes als ein Automotor oder ein Regelkreis. Sprachen sind gewachsene Systeme, sind durch und durch „invisible-hand-Phänomene", die ihre Funktion mit Hilfe von bloßen Standardisierungen erfüllen. Diese wahren zwar eine gewisse Konstanz, sind aber weder streng regelhaft noch durchgängig systematisch und werden daher die Erwartung von Logik und Stringenz stets enttäuschen. Versuchen wir einige Beispiele zu geben.

Ich habe mit einigen Passauer Studentengenerationen folgenden Test gemacht. Ich forderte sie auf, sich als Hausmeister zu fühlen, dem der Universitätspräsident den Auftrag gab, dafür zu sorgen, daß die Grünfläche vor dem Hauptgebäude – in Passau eher eine Wiese als ein Rasen – nicht zertrammpelt wird. Die unfreiwilligen Hausmeister beschlossen, Schilder aufzustellen. Die eigentliche Testaufgabe war es nun, den Text für dieses Schild zu entwerfen. Stets ergab sich eine Mehrheit von 90 bis 95%, die sich für die Formulierung entschied, *Rasen nicht betreten*. Für die Wahl dieser Formulierung gibt es keinen sachlichen oder funktionellen Grund. Weder ist sie die kürzeste (*Wegbleiben!!*) noch die höflichste (*Schonen Sie bitte die Grünfläche*); weder ist sie effektiver noch präziser als andere. Die deutlich mehrheitliche Wahl läßt sich nur so begründen, daß diese Formulierung für eben diesen Zweck üblich ist. Die scheinbar nichtssagende Erklärung, man sagt es halt so, oder es ist üblicher Sprachgebrauch, ist die einzig richtige. Statt üblicher Sprachgebrauch – der Engländer nennt das *usage* – kann man auch sagen, es liegt eine willkürliche Standardisierung vor. Daß es sich um eine solche handelt und nicht um ein Gesetz, zeigen schon die Prozentzahlen, die bei keinem Test hundert erreichten. Einige Studenten hatten sich über die Üblichkeit hinweggesetzt und andere, ebenso verständliche, ihren Zweck ebenfalls erfüllende Versionen wie *Bitte der Wiese fernbleiben* vorgeschlagen. Diese Abweichung von der Standardisierung, das ist das Interessante, hatte die Funktion der Verständlichkeit keinesfalls beeinträchtigt.

Auch für den Bereich der Grammatik ist der Begriff der Standardisierung tauglicher als jener der Regel. Wenn ich meinen bayerischen Lebensmittelhändler nach der Butter frage, so bekomme ich – aussprachebereinigt – die folgende freundliche Antwort: *„Der Butter liegt unter die Eier, Herr Professor!"* Obwohl dieser Satz gemäß der Grammatik des Standarddeutschen zwei eklatante Regelverstöße enthält, finde ich meine Butter, d.h. die Kommunikationsabsicht wird problemlos verwirklicht. Wiederum nehme ich zur Kenntnis, daß ohne Beschädigung der Kommunikation gegen die Standardisierung verstoßen werden kann und das sogar im Bereich der Grammatik. Dem stehen allerdings zu Mißverständnissen führende Verstöße gegenüber. Wenn ich sagen will, *den Thomas schlägt der Hans*, und dabei den Artikel vertausche *(der Thomas schlägt den Hans)*, so wird das, was ich sagen will, auf den Kopf gestellt. Im Gegensatz zum Hinweis meines Lebensmittelhändlers ist die grammatische Sprachform zwar korrekt, doch die Aussage entspricht nicht der Intention. Damit präsentiert sich Sprache als ein Gebilde, in welchem es einerseits sinnentstellende und andererseits semantisch konsequenzenlose Regelverstöße gibt. Oder anders formuliert: Formale Korrektheit und Kommunikationsfunktion gehen nicht immer Hand in Hand. So etwas läuft aber unserer Vorstellung von einem System zuwider. Wäre Sprache ein System im technischen Sinne, müßte die Gesamtheit der Regeln direkt der Kommunikationsfunktion unterstellt sein. Das ist aber nicht der Fall, denn es existiert eine Fülle von Vorschriften, die nicht die Verständigung sichern, sondern Nebenschauplätze eröffnen.

Ebenso mit unserer Systemvorstellung unvereinbar ist auch die Tendenz zur Übercharakterisierung, die allen Sprachen eigen ist. Die Bedeutung des oben benutzten Beispielsatzes kann ich entweder über die Wortstellung festlegen *(Thomas schlägt Hans)* oder durch den bestimmten Artikel *(den Thomas schlägt der Hans)* oder aber durch beides *(der Thomas schlägt den Hans)*. Im letzteren Fall liegt eine sogenannte redundante oder doppelte Charakterisierung vor, da sowohl Wortstellung als auch Artikel festlegen, wer wen schlägt. Solche Redundanzen können der Verständigung dienen, müssen es aber nicht. Insbesondere bei gesprochener Sprache erleichtern sie die Kommunikation, denn sie helfen, dem Sinn einer

Aussage zu folgen, auch wenn man nicht alle Laute akustisch mitbekam. Bei meinem Satz, *der Thomas schlägt den Hans*, genügt es, nur einen Artikel akustisch richtig zu hören *(? Thomas schlägt den Hans;* oder *der Thomas schlägt ? Hans)*, um das Gemeinte zu verstehen. Demgegenüber häufen sich bei der geschriebenen Sprache die funktionslosen Redundanzen, die Reformer immer wieder aufs neue und immer wieder erfolglos abschaffen wollen. Satzzeichen sowie Groß- und Kleinschreibung sind für die Verständlichkeit weitgehend überflüssig, doch, obwohl sie schwer zu erlernen sind, will sie die Mehrheit der Kulturgemeinschaft nicht aufgeben. Ein System, wie es sich der Techniker vorstellt, ist solange stabil, wie es seine Funktion reibungslos erfüllt. Veränderungen sind nur dann gerechtfertigt, wenn sie die Funktionserfüllung optimieren. Auch das trifft auf die Sprache nicht zu. Sie steht in permanentem Wandel, von dem auf keinen Fall behauptet werden kann, daß er die Kommunikation optimiere. Auch für diesen Aspekt ist der Begriff der Standardisierung sinnvoller als der der Regel. Wenn ein Student sein Schild mit der unkonventionellen Aufschrift *Bitte der Wiese fernbleiben* versieht, dann bricht er weder ein Gesetz noch verstößt er gegen eine Regel oder das Prinzip des Systems, sondern hier macht ein Individuum von seiner Freiheit Gebrauch, Gewohnheiten zu durchbrechen und, ohne das System zu verlassen, eine andere Möglichkeit zu realisieren. Genau wie bei der Mode kann auch mit sprachlichen Konventionen schöpferisch umgegangen werden, was eine bestimmte Personengruppe, die Dichter nämlich, professionell betreibt. Paradoxerweise werden sie aufgrund von Standardisierungsverstößen für besonders sprachbegabt gehalten.

Aber Sprachwandel muß keinesfalls kreativ sein. Wir erleben im Deutschen zur Zeit eine graphische Veränderung des Genitivs. Nicht nur in Schüleraufsätzen, sondern auch in Boulevardzeitungen, auf Plakaten und Neonreklamen wird seit kurzem vor dem Genitiv *-s* ein Apostroph eingefügt: *Toni's Würstchenbude.* Manchmal geschieht das sogar bei einem Plural *-s: Jean's aller Topmarken.* Von der deutschen Rechtschreibung her ist das unkorrekt, aber dennoch ist diese Schreibung auf dem Vormarsch, und es ist zu vermuten, daß der Duden irgendwann kapitulieren und sie anerkennen wird. Zur Erklärung dieser ungelenken Veränderung ließe sich folgende These aufstellen. Das Vorbild ist natürlich der sächsische Genitiv des Englischen, einer Weltsprache, die im deutschen Kulturraum spürbar präsent ist – bei Jugendlichen, von denen dieser Sprachwandel ausgeht, hauptsächlich durch die Musik. Die heutigen Jugendlichen sind aber nicht nur durch ihren Popmusikfanatismus gekennzeichnet, sondern auch durch deutliche Mängel in der Beherrschung der Rechtschreibung. Die Rechtschreibunsicherheit trifft nun mit dem Einfluß des Englischen zusammen. Der sächsische Genitiv ist orthographisch die aufwendigere Lösung, und wenn man unsicher ist, so weiß es ein psychologischer Erfahrungswert, entscheidet man sich für den größeren Aufwand. Die Sprachwissenschaftler nennen solche Fälle „Hyperkorrekturen".

Oder betrachten wir die Bedeutungsveränderungen von Wörtern. Jede halbwüchsige Generation ist hier kreativ tätig. Was zu meiner Zeit *Klasse!* oder *Spitze!* hieß, heißt inzwischen *tierisch* oder *geil*. Die Jugend durchbricht die alten Standardisierungen und benutzt Wörter in geänderter Bedeutung, einerseits um der Aussage Farbe zu geben und andererseits um sich als Kollektiv zu konstituieren, das die Erwachsenen ausschließt. Der Satz, den ich unlängst aus studentischem Mund über einen meiner Kollegen aufschnappte, *der Huber bepißt sich tierisch*, ist mir bis heute noch nicht klar, und das deshalb weil mich mein Alter von der jugendlichen Benutzergruppe ausschließt. Farbigkeit und das Ausschließen von andern nutzen sich aber ab, so daß jede Generation erneut kreativ sein muß.

Dieses Beispiel lenkt unsere Aufmerksamkeit auf den Umstand, daß zu einer Sprache nicht nur eine einzige Benutzergruppe gehört. Die Jugendlichen konstituieren sich als Sprachkollektiv mit Hilfe einer Art Sondersprache, und der Lebenmittelhändler, der mir sagte, wo die Butter liegt, tat etwas ähnliches. So gesehen, machte er sich nicht eines Regelverstoßes schuldig, denn er sprach ja nicht hochdeutsch, sondern bayerisch. Er bediente sich nicht der nationalen, sondern der regionalen Standardisierungen, die gleichzeitig auch die einer sozialen Schicht sind. So wie umgekehrt die Gebildeten der Hochsprachengrammatik hörig sind, um sich von den Ungebildeten abzugrenzen. Obwohl die moderne Linguistik längst nicht mehr normativ denkt und obwohl Dialekte genauso erforscht werden wie die Hochsprache, geht die Sprachphilosophie, d.h. jeder Versuch zur Klärung des Grundsätzlichen und des Wesens der Sprache wie selbstverständlich von der Hochsprache aus. Diese Sprache wird als faktisch existierender Gegenstand angesehen, der feste Grenzen aufweist und relativ exakt beschreibbar ist. Hier wirkt das Latein nach, das ja eine tote, d.h. rekonstruierte Sprache darstellt, die aus einem äußerst begrenzten Textkorpus abstrahiert wurde. Aus diesem Grunde mag das Latein als definierbarer Gegenstand konturiert sein, doch bei lebenden Sprachen trifft das nicht zu. Der Ausländer lernt nicht das „natürliche" Deutsch wie das deutsche Kind, das eine von Dia-, Soziolekten und Individualismen geprägte Sprachform übernimmt, sondern eine künstlich systematisierte und bereinigte Sprache. Von dieser bereinigten Sprache gehen aber die meisten grundsätzlichen Überlegungen aus, egal ob sie biologistisch oder metaphysisch sind. Ein kulturwissenschaftlicher Ansatz hingegen würde sich auf die Prämisse der Gegenständlichkeit von Sprachen erst gar nicht einlassen. Für ihn sind Dialekt, Soziolekt, Jugendsprache, Hochsprache etc. verschiedene, einander überlappende, mit unterschiedlichen Standardisierungen arbeitende Zeichensysteme, die für verschiedene Benutzergruppen gelten. Was wir gemeinhin Sprache nennen, ist eigentlich nur der Zusammenhang, den diese Systeme aufweisen.

An dieser Stelle erweist sich die eingeführte Unterscheidung von gewachsenen und geschaffenen Zeichen erneut als hilfreich. Dialekte und Soziolekte lassen sich wohl als gewachsene Zeichensysteme einordnen, denn erstens ist ihre Entstehung nicht auszumachen und zweitens werden sie vorrational erlernt. Die Hochsprache hingegen zeigt einige Anzeichen planender Manipulation. Obwohl hier Verallgemeinerungen schwer sind, läßt sich für die meisten Hochsprachen sagen, daß ihre Entstehung politisch, also absichtsvoll, zumindest gefördert, wenn nicht in manchen Fällen gar initiiert wurde. Des weiteren wird ihre Benutzung in vielen Ländern durch Institutionen (in Frankreich ist es die *Académie Française*) reglementiert und überwacht, die sich verschieden stark normativ gebärden. Auch die Schule gehört zu diesen Institutionen, da sie ja auch um eine bestimmte Normierung der Sprache, zumindest was ihre schriftliche Verwendung betrifft, bemüht ist. In England, wo in den Eliteschulen Aussprachekorrekturen noch vor kurzem zum Unterrichtsprogramm gehörten, galt das auch für die gesprochene Sprache. Immer mehr übernimmt aber auch das Fernsehen die Rolle einer sprachregelnden Institution. Es ist überregional und nicht schichtenspezifisch, und strahlt doch bis in die hintersten Winkel der Regionen und Schichten. Insofern wird es einen nicht zu unterschätzenden Beitrag zur Sprachvereinheitlichung leisten.

Ohne Anspruch auf Vollständigkeit haben wir damit einige Eigentümlichkeiten der Sprache zur Kenntnis genommen, die alle in dieselbe Richtung deuten: Sie weisen Sprache als Kulturphänomen aus, das auf willkürlichen Standardisierungen basiert. Der kulturelle Charakter der Sprache ist für die Probleme verantwortlich, die bei ihrer wissenschaftlichen Beschreibung entstehen. Die Art des Systems, welches die Sprache bildet, entspricht nicht der üblichen Systemvorstellung, und die Kommunikationsfunktion, auf welche die Sprachen in erster Linie ausgerichtet sind, werden von ihnen keinesfalls in Reinform und mit Ausschließlichkeit erfüllt, vielmehr wird sie von Nebenfunktionen gänzlich anderer Art überlagert. Beide Kriterien, die unbefriedigende Systematik und die Funktionsvermischung, sind im Raum der Kultur vertraute Erscheinungen, wie auch die der Sprache eigene Vermischung von Geplantem und Gewachsenem nichts Ungewöhnliches ist. Als Hochsprache, deren Benutzung zu bestimmten Anlässen und in bestimmten Kontexten erwartet wird, ist sie institutionalisiert, d.h. wenn nicht geplant, so doch rational überwacht. Gegen Wandel ist die Hochsprache aber trotz ihrer institutionalisierten Form nicht immun, und dieser speist sich aus dem Konglomerat der nicht überwachten und im Alltag favorisierten Sprachen, gegen die sich die Hochsprache abzuschotten versucht. Dem entspricht, daß die Benutzergruppe einer Nationalsprache nicht homogen ist. Sie ist vielmehr in regionale, soziale und sonstige Untergruppen aufgeteilt, wobei das Individuum vielen der Gruppen gleichzeitig angehören und zwischen ihnen wechseln kann. All diese Inkonsequenzen treiben zwar den Wissenschaftler zur Verzweiflung, sichern der Sprache aber die ihr eigene Effektivität. Sie halten sie flexibel, lebendig und für kreative Weiterentwicklung offen.

★ ★ ★

Bei den bisherigen Überlegungen zur Kommunikation wurde ein wichtiger Aspekt noch nicht erwähnt, und zwar derjenige des Verhältnisses der Zeichen zur Wirklichkeit. Wenn wir kommunizieren, tauschen wir, es sei denn, wir sprechen gerade von uns selbst, Botschaften über unsere Umwelt aus, d.h. über die Wirklichkeit, die uns umgibt. Mit Hilfe der Zeichen und der Sprache nehmen wir auf sie Bezug. Doch sehen wir uns am Beispiel der Sprache den Wirklichkeitsbezug der Zeichen genauer an.

Sehr anschaulich führt der bereits mehrfach erwähnte Anthropologe White in das Verhältnis von Sprache und Wirklichkeit ein. Er benutzt dazu die Biographie der taubstummen und blinden Helen Keller, welche die Beherrschung ihrer Muttersprache lernte, obwohl sie einerseits deren Bedeutungsträger weder hören noch sehen konnte und obwohl sie andererseits nicht in der Lage war, den Bezug auf die Wirklichkeit zu überprüfen. Für den Umgang mit Wörtern und Dingen mußte sie jenen Sinn benutzen, der ihr noch blieb, den Tastsinn. Der Sprachunterricht begann damit, daß die Lehrerin ihr die Worte mit dem Finger in die Handfläche schrieb. Helen lernte relativ schnell, die erfühlten Graphien zu reproduzieren, indem sie sie der Lehrerin in die Hand zurückschrieb. Nach drei Wochen beherrschte sie einundzwanzig Wortschreibungen, wobei ihr aber nicht klar war, daß es sich dabei um Bedeutungsträger handelte, die eine auf die Wirklichkeit bezogene Bedeutung besitzen. Obwohl sie beides richtig schrieb, verwechselte sie stets die Bedeutungen von *mug* (Krug) und *water*, weil beides mit Trinken zu tun hatte. Bis dann schließlich der Durchbruch kam, den die Lehrerin folgendermaßen beschrieb:

> I made Helen hold her mug under the spout while I pumped. As the cold water gushed forth, filling the mug, I spelled ‚w a t e r' into Helen's free hand. The word coming so close upon the sensation of cold water rushing over her hand seemed to startle her. She dropped the mug and stood as one transfixed. A new light came into her face. She spelled ‚water' several times. Then she dropped on the ground and asked for its name and pointed to the pump and the trellis, and suddenly turning round she asked for my name ... In a few hours she had added thirty new words to her vocabulary.[7]

Jetzt hat Helen die Funktion der nur gefühlten Schriftzüge zum ersten Mal voll verstanden und weiß, daß sie bestimmte Dinge der Außenwelt bezeichnen. Nachdem dieser Bezug klar ist, der für dieses durch seine Blindheit und Taubheit von der Wirklichkeit abgeschottete Kind besonders schwer zu verstehen war, geht das Lernen leichter. Was Helen so mühsam versteht, geht bei normalen Kindern äußerst schnell. Doch auch sie müssen irgendwann begreifen, daß die Geräusche, die aus dem Mund der Mutter kommen, mit Gegenständen der Welt zu tun haben. Darauf kommt es auch White an, der zeigen möchte, daß der menschliche Umgang mit der Außenwelt über kulturelle Symbole erfolgt. Helen Keller ist dafür das beste Demonstrationsobjekt, da sie trotz ihrer schlechten Naturausstattung diesen Umgang genau so lernt wie die besser Ausgestatteten. Wenn sogar Blinde und Taubstumme dazu in der Lage sind, das ist die eigentliche Botschaft Whites, kann es nur die Kultur sein, die ihnen dazu verhilft. Obwohl er damit im Grundsatz recht hat, erliegt er einem weit verbreiteten Irrtum, was den Zusammenhang von Sprache und Wirklichkeit betrifft.

Der Linguist Ferdinand de Saussure, den White nicht zur Kenntnis nahm, hatte schon 1916 auf diesen Irrtum hingewiesen, mit dessen Darstellung[8] er seine Überlegungen zur Sprache eröffnet:

> Für manche Leute ist die Sprache im Grunde eine Nomenklatur, d.h. eine Liste von Ausdrücken, die ebensovielen Sachen entsprechen. Z. B.:

---

[7] White S. 37.
[8] Ferdinand de Saussure, *Grundfragen der allgemeinen Sprachwissenschaft* (Berlin 1967), S. 76.

: *ARBOR*

: *EQUOS*

Die umfangreichen Einwände, die Saussure gegen diese gängige Einschätzung erhebt, wollen wir verknappen und an eigenen Beispielen vorführen. Beginnen wir mit den Konsequenzen, die sich, träfe die Einschätzung zu, ergeben müßten. Wenn Sprachen die Dinge der Wirklichkeit nur benennen würden, müßte jede Sprache so viele Wörter besitzen, wie es Dinge gibt, woraus folgt, daß alle Sprachen ungefähr die gleiche Anzahl von Wörtern aufweisen müßten. Das Englische verfügt aber über weit mehr Lexeme, d.h. Einzelwörter als das Deutsche. Trotz der quantitativen Überlegenheit des Englischen, das fällt dem Deutschen auf, besitzt diese Sprache für einige, selbst alltägliche Objekte kein Wort wie etwa für das Objekt *Schrank*. Daß es kein Wort für *Bauernstube* gibt, mag noch einleuchten, da die angelsächsische Welt dieses tief deutsche Phänomen nicht kennt. Aber Schränke gibt es doch auch in England! So einfach, wie die gängige Auffassung suggeriert, scheint es nicht zu sein.

Saussure löst die Problematik, indem er die Idee der Benennung verwirft und statt dessen behauptet, daß die Wörter der Sprache sich nicht auf reale Objekte bezögen, sondern auf vom Menschen geschaffene „Vorstellungen", die von Objekten ausgelöst sein können. Das soll heißen, die Sprache beklebt nicht vorgefundene Gegenstände mit neutralen Etiketten, sondern liefert Bilder, wie sich der Mensch die Gegenstände in seinem Bewußtsein vorstellt. Sie inventarisiert nicht oder dokumentiert nicht, benutzt vielmehr den Gegenstand als Ausgangspunkt, um sich, genau wie es das zweite Gebot auf den Gesetzestafeln des Moses verbietet, ein Bildnis zu machen. Und zwar ein willkürliches Bildnis, wie es einem bestimmten kulturellen Kollektiv aus welchen Gründen auch immer adäquat ist. Wir sagen *Spinne*, und in diesem Wort schwingt schon der Ekel mit, den wir beim Anblick dieses doch harmlosen Erdenbewohners empfinden. Viel freundlicher sprechen wir das Wort *Eichhörnchen* aus, denn dieses Tier haben wir in unserer Vorstellung zum Inbegriff des Niedlichen erkoren. Die Wörter der Sprachen sind also nicht neutral, sondern parteiisch und willkürlich; sie dienen nicht *sine ira et studio* dem Objekt, sondern versuchen, zwischen Subjekt und Objekt zu vermitteln. Sie verwalten Bildnisse, die sich eine Sprechergemeinschaft von der Wirklichkeit macht.

Aber es kommt noch schlimmer. Sprachen speichern in ihren Wörtern nicht nur Bildnisse von außersprachlichen Objekten, sondern beinhalten sogar Vorstellungen, denen in der Außenwirklichkeit nichts entspricht. Graeme Turner, der eine Einführung in die *British Cultural Studies* verfaßte, beschreibt Saussures Sprachauffassung, wie folgt:

> For him, language is a mechanism that determines how we decide what constitutes „an object" in the first place, let alone which object might need naming. Language does not name an already organized and coherent reality; its role is far more powerful and complex. The function of language is to organize, to construct, indeed to provide us with our only access to, reality.[9]

Das klingt schwierig, läßt sich aber einfach erklären. Der Schrank, für den der Engländer kein Wort besitzt, ist genaugenommen kein Objekt oder wirkliches Ding. Wirklich sind nur bestimmte, einzelne, individuelle Schränke; also mein Küchenschrank, dessen Tür quietscht; mein Bücherschrank, der bald zusammenbricht, und mein Dielenschrank, der etwas nach Schuhen riecht. Den Schrank schlechthin, den das Wort bezeichnet, der nicht quietscht oder riecht, gibt es in der Realität nicht. Genau wie es Obst nicht gibt, sondern nur einzelne Äpfel und Birnen. Schrank ist eine Vorstellung. Sie wurde in diesem Fall als Abstraktion kreativ geschaffen, d.h. es wurden die Gemeinsamkeiten aller existierenden und möglichen Schränke herausgefiltert und so die Kategorie des Schrankhaften ins Leben gerufen. Das Englische entwickelte diese Vorstellung allerdings nicht. Es abstrahiert zwar auch, aber nicht über die Unterfunktionen der einzelnen Schrankarten hinaus. Der Engländer kennt nur abstrahierte Schrankarten (*wardrobe, closet, cupboard, bookcase*), hält deren Gemeinsamkeit aber nicht für groß genug, um einen alle Arten bündelnden Oberbegriff zu bilden.

Ich möchte es so ausdrücken: Wörter beinhalten Vorstellungen, die nicht die Wirklichkeit abbilden, sondern sie mit einer Deutung versehen. Das mag uns bei der Vorstellung des Schrankhaften nicht sofort einleuchten, so daß wir etwas stärkere Geschütze auffahren müssen. Philosophen

---

[9] (Boston 1990), S. 12.

haben schon seit längerem darauf hingewiesen, daß die Sprachen Kategorien kennen, die in der Wirklichkeit nachweislich nicht vorkommen. So etwa die Kategorien der Negativität, des Gegensatzes und der Ähnlichkeit sowie die des Sollens. In der Natur gibt es schwarze und weiße Tiere, aber nur der Mensch glaubt, zwischen diesen Farben einen Gegensatz zu erkennen. Nur der Mensch stellt die Behauptung auf, schwarz ist nicht weiß, was die Natur nie täte, da sie zu Vergleichen nicht fähig ist. Nur der Mensch kann sagen, hellgrün ist so ähnlich wie dunkelgrün. Nur der Mensch kennt die Vorstellung des Sollens, also der moralischen Verpflichtung, die dem Tier, das seinem Trieb folgt, tief verschlossen ist. Die genannten Kategorien sind solche der Beziehung und damit auf jeden Fall Deutungen. Die Farben Schwarz und Weiß existieren in der Realität; die angebliche Gegensätzlichkeit zwischen ihnen indes nicht. Sie ist die deutende Zugabe des Menschen, der sich die Welt untertan macht. Die Dinge existieren, doch die Beziehungen zwischen ihnen nicht. Genausowenig wie die Vorstellungen oder Bildnisse, die sich der Mensch von den Dingen macht.

Um diese vielleicht schockierende Einsicht ganz zu begreifen, müssen wir uns etwas Zeit nehmen. Zeit, die gut angewendet ist, da sich diese Einsicht, wie wir noch verstehen werden, auf alle Aspekte der Kultur übertragen läßt. Wie aber nähert man sich dem Problem am besten? Der Zeichenvorrat der Sprachen enthält zwar nachweislich Deutungen der Wirklichkeit, d.h. unterstellt ihr Qualitäten, die nicht in ihr liegen, doch wir merken den Deutungsvorgang nicht und halten das Gedeutete für die Wirklichkeit selbst. Das ist normal, denn wir lernen die Sprache, indem wir sie für eine Inventarisierung der Realität halten. Genau wie Helen Keller meinen wir, daß Sprache ein bloßes Benennungsmedium ist. Insofern fällt es schwer, die Richtigkeit der obigen Behauptung sowohl zu akzeptieren als auch zu überprüfen. Mit den Worten Turners läßt sich diese Schwierigkeit so formulieren: Wenn der einzige Zugang zur Wirklichkeit über die Sprache erfolgt, wie läßt sich dann die Zuverlässigkeit dieses Zugangs überprüfen? Das ist ein altes Problem der Erkenntnistheorie, an dem bereits Descartes laborierte. Wäre er Kulturwissenschaftler gewesen, hätte er sich vielleicht mit folgender Überlegung geholfen. Es gibt ja nicht nur eine Sprache, sondern viele, und dadurch eröffnet sich eine Möglichkeit der Überprüfung. Wenn die Prämisse, daß die sprachlichen Angebote Wirklichkeit deuten, zutrifft, müßten verschiedene Sprachen dies auf verschiedene Weise tun. Wenn sprachliche Vorstellungen die Objekte gleichsam erst erschaffen, müßten verschiedene Sprechergemeinschaften verschiedene Objekte kennen. Der Franzose müßte andere Objekte wahrnehmen als der Russe. Oder noch radikaler: Die Mitglieder der verschiedenen Sprachgemeinschaften müßten in verschiedenen Wirklichkeiten leben. Das ist, wie jeder wache Reisende eigentlich merken müßte, in der Tat der Fall.

Um es noch einmal zu wiederholen: Natürlich geben die Wörter der Sprache den Objekten der Wirklichkeit einen Namen; sie nennen dieses Objekt *Wasser* und jenes *Milch*; sie nennen das Tier mit dem roten Pelz *Fuchs*. Doch sie tun sofort mehr. Bei jedem Namen schwingen konnotative Nebenbedeutungen mit. Bei Wasser denke ich an Reinheit und Frische; bei Milch an Gesundheit und Landleben; bei Fuchs an Verschlagenheit. Auch wenn es dem Sprachbenutzer nicht bewußt wird, führen die Gegenstandsbenennungen Deutungen mit sich. Diese aber sind von Sprache zu Sprache verschieden. Der Deutsche denkt beim Fuchs an List und Tücke, der Engländer hingegen an *sexual activity*. Wenn der Bayer seinen Spezi „a Hund" nennt, hält er ihn für schlau und ausgekocht; für einige Indianerstämme hingegen, das hat sogar Karl May richtig mitbekommen, beinhaltet die Titulierung Hund schneidende Verachtung. Eine Vorstellung, so hatten wir uns Saussures Begriff erklärt, ist eine mit einer Deutung einhergehende Gegenstandsbezeichnung, wobei die Deutung willkürlich ist und deshalb von Sprache zu Sprache verschieden sein kann. Das gilt auch für die Objektkonstitution, worauf Turner hinwies. Ist das vorher auf der Weide grasende Kalb derselbe Gegenstand wie der Kalbsbraten auf meinem Teller? Der Deutsche bejaht diese Frage, der Engländer nicht. Wo der Deutsche dasselbe Objekt in sozusagen unterschiedlichen Aggregatzuständen sieht und sich deshalb mit einem Wort, nämlich *Fleisch* begnügt, ist der Engländer der Meinung, daß totes und lebendiges Fleisch eigenständige, von einander verschiedene Objekte darstellen, die eigene Namen verdienen, und zwar *meat* und *flesh*. Dieser Grundsatz wird bei allen eßbaren Tiersorten durchgehalten:

flesh	meat
pig	pork
ox	beef
calf	veal
sheep	mutton
game	venison
poultry	fowl

Der Sprachhistoriker wird natürlich einwenden, daß die zweite Wortreihe hauptsächlich französischen Ursprungs ist und mit der Besetzung Englands durch die Normannen in das Angelsächsische eindrang. Das ist richtig, schmälert aber nicht das Argument, welches hier vorgetragen wird. Die englische Sprechergemeinschaft nutzte das Vorhandensein der Benennungen verschiedener Herkunft, um die Vorstellung eines Unterschieds zwischen totem und lebendigem Fleisch einzuführen, der heute noch gilt. Diesen Unterschied sehen das Deutsche und andere Sprachen nicht. Insofern können wir konstatieren, daß die englische Sprache zwei Objekte besitzt, wo andere sich mit einem begnügen.

Die Deutungsunterschiede zwischen den Sprachen, insbesondere zwischen denen der westlichen Hemisphäre, sind zum einen nuanciert und fein, zum anderen funktionieren sie unbewußt, und deshalb werden sie, solange man den Geltungsbereich der Sprache nicht verläßt, gerne übersehen. Der professionelle Übersetzer jedoch, dem sie das Leben schwermachen, merkt sie auf Schritt und Tritt. Nach der Prämisse des Unterschieds der Vorstellungen bzw. Deutungen und der Objektkonstitution zwischen den Sprachen ist, streng genommen, übersetzen nicht möglich, was das italienische Wortspiel *traduttore traditore* [der Übersetzer ist ein Verräter] in brillanter Verknappung zum Ausdruck bringt. Das Gebilde aus Denotationen, Konnotationen und Assoziationen, als das sich ein Wort zu erkennen gibt, kann nicht ohne Reibungsverluste oder ohne zusätzlichen Aufwand direkt übertragen werden. Um den deutschen Satz, *Sie machten es sich in der gemütlichen Bauernstube des rustikalen Hotels bequem*, in seiner Fülle aus bewußten, halbbewußten und unterschwelligen Informationen ins Englische zu bringen, bedürfte es eines ganzen Absatzes, der die Bedeutung der Bauernstube und des Wortes rustikal langatmig erklären müßte. Seit Saussure wissen wir, warum Übersetzen so schwer ist. Es verlangt den Transfer einer in einem bestimmten Deutungssystem getroffenen Aussage in ein anderes Deutungssystem. Es muß also ein Systemunterschied überwunden werden. Eine Übersetzung ist kein Gleichsetzungs-, sondern ein Umsetzungsverfahren wie etwa die Verfilmung eines Romans. Bei einer solchen Umsetzung geht immer etwas verloren, und etwas Neues kommt hinzu.

Betrachten wir noch ein Beispiel. Bezüglich der Gesamtheit seiner Bedeutungen ist das englische Allerweltswort *box* in keine andere Sprache übersetzbar. Wenn wir es im zweisprachigen Lexikon nachschlagen, finden wir folgende Liste deutscher Entsprechungen: *Karton, Kiste, Schachtel, Pferdestall, Loge, billiger Fotoapparat, Fernsehapparat*. Wie können denn so unterschiedliche Bedeutungen, könnte man sich teutonisch erregen, in einen einzigen Bedeutungsträger zusammengezwungen werden? Das einsprachige Lexikon löst dieses Rätsel, indem es definiert: „a rigid typically rectangular receptacle often with a lid or cover in which something unliquid is kept or carried".[10] Man könnte es noch einfacher und umfassender sagen: ein viereckiges Behältnis mit einer Öffnung. Das trifft auf den Fotoapparat zu, die Loge im Theater, den Stall für ein einzelnes Pferd, den Briefkasten, die Hutschachtel und so weiter. Eine solch umfassende Vorstellung besitzt das Deutsche nicht, und deshalb können wir den simplen Satz *I need a box* nicht übersetzen. Im Deutschen muß immer schon nach Material, Größe oder Funktion des Behältnisses differenziert werden - Kiste (Holz); Karton (Pappe); Kasten (Holz, aber kleiner als Kiste); Schachtel (Pappe, kleiner als Karton) etc. Die den Sinn annähernd treffende Übersetzung, *ich brauche ein Behältnis*, würde den Stil nicht treffen und würde, wenn der Ehemann es zu seiner Frau sagte, lächerlich wirken. Da eine dem englischen Wort entsprechende Großvorstellung nicht existiert, muß der Übersetzer mit Hilfe des Kontextes eine der engeren deutschen Vorstellungen auswählen. Wenn der Ehemann bei der Aussage ein Geschenk in der Hand hält, würde er übersetzen, *ich brauche was zum einpacken*; hält er aber ein Pferd am Zügel, so müßte es lauten: *Ich brauche einen Pferdestall*. Gerechterweise hätte aber ein englischer Übersetzer genausoviel Mühe, wenn er das deutsche Wort *Schrankfabrik* in seine Sprache übertragen wollte.

Daß mit Hilfe der Sprache Lebenswirklichkeit geschaffen wird, hat sich die Linguistik allerdings noch nicht vorbehaltlos zu eigen gemacht. Die sogenannte „Sapir-Whorf-hypothesis"[11], die eine Grundidee Humboldts aufnahm, hatte in den fünfziger Jahren diesen Zusammenhang behauptet und anhand von Indianersprachen zu belegen versucht. Die Belege stellten sich jedoch als nicht zutreffend heraus, so daß die gesamte These - jedenfalls „in its strong version" - mit Fragezeichen versehen wurde. Inzwischen meint man vage, daß „a strong link between language and thought"[12] existiere, doch man wartet auf empirische Beweise, wie stark diese Verbindung wirklich sei und wie man sie sich vorzustellen habe. Dabei

---

[10] *Webster's Third New International Dictionary* (Springfield, Mass. 1981), S. 236.
[11] J. B. Carroll, hg., *Language, Thought and Reality: Selected Writings of Benjamin Lee Whorf* (Cambridge, Mass. 1956); D.G. Mandelbaum, hg., *Selected Writings of Edward Sapir in Language, Culture and Personality* (Berkeley 1949); deutsch: B. L. Whorf, *Sprache, Denken, Wirklichkeit: Beiträge zur Metalinguistik und Sprachphilosophie* (Hamburg 1963).
[12] beide Zitate Lieberman, S. 144.

liegen die Beweise in Hülle und Fülle auf der Straße. Jeder aufmerksame Reisende und jeder Sprecher, der neben seiner Muttersprache in eine weitere tief eingedrungen ist, weiß, daß mit Hilfe der Sprache Ordnung geschaffen, Sinn gestiftet und Orientierung bereitgestellt wird. Sicherlich geht es dabei oft nur um Nuancen und Feinheiten, doch diese können höchst existentiell sein. Viele westliche Sprachen behaupten, daß Baum, Strauch und Gras artmäßig verschieden sind oder deutlich konturierte Objektgruppen bilden, zwischen denen es keine weiteren Objektarten gebe. Demgegenüber deckt die Sprache der australischen Aborigines das Objektfeld zwischen Baum und Gras viel differenzierter ab. Wo die westlichen Sprachen nur drei Objektgruppen konstituieren, schafft diese Sprechergruppe über zehn. Für den Deutschen und Engländer sind Eiswürfel, mit denen wir unser Getränk kühlen, und Speiseeis Variationen des identischen Gegenstandes Eis. Der Italiener hingegen erkennt zwei deutlich unterschiedene Gegenstände: *gelato* und *ghiaccio*. Die Vorstellungen der Sprachen stiften Gegenständlichkeit, differenzieren Arten und Unterarten bzw. Ganzes und Teile und konstruieren Gegensätzlichkeit. Sie behaupten, daß schwarz das Gegenteil von weiß ist, daß blau nicht das Gegenteil, aber etwas anderes ist als grün, daß hellblau aber noch zu blau gehört. Das Griechische verfährt anders; es addiert hellblau und hellgrün in einer Vorstellung zusammen und ebenfalls kräftig blau und kräftig grün.

Was bisher an Wortbedeutungen exemplifiziert wurde, ließe sich auch an grammatischen Kategorien zeigen. Nur ein einziges Beispiel: Das englische *present perfect* (have) wird von deutschen Schülern deshalb so qualvoll gelernt, weil wir keine ihm entsprechende Zeitform besitzen. Das *present perfect* betont, daß eine Handlung in der Vergangenheit begonnen wurde und in der Gegenwart noch andauert. Der Einzelsatz *he has been a drinker for some time* müßte genaugenommen in zwei Sätzen übersetzt werden: *Seit einiger Zeit trinkt er und tut es bis heute*. Ein weiterer Beleg wäre, daß es im Deutschen keine Adverbform gibt. Diese beiden Hinweise mögen als Demonstration genügen, daß das bisher nur semantisch belegte Ergebnis auch für den Bereich der Grammatik gilt. Grammatische Regeln sind solche der Zeichenkombination, die an der Übermittlung von Bedeutungen beteiligt sind. Insofern hat die Grammatik Anteil an der Schaffung oder Modifizierung von Vorstellungen, und da die Grammatiken verschieden sind, fallen auch die Vorstellungen verschieden aus. Die Grammatik hilft also ebenfalls jene Wirklichkeit zu erzeugen, in der wir uns zu Hause fühlen.

★ ★ ★

Damit zurück zum Ausgangspunkt, zurück zu den Zeichen und der Frage ihrer Funktionen, die durch die Überlegungen zur Sprache schon weitgehend beantwortet ist. Zunächst gingen wir davon aus, daß die Hauptfunktion der Zeichen darin besteht, Kommunikation zu ermöglichen. Ein Aspekt dieser Kommunikationsfunktion ist die Schaffung von Kollektivität. Bei der Analyse des speziellen Zeichensystems der Sprache erkannten wir jedoch einen weiteren wichtigen Aspekt. Mit Hilfe von Vorstellungen wird die reale Wirklichkeit benannt bzw. gedeutet und dadurch in eine Lebenswirklichkeit verwandelt. Auch diese Funktion ist nicht auf die Sprache beschränkt, sondern wird von allen denkbaren kulturellen Zeichen und Zeichensystemen wahrgenommen. Die Freiheitsstatue deutet Amerika als ein Land der Freiheit; die Tennisschuhe einer bestimmten Marke an meinen Füßen deuten meine Identität als die eines jugendlichen, aber anspruchsvollen Technokraten.

Solche nicht-sprachlichen Deutungen sind dabei genauso kreativ wie die Vorstellungen der Sprache, wobei der Kreativität hier wie dort, obwohl sie meist von der realen Wirklichkeit ihren Ausgang nimmt, keinerlei Grenzen gesetzt sind. Die Freiheitsstatue verkündet ihre Botschaft vom freien Amerika trotz der rigiden Geschwindigkeitsbegrenzung, die den freie Fahrt erwartenden Deutschen zur Weißglut treibt; meine *Camel boots* und mein *safari look* stilisieren mich zum Naturliebhaber, obwohl ich kaum vor die Tür gehe und den ganzen Tag vorm Fernseher hocke. Das seiner Natur nach willkürliche Zeichen, so hatten wir gesagt, steht für etwas anderes; die Geste, ein leeres Glas zu heben, steht für Durst. Weil das Zeichen aber für etwas anderes steht, das ist die zur Skepsis mahnende Einsicht Umberto Ecos, ergibt sich die Möglichkeit einer weiteren Willkür: In seinem Bezug auf die Wirklichkeit kann das Zeichen lügen. Mit meinem erhobenen Bierglas kann ich Durst signalisieren, ohne ihn zu verspüren. Nur der Mensch, die Krone der Schöpfung, kann lügen, behauptet Eco, und das deshalb, weil er ein semiotisches, d.h. willkürliche Zeichen erschaffendes Wesen ist.[13] Ein Symptom, beispielsweise ein vegetatives Zeichen des Körpers, lügt nicht. Zuverlässig verrät Blässe Krankheit oder Angst; das freundliche Lächeln hingegen, das der Kommunikation dient, kann echt oder falsch sein.

---

[13] Es gibt eine Schimpansenart, die ebenfalls die Lüge beherrscht. Sollte ein Tier Beute gemacht haben und sollten sich andere Tiere nähern, die sie ihm streitig machen könnten, so stößt es einen Warnschrei aus, der normalerweise bei Gefahren benutzt wird. Die andern lassen sich davon täuschen und laufen weg.

Die Lüge ist der Preis der Kreativität und Freiheit, sich die Erde nach eigenem Gusto untertan zu machen. Ohne die Willkür der kommunikativen Zeichen, welche im Extrem die Lüge ermöglicht, ließe sich die vorhandene Wirklichkeit nicht deuten und in eine intersubjektive wie subjektive Lebenswirklichkeit ummodeln. Deshalb muß die Kultur, die das eine nicht ohne das andere haben kann, mit den Phänomenen des Irrtums und der Lüge leben. Alle Zeichen können lügen, auch die sprachlichen, doch die nicht-sprachlichen, das ist die Meinung Roland Barthes, sind darin gefährlicher, da sie es unauffälliger tun. In seiner pfiffigen Essaysammlung, die der deutsche Übersetzer *Mythen des Alltags* titulierte, zeigt Barthes, wie nicht-sprachliche Zeichen, die uns allen vertraut sind, politische Botschaften übermitteln, die wir als solche gar nicht erkennen. Er selbst gibt folgendes Beispiel:

> Ich sitze beim Friseur, und man reicht mir eine Nummer von *Paris-Match*. Auf dem Titelbild erweist ein junger Neger in französischer Uniform den militärischen Gruß, den Blick erhoben und auf eine Falte der Trikolore gerichtet. Das ist der *Sinn* des Bildes. Aber ob naiv oder nicht, ich erkenne sehr wohl, was es mir bedeuten soll: daß Frankreich ein großes Imperium ist, daß alle seine Söhne, ohne Unterschied der Hautfarbe, treu unter seiner Fahne dienen und daß es kein besseres Argument gegen die Widersacher eines angeblichen Kolonialismus gibt als den Eifer dieses jungen Negers, seinen angeblichen Unterdrückern zu dienen.[14]

Barthes geht von der Existenz zweier übereinander gestapelter Zeichensysteme aus. Auf der unteren Ebene bietet die Titelseite ein Konglomerat aus optischen Bedeutungsträgern, die mir die Bedeutung vermitteln, ein Schwarzer salutiert vor der französischen Nationalfahne. Diese Bedeutung wird nun ihrerseits zu einem Bedeutungsträger zweiter Art, der eine weitere Bedeutung mitteilt, nämlich die, daß für Afrika der französische Kolonialismus ein Segen ist. Diese zweite höhere Bedeutung stellt sich im Unterschied zur ersten eher unbewußt, suggestiv und unterschwellig ein, und darin sieht Barthes eine Gefahr. Wenn auch mit geringerem semiotischem Aufwand haben andere Kulturkritiker für die Werbung dieselbe Art von suggestiver Beeinflussung herausgearbeitet. Doch diese Strategie und die in ihr lauernde Gefahr ist keinesfalls auf Politik und Wirtschaft beschränkt oder nur auf die Bösartigkeit von Ideologen oder Kapitalistenknechten zurückzuführen, sondern gehört zu den grundsätzlichen Wir-

---

[14] Roland Barthes, *Mythen des Alltags* (Frankfurt am Main 1964), S. 95.

kungsweisen der Kultur. Religiöse Rituale übermitteln ihre Botschaft genauso suggestiv wie Psychoanalytiker oder Erzieher die ihre, obwohl sie damit doch anderen helfen wollen. Die Mehrheit der Zeichen und Zeichensysteme wirkt suggestiv, und, wenn der Benutzer es will, ist auch die Sprache ein Meister darin. Barthes und die Werbungskritiker irren daher insofern, als sie die angeprangerte Art der Botschaftsübermittlung für etwas besonderes halten, das sich nur Bösewichte ausdenken konnten. Dabei ist sie ein Grundmechanismus der Kultur. Was sie kritisieren sollten, ist nicht das Mittel, sondern die unehrenhafte Absicht, die zu seinem Einsatz führt. Aber so ist das eben: Wo Freiheit besteht, wird sie auch mißbraucht.

Damit bleibt eine letzte Funktion der Zeichen zu erwähnen, die allerdings nicht alle betrifft, sondern nur bestimmte. Zeichen ganz spezieller Art bilden für Maurice Halbwachs und Jan Assmann das „kulturelle Gedächtnis". Ein solches kommt allen größeren Kollektiven zu:

> Die spezifische Prägung, die der Mensch durch seine Zugehörigkeit zu einer bestimmten Gesellschaft und deren Kultur erfährt, erhält sich durch die Generationen hindurch nicht als eine Sache der phylogenetischen Evolution, sondern der Sozialisation und Überlieferung. „Arterhaltung" im Sinne der kulturellen „Pseudo-Speziation" (...) ist eine Funktion des kulturellen Gedächtnisses. Während im Tierreich genetische Programme die Arterhaltung sichern, müssen die Menschen, mit Nietzsche zu reden, „auf ein Mittel" sinnen, „um gleichartige dauernde Wesen durch lange Geschlechter zu erzielen". Auf dieses Problem antwortet das kulturelle Gedächtnis: als Sammelbegriff für alles Wissen, das im spezifischen Interaktionsrahmen einer Gesellschaft Handeln und Erleben steuert und von Generation zu Generation zur wiederholten Einübung und Einweisung ansteht.[15]

Assmann lenkt die Aufmerksamkeit auf die zeitliche Dimension der Kultur und veranlaßt uns, die bisher benutzte Definition zu erweitern. Wurde bisher das Kollektiv als Kulturträger angesprochen, so müßte nun hinzugefügt werden, daß seine Existenz nicht an die Lebensspanne der es bildenden Individuen gebunden ist. Damit ergibt sich eine weitere Bestimmung von Kollektivität. Wenn Kommunikation die Verhaltensähnlichkeit zwischen Mutter und Tochter, Vater und Sohn sichert, dann sorgt, wie wir gerade hörten, das kulturelle Gedächtnis dafür, daß auch

---

[15] Assmann, S. 9.

zwischen Großvätern und Enkeln Ähnlichkeiten bestehen. Wenn es der Tatbestand der Existenz von geltenden Standardisierungen ist, der ein Kollektiv über die Summe seiner Mitglieder hinauswachsen läßt, dann verstehen wir nun, wie sich dieser Tatbestand ergibt. Die Standardisierungen oder Verhaltensähnlichkeiten werden durch dreierlei verbreitet und stabilisiert: durch Kommunikation, Sozialisation und Tradition. Durch die Tradition überwindet das Kollektiv jene Zeitlichkeit, die dem Individuum als unüberwindbare Grenze vorgegeben ist.

Assmanns Begriff des kulturellen Gedächtnisses ist enger als der oben benutzte der Tradition. Selbst unbedeutende Kollektive wie ein Tennisclub können durch Chroniken oder Fotoalben an die Vergangenheit erinnern oder bestimmte Traditionen pflegen, doch für das Bestehen und die Existenzweise des Clubs ist das keine Voraussetzung. Das ist bei Kollektiven wie Völkern und Nationen anders, worauf Assmann seinen Begriff hauptsächlich bezieht. Das kulturelle Gedächtnis setzt sich aus ritualisierten Handlungen und aus Zeichen zusammen. Diese Zeichen können unterschiedlichster Art sein, müssen aber zwei Funktionen erfüllen: Sie müssen die Zeit überdauern, und sie müssen „eine Art identifikatorische Besetztheit im positiven (das sind wir) oder im negativen Sinne (das ist unser Gegenteil)"[16] besitzen. Die kanonisierten Texte der Nationalliteratur gehören also genauso dazu wie geschichtsträchtige Gebäude, Orte, Museen oder Monumente. Die Zeichen funktionieren dabei wie immer, d.h. sie übermitteln als willkürlicher Bedeutungsträger eine standardisierte Bedeutung. So verkündet das Lincoln Memorial in Washington, D.C. die Botschaft von der Notwendigkeit des amerikanischen Bürgerkriegs, den Lincoln angeblich führte, um die amerikanische Einheit zu retten. Ob diese Botschaft der historischen Wahrheit entspricht, läßt sich bezweifeln, doch die Art der apodiktischen Übermittlung – die auf suggestive Weise erfolgt, ganz so wie Barthes es beschreibt – läßt Zweifel gar nicht erst aufkommen.

Was aber ist die Funktion des kulturellen Gedächtnisses? Warum pilgern die Patrioten unter den Amerikanern zu den *memorials* ihrer Gründungsväter, und warum halten die Franzosen mit Hilfe der Bastille die Erinnerung an die Revolution wach? Warum wirken zumindest einige Deutsche der Verdrängung einer Epoche entgegen, indem sie Konzentrationslager zu Gedenkstätten machen? Assmann schreibt:

> Unter dem Begriff des kulturellen Gedächtnisses fassen wir den jeder Gesellschaft und jeder Epoche eigentümlichen Bestand an Wieder-

---

[16] Assmann, S. 13.

gebrauchs-Texten, -Bildern und -Riten zusammen, in deren „Pflege" sie ihr Selbstbild stabilisiert und vermittelt, ein kollektiv geteiltes Wissen vorzugsweise (aber nicht ausschließlich) über die Vergangenheit, auf das eine Gruppe ihr Bewußtsein von Einheit und von Eigenart stützt.[17]

Die Funktion des kulturellen Gedächtnisses ist die Schaffung und Stabilisierung eines, wie Assmann sagt, „Selbstbildes". Eine Nation entwickelt nationale Identität oder gar Nationalismus. Daß Nationen und Völker Selbstbilder entwickeln, ist unbestreitbar, doch es fragt sich, ob es sich dabei um Grundvoraussetzungen von Kollektivität handelt. Gewöhnlich wird das bejaht, wobei man auf die stabilisierende Wirkung solcher Vaterlandsgefühle hinweist. Darüber wird an anderer Stelle, wenn die Behandlung der Großformationen Volk und Nation ansteht, noch nachzudenken sein.

Standardisierungen des Denkens

Wenn wir uns nun den Standardisierungen des Denkens zuwenden – in vertrauterer Begrifflichkeit den Mentalitäten oder dem kollektiven bzw. sozialen Wissen – so läßt sich an Überlegungen anknüpfen, die im Kapitel über die Sprache gemacht wurden. Das dort formulierte Ergebnis der Konstitution von Lebenswirklichkeit durch Sprache setzte voraus, daß ihre Funktion nicht auf Kommunikation beschränkt bleibt. Sprache, so fanden wir heraus, ist mehr als ein bloßes Übertragungsmedium. Vergegenwärtigen wir uns diesen Gedanken noch einmal mit Hilfe eines Beispiels. Reine Übertragungsmedien wären Schreibmaschine, Morsetelegraph und Füllfederhalter, deren Aufgabe sich im Instrumentellen erschöpft. Bevor wir diese Geräte bemühen, haben wir den Text fertig im Kopf, und ihre Aufgabe beschränkt sich darauf, ihn an den Mann oder aufs Papier zu bringen. Weder beeinflussen sie dabei die Qualität noch die Aussage des Textes, denn ob ich mit Füller oder Schreibmaschine schreibe, ist für die Botschaft egal. Das ist bei der Sprache anders! Bei ihr ist nicht davon auszugehen, daß sie und die Gedanken oder Texte voneinander unabhängige Größen sind, vielmehr hat sie an deren Zustandekommen

---

[17] Assmann, S. 15.

großen Anteil. Mit anderen Worten, es ist die Sprache, mit deren Hilfe ich hauptsächlich denke. Zwar kann ich das auch in Bildern oder mathematischen Formeln tun, doch das ist eher selten. Wäre Sprache ein bloßes Medium, so hätte ich die Gedanken zunächst in nicht-sprachlicher Form in meinem Kopf, um sie, sobald eine Mitteilung geplant ist, zu versprachlichen. Träfe das zu, hätte Saussure Unrecht, und Übersetzen wäre ein Kinderspiel. Ich denke aber nicht in unsprachlichen Abbildern von Gegenständen, zu deren Formulierung ich mir dann ein Medium aussuchen könnte, sondern mit Hilfe von sprachlich bereitliegenden Vorstellungen, die, wie wir gesehen haben, die Wirklichkeit bereits deuten. Deshalb ist meine Muttersprache nicht nur ein Mitteilungsmedium, sondern das zentrale und meistens alleinige Erkenntnismittel, das meine Auseinandersetzung mit der Umwelt steuert.

Wenn Sprache und Denken aber weitgehend identisch sind und wenn wir bereits für die Sprache erklärt haben, daß sie die Lebenswirklichkeit schafft, warum dann noch ein Kapitel über Standardisierungen des Denkens? Um seine Berechtigung zu verdeutlichen, müssen wir vorsichtiger formulieren. Als solche schafft Sprache noch keine Lebenswirklichkeit, vielmehr stellt sie Rohmaterialien dafür bereit. Wir benutzen die Sprache als Arsenal unzähliger Vorstellungen bzw. vereinzelter Wirklichkeitsdeutungen, die für sich genommen allerdings noch keine Anschauung der Dinge ergeben. Eine solche ist erst erreicht, wenn eine Reihe adäquater Einzelvorstellungen verknüpft werden. Sieht man die Sprache als Lieferant des Rohmaterials, lassen sich, um im Bild zu bleiben, die Anschauungen als Bausteine bezeichnen, aus denen die Individuen ihre Weltbilder und Lebenswirklichkeiten konstruieren. Das Eichhörnchen niedlich und die Spinne eklig zu finden, bildet noch keine tragfähige Naturauffassung, die lebensweltliche Konsequenzen nach sich zöge wie beispielsweise die Unterstützung der Grünen. Eine echte Auffassung, die mich veranlaßte, dem Bund Naturschutz zu spenden, wäre etwa bei der Kombination folgender Vorstellungen erreicht: daß Natur ein sich selbst erhaltendes System darstellt; daß sie den Menschen nicht braucht, wohl der Mensch sie; daß Naturreinheit Gesundheit bedeutet und daß natürliche Unberührtheit schon ästhetisch jedem künstlichen Ambiente vorzuziehen ist. Erst ein solches Vorstellungs- und Einzeldeutungsbündel, das sprachlichen Rohstoff zu Ideen verbunden und diese zur größeren Einheit einer Auffassung zusammengefaßt hat, ist in der Lage, eine Lebenswirklichkeit oder zumindest einen Teil von ihr zu erzeugen.

Damit haben wir eine Voraussetzung für die Definition der Begriffe kollektives Wissen und Mentalität geschaffen, die sich nur bezüglich ihrer Perspektive unterscheiden. Unter kollektivem Wissen, so ließe sich sagen, versteht man den in einem Kollektiv vorhandenen Gesamtbestand an Ideen und Ideenkombinationen. Demgegenüber kann Mentalität auf zwei verschiedene Weisen benutzt werden. Entweder bezeichnet sie eine einzelne komplexe Ideenkombination (z.B. die von mir untersuchte „Mentalität des Erwerbs"[18]), die in verschiedenen Kollektiven vorkommen kann, oder jene Ideen und Ideenkombinationen, die für ein nationales oder regionales Kollektiv typisch sind (die amerikanische oder bayerische Mentalität). Der Begriff standardisiertes Denken ist inhaltlich identisch mit dem des kollektiven Wissens, nur daß er terminologisch, und deshalb wird er hier benutzt, den Gesamtzusammenhang kultureller Standardisierung im Blick behält.

Beginnen wir die Darstellung mit einem ausführlichen Beispiel, das sich bei dem französischen Anthropologen Claude Lévi-Strauss findet. Er analysiert zwei Berichte über Magie bei primitiven Völkern und versucht dabei, neue Wege zu gehen. Der Glaube an Magie ist jedem Anthropologen bzw. Ethnologen vertraut, wobei er sie für Aberglauben hält und auf die Unaufgeklärtheit der Wilden zurückführt. Wie aber ist bei einem solchen Angang die Person des Magiers, des Medizinmannes oder des Schamanen zu verstehen? Wenn Magie fauler Zauber ist, so müßte der Zauberer, der sie inszeniert, doch darum wissen. Die deutsche Sprache faßt diese Betrachtungsweise in das Idiom *Augurenlächeln*. Die Auguren waren die Magier Roms, die aus dem Flug der Vögel den Willen der Götter erkundeten. Wenn sich zwei dieser Kaste begegneten, sollen sie einander vielsagend zugelächelt haben, als wollten sie einander mitteilen: Naja, wir beide brauchen uns nichts vorzumachen; wir wissen, daß wir die andern an der Nase herumführen. Diese bei der Mehrheit der Völkerkundler vorherrschende Auffassung über Magie und Magiertum hält Strauss für wenig ergiebig, und er versucht, sie durch einen niveauvolleren Ansatz zu überwinden. Er berichtet von folgendem Vorfall, der sich bei den Zuñi-Indianern zutrug.

> Ein zwölfjähriges Mädchen hatte, unmittelbar nachdem ein Jüngling ihre Hände ergriffen hatte, einen Nervenschock bekommen; der Jüngling wurde der Hexerei beschuldigt und vor den Gerichts-

---

[18] Klaus P. Hansen, *Die Mentalität des Erwerbs: Erfolgsphilosophien amerikanischer Unternehmer* (Frankfurt am Main 1992).

hof der Priester gebracht. Eine Stunde lang leugnete er vergeblich, irgendwelche okkulten Kenntnisse zu besitzen. Da sich das Verteidigungssystem als unwirksam erwiesen hatte und da das Verbrechen der Hexerei bei den Zuñi zu jener Zeit noch mit dem Tode bestraft wurde, änderte der Beschuldigte die Taktik und improvisierte einen langen Bericht, in dem er erklärte, unter welchen Umständen er in die Hexerei eingeweiht worden sei und von seinen Meistern zwei Mittel empfangen habe, eines, das die Mädchen verrückt mache, ein anderes, das sie heile. Dieser Punkt war eine erfinderische Vorsichtsmaßnahme gegen die weitere Entwicklung. Aufgefordert, diese Drogen vorzuzeigen, begab er sich unter Bewachung nach Hause und kam mit zwei Wurzeln wieder, die er alsbald in einem komplizierten Ritual benutzte, in dessen Verlauf er nach dem Genuß einer dieser Drogen einen Trancezustand simulierte, dann seine Rückkehr in den Normalzustand durch die andere. Danach probierte er das Mittel an der Kranken aus und erklärte sie für geheilt. Die Sitzung wurde bis zum nächsten Tag verschoben, aber in der Nacht entfloh der angebliche Zauberer. Man ergriff ihn alsbald wieder, und die Familie des Opfers bildete einen improvisierten Gerichtshof, um den Prozeß fortzusetzen. Angesichts der Weigerung der neuen Richter, seine vorhergehende Version anzunehmen, erfand der Bursche nun eine neue: alle seine Verwandten und seine Ahnen seien Zauberer, von ihnen habe er wunderbare Kräfte wie die, sich in eine Katze zu verwandeln, seinen Mund voller Kaktusstacheln zu nehmen und seine Opfer zu töten – zwei Säuglinge, drei kleine Mädchen, zwei Knaben –, indem er jene auf diese schleudere; all das dank magischer Federn, die ihm und den Seinen erlaubten, die menschliche Gestalt zu verlassen. Dieses letzte Detail war ein taktischer Fehler, denn nun verlangten die Richter das Vorzeigen der Federn als Beweis für den Wahrheitsgehalt der neuen Erzählung. Nach verschiedenen Entschuldigungen, die nacheinander zurückgewiesen wurden, mußte man sich in das Haus der Familie des Beschuldigten begeben. Dieser gab nun vor, die Federn seien hinter der Verkleidung einer Wand verborgen, die er nicht zerstören könne. Man zwang ihn dazu. Nachdem er ein Stück Mauer niedergerissen hatte, deren einzelne Trümmer er sorgfältig untersuchte, versuchte er sich mit Gedächtnisschwund zu entschuldigen: vor zwei Jahren seien die Federn versteckt worden, und er wisse nicht mehr genau wo. Zu neuen Nachforschungen gezwungen, machte er sich an eine andere Wand, wo nach einer Stunde eine alte Feder im Mauerwerk zum Vorschein kam. Gierig ergriff er sie und bot sie seinen Verfolgern als das erwähnte magische Instrument dar; man ließ ihn im Detail den Mechanismus ihrer Verwendung erklären. Schließlich mußte er, auf den öffentlichen Platz gezerrt, seine ganze Geschichte wiederholen, die er nun mit einer großen Zahl neuer Einzelheiten anreicherte; er schloß mit einer pathetischen Rede, in der er den Verlust seiner übernatürlichen Kraft beweinte. So beruhigt, willigten seine Zuhörer in seine Freilassung ein.

Diese Geschichte, die wir hier abgekürzt wiedergeben und aller psychologischer Nuancen entkleiden mußten, bleibt in vielerlei Hinsicht lehrreich. Man sieht zunächst, daß der Beschuldigte, der wegen Hexerei verfolgt wird und deshalb die Todesstrafe fürchten muß, die Freisprechung nicht erreicht, indem er sich entlastet, sondern indem er sein angebliches Verbrechen auf sich nimmt; noch mehr: er verbessert seine Sache, indem er verschiedene Versionen vorbringt, von denen jede blumiger, detailreicher (also im Grunde belastender) ist als die vorangegangenen. Die Verhandlung läuft nicht wie in unseren Prozessen in Anklage und Widerlegung, sondern in Behauptungen und Spezifizierungen ab. Die Richter erwarten vom Angeklagten nicht, daß er eine These bestreitet, und noch weniger, daß er Tatsachen widerlegt; sie verlangen von ihm, daß er ein System bestätigt, von dem sie nur ein Bruchstück in der Hand haben und dessen fehlenden Teil sie angemessen ergänzen wollen. So vermerkt die Forscherin zu einer Phase des Prozesses: „Die Krieger hatten sich durch die Geschichte des Burschen so vollkommen fesseln lassen, daß sie den anfänglichen Grund seines Erscheinens vor ihnen vergessen zu haben schienen." Und als die magische Feder schließlich zutage gefördert ist, stellt die Autorin sehr tiefsinnig fest: „Die Bestürzung griff bei den Kriegern um sich, die wie aus einem Munde ausriefen: ,Was hat das zu bedeuten?' Jetzt waren sie gewiß, daß der Junge die Wahrheit gesprochen hatte." Bestürzung und nicht Triumph, den sichtbaren Beweis des Verbrechens auftauchen zu sehen: denn mehr, als ein Verbrechen zu ahnden, suchen die Richter (indem sie die objektive Grundlage durch einen angemessenen emotialen Ausdruck für gültig erklären) die Wirklichkeit des Systems, die das ermöglicht hat, zu bestätigen. Das durch die Anteilnahme, ja sogar die Komplizenschaft der Richter verstärkte Bekenntnis verwandelt den Beschuldigten aus einem Schuldigen in einen Helfer der Anklage. Dank seiner verlieren die Hexerei und die damit verknüpften Gedanken als diffuses Ganzes von Gefühlen und unklaren Vorstellungen ihren bösartigen

Charakter und schlagen sich als Erfahrung nieder. Der Angeklagte bringt als Zeuge der Gruppe einen Gewinn an Wahrheit ein, der dichter und reicher ist als der Gewinn an Gerechtigkeit, den seine Exekution zur Folge gehabt hätte. Aufgrund seiner erfindungsreichen Verteidigung, die seinen Zuhörern allmählich durch die Verifizierung seines Systems (da die Wahl nicht zwischen einem System und einem anderen getroffen werden muß, sondern zwischen dem magischen System und überhaupt keinem System, das heißt der restlosen Unordnung) seinen vitalen Charakter gezeigt hat, gelangt der Junge schließlich dahin, aus einer Bedrohung der physischen Sicherheit seiner Gruppe ein Garant der Kohärenz ihres Denkens zu werden.

Aber ist die Verteidigung wirklich nur erfindungsreich? Alles läßt darauf schließen, daß der Beschuldigte, nachdem er erst zögernd einen Durchschlupf zu finden versucht hat, aufrichtig und - das Wort ist nicht zu stark - voller Hingebung an dem dramatischen Spiel mit seinen Richtern teilnimmt. Man erklärt ihn zum Zauberer; da es dergleichen gibt, könnte er einer sein. Und wie sollte er von vornherein die Zeichen kennen, die ihm seine Berufung klarmachen würden? Vielleicht sind sie in dieser Prüfung und in den Zuckungen des Mädchens, das vor Gericht gebracht wurde, zu finden. Auch für ihn haben die Kohärenz des Systems und die Rolle, die ihm zugewiesen wurde, um es festzulegen, einen nicht weniger großen Wert als die persönliche Sicherheit, die er bei dem Abenteuer aufs Spiel setzt. Man sieht also, wie er kontinuierlich an der Persönlichkeit, die man ihm aufdrängt, mit einer Mischung aus Verschlagenheit und gutem Glauben baut: indem er weitgehend aus seinen Kenntnissen und Erinnerungen schöpft, auch improvisiert, aber besonders dadurch, daß er seine Rolle spielt und in den Manipulationen, die er andeutet, und in dem Ritual, das er Stück für Stück zusammensetzt, die Erfahrung eines Auftrages sucht, dessen Möglichkeit zumindest allen offensteht. Was bleibt am Ende des Abenteuers von den anfänglichen Listen übrig; wie weit ist der Held von seiner Person zum Narren gehalten worden, oder inwieweit ist er tatsächlich zum Zauberer geworden? „Je mehr der Junge sprach", wird über sein Schlußbekenntnis gesagt, „desto tiefer versenkte er sich in seinen Gegenstand. Momentweise hellte sich sein Gesicht auf vor Befriedigung, die der Beherrschung seiner Zuhörerschaft entsprang." Daß das Mädchen nach der Verordnung des Heilmittels gesundet und daß die im Laufe einer so außergewöhnlichen Prüfung gemachten Erfahrungen sich einstellen und organisieren: mehr braucht es zweifellos nicht, damit die von der Gruppe bereits anerkannten übernatürlichen Kräfte von ihrem unschuldigen Besitzer definitiv zugegeben werden.[19]

Wir wollen die von Strauss gegebene Interpretation noch schärfer fassen und über seinen Ansatz noch hinausgehen. Der Indianerstamm der Zuñi glaubt an Magie. Was heißt das aber? Dieser Glaube ist genauso fest und tief wie der des mittelalterlichen Mönchs an die Jungfrau Maria. Mit anderen Worten, die Zuñis halten Magie für ebenso real wie die Sonne am Himmel oder die nächsten Familienangehörigen. Diese Magie integrierende Wirklichkeitsauffassung impliziert, daß es zwei Gruppen von Menschen gibt, die Mehrheit der Normalen und eine Minderheit von Besonderen, die über magische Kräfte verfügt. Der Junge des berichteten Vorfalls hielt sich sein ganzes bisheriges Leben lang für einen Normalsterblichen. Dann aber passierte die Sache mit dem Mädchen.

Der Bericht, den Strauss gibt, läßt immer noch den Ausgangspunkt des modernen Wissenschaftlers erkennen, der psychologisch beschlagen ist und das Benehmen des Mädchens als „Nervenschock" erklärt. Im Unterschied dazu wollen wir versuchen, den Vorfall allein und ganz aus der Perspektive des fest an Magie glaubenden Protagonisten zu rekonstruieren. Für den Jungen erleidet das Mädchen bei der Berührung keinen Nervenschock, denn er wüßte gar nicht, was das ist, sondern es ist verhext. Da Hexerei für die Zuñis zur Realität gehört, müssen die Umstehenden und der Verursacher davon ausgehen, daß das eigentümliche Benehmen des Mädchens auf Hexerei deutet. Unter dieser das gesamte Verhalten aller Beteiligten determinierenden Voraussetzung verhalten sich die indianischen Richter nicht anders als ihre zivilisierten Kollegen. Sie laden Zeugen, die aussagen, daß der Junge das Mädchen berührte und daß die typischen Symptome des Verhextseins eintraten. Der Tatbestand ist damit objektiv bewiesen, und außerdem wird er vom Angeklagten nicht bestritten.

Was aber spielt sich dabei im Kopf des Protagonisten ab? Gänzlich falsch wäre die folgende Schlußfolgerung des modernen Anthropologen, von der sich auch Strauss nicht deutlich genug distanziert: Da es Magie nicht gibt, kann der Junge das Mädchen nicht verhext haben, und deshalb muß er verständlicherweise durch Lügen und Flucht versuchen, der ungerechten Verurteilung zu entkommen. Diese Argumentation vernachlässigt das entscheidende Element, nämlich das kollektive Wissen der Zuñi, zu dem

---

[19] Claude Lévi-Strauss, „Der Zauberer und seine Magie", in: ders., *Strukturale Anthropologie* I (Frankfurt am Main 1978), S. 188-192.

Magie gehört. Der Junge ist keinesfalls ein phantasievoller Lügner, sondern ein armer Schlucker, der eine tiefe Identitätskrise durchleidet. Sein ganzes Leben lang hielt er sich für einen normalen Zuñi. Plötzlich aber muß er mit ansehen, daß er über magische Kräfte verfügt. Mit dieser Tatsache aber kann er sich nicht anfreunden, wie seine ersten Reaktionen zeigen. Zunächst, wahrscheinlich etwas kopflos, flieht er vor der neuen Identität, um in einem nächsten ruhigeren Stadium seine Vergangenheit nach weiteren Hinweisen auf magische Talente zu durchforsten, die sich natürlich finden lassen. Nachdem sich die Magieridentität so verfestigt hat, beginnt der Junge, sie in blumigen Erzählungen vorsichtig auszuprobieren. Schließlich wagt er sich sogar an die Heilung des Mädchens, die ebenfalls gelingt. Dieser erste Triumph einer wissentlich und willentlich ausgeführten magischen Handlung flößt dem Probanden aber Angst vor der eigenen Courage ein, und er beschließt aus welchen Gründen auch immer, die neue Identität doch nicht anzunehmen. In dieser Situation bleibt als einzige Lösung die eines temporären Magiertums. Da er einerseits seine magischen Taten nicht ungeschehen machen kann, sie andererseits aber nicht zur Profession ausweiten will, versteht er sich als vorübergehender, zeitlich befristeter Magier, dessen Kräfte schon wieder im Schwinden sind. Auch das ist keine Lüge, sondern tief durchlittener Ernst. Zum Glück wird sein neues Selbstverständnis aus den Gründen, die Strauss erwähnt, von den Richtern angenommen.

Diese Interpretation des Vorfalls, zu der im Detail abweichende Varianten denkbar sind, geht stringent vom kollektiven Wissen der Zuñis, also von ihrem Glauben an Magie aus und nimmt ihn als Konstitution der Lebenswirklichkeit ernst. Allein dieses Vorgehen läßt uns die Zuñis und das Phänomen Magie wirklich verstehen. Das heißt andererseits nicht, das moderne Wissen des Ethnologen sei nutzlos. Vielmehr hilft es ihm, die Pragmatik der Magie zu erklären. Er weiß, wozu Autosuggestion und selektive Wahrnehmung in der Lage sind, und versteht darüber, warum ein Aberglaube als solcher nicht auffällt.

Strauss berichtet von einem weiteren interessanten Fall, dem des Zweiflers Quesalid, an welchem wir die vorgeschlagene Methode erneut testen können.

> Ein Mann namens Quesalid (so lautet jedenfalls der Name, den er bekam, als er Zauberer wurde) glaubte nicht an die Macht der Zauberer oder besser der Schamanen, da dieser Ausdruck richtiger ist, wenn man den Typ ihrer spezifischen Tätigkeiten in einigen Gebieten der Welt bezeichnen will; von Neugier getrieben, ihre

Betrügereien aufzudecken, und von dem Wunsch beseelt, sie zu entlarven, begann er ihre Nähe zu suchen, bis einer von ihnen ihm anbot, ihn in ihre Gruppe einzuführen, wo er eingeweiht und schnellstens einer der ihren würde. Quesalid ließ sich nicht lange bitten, und sein Bericht beschreibt mit allen Einzelheiten, wie seine ersten Lektionen verliefen: eine seltsame Mischung aus Pantomime, Gaukelei und empirischen Kenntnissen, darunter die Kunst, Ohnmacht zu heucheln, Nervenanfälle vorzutäuschen, die Lehre magischer Gesänge, die Technik, sich selbst zum Speien zu bringen, und ziemlich präzise Kenntnisse in der Praxis der Auskultation und der Geburtshilfe, die Einsetzung von „Träumern", das heißt von Spionen, die die privaten Unterhaltungen belauschen und den Schamanen Elemente der Information über das Herkommen und die Symptome der Krankheit verschiedener Leute berichten müssen, und besonders die *ars magna* einer bestimmten Schamanenschule der Nordwestküste des Pazifik, das heißt, den Gebrauch eines kleinen Federbüschels, welches der Praktiker in einer Höhle seines Mundes verbirgt, um es im gegebenen Moment ganz blutig wieder auszuspucken, nachdem er sich auf die Zunge gebissen oder das Blut aus dem Zahnfleisch gesaugt hat, und es dem Kranken und den Umstehenden feierlich zu präsentieren als den pathologischen Körper, der dank seiner Manipulationen ausgestoßen wurde.

Obwohl sich Quesalid in seinem ärgsten Verdacht bestätigt sah, wollte er dennoch die Untersuchung fortsetzen; indes, er war nicht mehr ganz frei, da seine Lehrzeit bei den Schamanen in der Öffentlichkeit bekannt zu werden begann. Und so wurde er eines Tages von der Familie eines Kranken gerufen, der von ihm als seinem Retter geträumt hatte. Diese erste Behandlung (für die er, wie er anderswo erwähnte, keine Bezahlung nahm, so wenig wie für die folgenden, da er die vier Jahre regulären Exerzitiums noch nicht abgeschlossen hatte) wurde ein eklatanter Erfolg. Aber obwohl Quesalid von diesem Augenblick an als „ein großer Schamane" galt, verlor er nicht seinen kritischen Geist; er interpretierte seinen Erfolg mit psychologischen Gründen, „da der Kranke fest an den Traum, in dem ich vorkomme, glaubt". Was ihn nach seinen eigenen Ausdrücken „zögernd und nachdenklich" machte, war ein weit komplexeres Abenteuer, das ihn vor mehrere Modalitäten von „falschem Übernatürlichem" stellte und ihn den Schluß ziehen ließ, daß einige weniger falsch seien als andere: natürlich diejenigen, an denen sich sein persönliches Interesse entzündete; zugleich begann sein System sich heimlich in seinem Geiste aufzubauen.

Als Quesalid bei dem Nachbarstamm der Koskimo zu Besuch war, wohnte er einer Heilung durch seinen berühmten auswärtigen Kollegen bei; zu seinem großen Entsetzen stellte er eine durchaus andere Technik fest: anstatt die Krankheit in Form eines blutigen, aus dem im Munde verborgenen Federbüschel bestehenden Wurms auszuspucken, spuckten die Koskimo-Schamanen nur ein wenig Speichel in ihre Hand und gaben vor, dies sei „die Krankheit". Was war diese Methode wert? Welcher Theorie entsprach sie? Um herauszubringen, „worin die Kraft dieser Schamanen besteht, ob sie wirklich vorhanden ist oder ob diese nur vorgeben, Schamanen zu sein", wie seine Landsleute es sind, bat Quesalid um die Erlaubnis, seine Methode zu versuchen, und erhielt sie, da sich die vorherige Behandlung als unwirksam erwiesen hatte; die Kranke erklärte sich für geheilt.

Und jetzt wird unser Held zum erstenmal schwankend. So wenig Illusionen er sich bis dahin über seine Technik gemacht hat, er hat eine noch falschere, noch betrügerischere und noch unehrlichere angetroffen als die eigene. Er gibt seiner Kundschaft wenigstens etwas: er stellt ihr die Krankheit sichtbar und fühlbar dar, während seine ausländischen Kollegen nicht dergleichen tun und nur vorgeben, das Übel gepackt zu haben. Und seine Methode zeitigt Ergebnisse, während jene andere nutzlos ist. So wird unser Held vor ein Problem gestellt, das in der Entwicklung der modernen Wissenschaft nicht ohne Äquivalent ist: zwei Systeme, von denen man weiß, daß sie gleicherweise inadäquat sind, haben jedoch im Vergleich zueinander einen unterschiedlichen Wert, sowohl vom logischen wie vom experimentellen Standpunkt aus. Im Vergleich zu welchem Bezugssystem soll man sie beurteilen? Zu dem der Tatsachen, wo sie verwechselt werden können, oder zu ihrem eigenen, wo sie theoretisch wie praktisch unterschiedliche Werte haben?

Währenddessen wurden die Koskimo-Schamanen, „mit Schande bedeckt" durch den Mißkredit, in den sie bei ihren Landsleuten gerieten, von tiefen Zweifeln befallen: ihr Kollege hatte die Krankheit, der sie immer eine geistige Natur beigemessen hatten, und die sichtbar zu machen ihnen nie eingefallen wäre, in Form eines materiellen Objekts vorgezeigt. Sie schickten ihm einen Unterhändler, um ihn einzuladen, in einer Grotte an einer Geheimsitzung mit ihnen teilzunehmen. Quesalid begab sich dorthin, und seine ausländischen Kollegen legten ihm ihr System dar: „Jede Krankheit ist ein Mensch: Furunkel und Geschwülste, Juckreize und Krätze, Warzen und Husten und Schwindsucht und Skrofeln; und auch

Blasenleiden und Magenschmerzen... Sobald es uns gelungen ist, die Seele der Krankheit zu packen, die ein Mensch ist, stirbt die Krankheit, die ein Mensch ist; sein Körper verschwindet in unserem Innern." War diese Theorie richtig, was konnte man dann vorweisen? Und aus welchem Grunde, wenn Quesalid operierte, „klebte die Krankheit an seiner Hand"? Aber Quesalid zog sich hinter die Berufsvorschriften zurück, die ihm vor Beendigung der vier Lehrjahre zu lehren verboten, und lehnte es ab, zu sprechen. Er verharrte in dieser Haltung, auch als ihm die Schamanen der Koskimo ihre angeblich jungfräulichen Töchter schickten, damit sie ihn verführten und ihm sein Geheimnis entrissen.

Daraufhin kehrte Quesalid heim in sein Dorf Fort Rupert und erfuhr dort, daß der berühmteste Schamane eines Nachbarclans, beunruhigt über Quesalids wachsenden Ruf, an alle seine Kollegen eine Herausforderung geschickt und sie eingeladen hatte, sich mit ihm an mehreren Kranken zu messen. Quesalid war zur Stelle und wohnte verschiedenen Heilungen seines älteren Kollegen bei, der so wenig wie die Koskimo die Krankheit vorzeigte; er begnügte sich damit, ein unsichtbares Objekt, „von dem er behauptet, es sei die Krankheit", bald seiner Kopfbedeckung aus Borke, bald seinem rituellen Flitterkram in Form eines Vogels einzuverleiben: und „durch die Kraft der Krankheit", die in die Pfeiler des Hauses oder in die Hand des Arztes „beißt", können diese Gegenstände sich dann im Leeren halten. Das bekannte Szenarium läuft ab. Quesalid, der gebeten wird, sich der von den anderen für aussichtslos gehaltenen Fälle anzunehmen, triumphiert mit der Technik des blutigen Wurms.

Jetzt kommt der wahrhaft pathetische Teil unseres Berichts. Der alte Schamane, beschämt und zugleich verzweifelt über den Mißkredit, in den er durch den Zusammenbruch seines Heilverfahrens geraten ist, schickt Quesalid seine Tochter als Unterhändlerin, damit sie ihn bitte, ihm eine Unterredung zu gewähren. Er trifft ihn am Fuße eines Baumes sitzend, und der Greis drückt sich in folgenden Worten aus: „Wir wollen uns keine bösen Dinge sagen, Freund, ich möchte nur, daß du versuchst, mir mein Leben zu retten, damit ich nicht vor Scham sterbe, denn ich bin zum Gelächter unseres Volkes geworden wegen dem, was du letzte Nacht getan hast. Ich bitte dich, Mitleid zu haben und mir zu sagen, was in jener Nacht an deiner Handfläche klebte. War es die wirkliche Krankheit, oder war es etwa nur fabriziert? Ich bitte dich, Mitleid zu haben und mir zu sagen, wie du das angestellt hast, damit ich es dir nachmachen kann. Freund, habe Mitleid mit mir." Quesalid, der zunächst schweigt, beginnt nun, Erklärungen zu verlangen über die Rolle der Kopfbedeckung und des Flitterwerks, und sein Kollege zeigt ihm die in der Kopfbedeckung versteckte Spitze, mit deren Hilfe er sie im rechten Winkel an einem Pfahl befestigen kann, und die Art und Weise, wie er den Kopf seines Flittervogels zwischen den Fingern festhält, um glauben zu machen, der Vogel hinge mit dem Schnabel an seiner Hand. Ganz ohne allen Zweifel ist das alles nur Lug und Trug; er simuliert den Schamanismus wegen des materiellen Gewinns, den er daraus zieht, und wegen „seiner Gier nach den Reichtümern der Kranken"; er weiß wohl, daß man die Seelen nicht packen kann, „denn wir haben alle unsere Seele", auch verwendet er Unschlitt und gibt vor, „dies sei die Seele, dieses weiße Zeug, das in meiner Hand sitzt". Das Mädchen fügt seine Bitten denen des Vaters hinzu: „Hab doch Mitleid mit ihm, damit er weiterleben kann." Aber Quesalid bleibt schweigsam. Nach dieser tragischen Unterredung mußte der alte Schamane noch in derselben Nacht mit seinen Angehörigen verschwinden, „krank im Herzen" und von der ganzen Gemeinschaft gefürchtet ob der Rache, die er zu nehmen versucht sein könnte. Ganz grundlos: ein Jahr später kehrte er zurück. Wie seine Tochter war auch er verrückt geworden. Drei Jahre darauf starb er.

Und Quesalid machte Karriere, geheimnisbeladen, die Betrüger entlarvend, voller Mißtrauen gegen den Beruf: „Nur einmal habe ich einen Schamanen gesehen, der die Krankheit durch Saugen behandelte; und ich habe nie herausbekommen können, ob er ein echter Schamane war oder ein Simulant. Nur aus einem Grunde glaube ich, daß er ein Schamane war: er erlaubte denen, die er geheilt hatte, nicht, ihn zu bezahlen. Und wahrhaftig, nicht ein einziges Mal habe ich ihn lachen sehen." Die anfängliche Haltung hatte sich also merklich modifiziert: die radikale negative Einstellung des Freidenkens ist nuancierteren Gefühlen gewichen. Es gibt echte Schamanen. Und er selbst? Am Ende des Berichts weiß man es nicht; es ist aber klar, daß er sein Handwerk gewissenhaft ausübt, daß er stolz ist auf seine Erfolge und daß er gegen alle rivalisierenden Schulen die Technik der blutigen Feder wärmstens verteidigt, deren trügerische Natur, über die er anfangs so gespottet hatte, er völlig aus den Augen verloren zu haben scheint.

Man sieht, die Psychologie des Zauberers ist nicht einfach. Um den Versuch einer Analyse zu machen, sehen wir uns zunächst den Fall des alten Schamanen an, der seinen jungen Rivalen bittet, ihm die Wahrheit zu sagen, ob die Krankheit, die in seinem Handteller klebt wie ein roter klebriger Wurm, echt oder unecht ist, und der in Wahnsinn versinkt, weil er keine Antwort darauf bekommen hat. Vor dem Drama besaß er einerseits die Überzeugung, daß die pathologischen Zustände eine Ursache haben, und daß man diese herausfinden kann; andererseits ein Interpretationssystem, in dem die persönliche Erfindung eine große Rolle spielt und das die verschiedenen Phasen der Krankheit von der Diagnose bis zur Heilung ordnet. Diese Ausdeutung einer an sich unbekannten Wirklichkeit, die aus Verfahren und Vorstellungen besteht, setzt auf eine dreifache Erfahrung: die des Schamanen selbst, der, wenn seine Berufung echt ist (und sogar, wenn sie es nicht ist, aufgrund der Ausübung), spezifische Zustände empfindet, die psychosomatischer Natur sind; dann die des Kranken, der eine Besserung verspürt oder auch nicht; und schließlich die der Öffentlichkeit, die auch an der Heilung teilnimmt, wobei das Mitgerissensein, dem sie unterliegt, und die intellektuelle und gefühlsmäßige Befriedigung, die sie daraus zieht, eine kollektive Zustimmung erzeugen, die selbst wiederum einen neuen Kreislauf inauguriert.[20]

Leider verschweigt der Bericht, was Quesalid, ein Mitglied einer geschlossenen, an Magie glaubenden Gemeinschaft, zum Zweifel veranlaßte. War er einfach nur ein Skeptiker, falls es so etwas unter den Wilden gibt, oder hatte ihn ein Abgesandter der Zivilisation aufgeklärt? Doch auch ohne dieses Wissen läßt sich die Geschichte verstehen, wenn man wiederum streng von der Prämisse ausgeht, daß Magie für die Eingeborenen wirklich ist. Zunächst ergibt sich die Frage des Augurenlächelns, d.h. wie man sich die Schulung zum Schamanen vorzustellen hat. Gleicht sie der eines heutigen Zauberlehrlings, der in Tricks und Täuschungsmanöver eingeweiht wird, wobei Schüler und Lehrer wissen, daß es Tricks und Täuschungsmanöver sind; oder gleicht sie eher der Unterweisung zum Priester, bei der Lehrer und Schüler fest an die Existenz Gottes glauben? Auch in dieser Frage ist der Bericht leider nicht deutlich genug, doch sie läßt sich aus dem Verhalten Quesalids erschließen.

Quesalids Unterweisung muß der eines Priesters ähnlich gewesen und im aufrichtigen Glauben an das eigene Tun erfolgt sein, denn andernfalls hätte der Zweifel Bestätigung gefunden. Hätte der Schamanenmeister zu seinem Jünger gesagt, eigentlich führen wir die Leute nur hinters Licht, und die Tricks dazu mußt du nun lernen, wäre Quesalids Leben anders

---

[20] Lévi-Strauss, S. 192-197.

verlaufen. Dann hätte er seine Ausbildung sofort abgebrochen und eine Aufklärungskampagne gegen die Magier gestartet. Seine Lehrzeit wird also anders verlaufen sein. Man wird ihn im festen Glauben an die eigene Sache unterrichtet haben, was den Zweifelnden wahrscheinlich nicht überzeugte. Unsicher wurde er allerdings, als er bei den ersten Ausübungen des erlernten Handwerks feststellen mußte, daß es funktionierte und Kranke geheilt wurden. Und so fand Quesalid nie zu einer abschließenden Überzeugung.

Welche Lösungmöglichkeiten standen ihm, dem Eingeborenen, denn überhaupt zu Gebote? War es ihm theoretisch überhaupt möglich, Gewißheit zu erlangen? Wir müssen zwei Aspekte auseinanderhalten. Erstens sieht er sich einer Gemeinschaft gegenüber, für die Magie selbstverständlich ist, was auch für die Kaste der Magier zutrifft. Mit seinen Zweifeln bezieht er somit die Position des Außenseiters. Das ist der erste Aspekt des kollektiven Wissens, das Quesalid nicht teilt. Zweitens muß er aber einräumen, daß zwar nicht alle, aber doch einige Formen der Magie erfolgreich sind und Krankheiten heilen. Das ist der Aspekt der Wahrheit oder der Pragmatik des kollektiven Wissens. Strauss geht in seiner Analyse, die nicht zitiert wurde, nur vom ersten Aspekt aus und betrachtet die Problematik des Protagonisten hauptsächlich psychisch. Er stellt ihn als Außenseiter dar, der sich gegen den Gruppendruck zur Wehr setzt. Doch die Aspekte sind miteinander verknüpft. Wenn Quesalid um die Unwahrheit der Magie verläßlich wüßte, wenn er empirische und zweifelsfreie Beweise gegen sie hätte, würde er sich des Gruppendrucks einfacher erwehren können. Er wüßte dann, daß die Mehrheit und ihr kollektives Wissen irrt, und würde sein Außenseitertum mit dem Stolz des Propheten tragen. Im Unterschied zu Außenseitern wie Galilei kann Quesalid die Wahrheitsfrage nicht lösen, und deshalb schwankt er zwischen Integration und Verweigerung.

Betrachten wir einmal nur das Wahrheitsproblem. Wie könnte der Zweifler zur Gewißheit gelangen, daß Magie unwahr ist? Der einzige empirische Tests, der ihm zur Verfügung steht, ist der Heilungserfolg. Die Resultate dieses Tests sind aber uneindeutig, denn mal gibt es Erfolg, mal nicht. Quesalid geht dieser Uneindeutigkeit aber insofern auf den Grund, als er herausfindet, daß es zwei Magierschulen gibt, die sich durch ihre Krankheitstheorie und Therapie unterscheiden. Beide halten die Krankheit für eine Substanz, und beide sehen die Therapie darin, daß diese Substanz aus dem Körper herausgeholt werden muß. Die eine Schule sieht die Substanz jedoch als geistig, die andere als materiell; entsprechend unterscheiden sich die Methoden des Herausholens. Und nur jene Schule, damit ist Quesalid ein gutes Stück vorangekommen, welche die Krankheit für eine Materie hält, hat Heilungserfolge vorzuweisen.

Jetzt kann Quesalid zwar die guten von den schlechten Magiern unterscheiden, doch sein ursprüngliches Problem, das der Wahrheit von Magie, ist damit nicht gelöst und von den geistigen Voraussetzungen her auch nicht lösbar. Das ist es erst für uns Zivilisierte, die wir ein größeres Wissen besitzen als der Betroffene. Wir verfügen erstens über bessere Krankheitstheorien, und wir können zweitens die magischen Heilungen als Autosuggestion erklären. Wir können Quesalids Zweifel endgültig bestätigen und Magie falsifizieren, weil wir die magischen Krankheitstheorien an den unseren messen und weil wir die erfolgten Heilungen psychologisch, also ohne Magie erklären können. Diese modernen Einsichten besitzt Quesalid aber nicht, und deshalb kann er intellektuell keine Gewißheit erlangen, und weil er sie nicht erlangt, bleibt ihm nur die innere Emigration.

★ ★ ★

Welche Schlüsse lassen sich aus unseren Beispielen für die Kulturtheorie ziehen? Doch benutzen wir sie zunächst zur Begriffsklärung. Wir haben den Glauben an Magie als kollektives Wissen bezeichnet. Kollektiv heißt das Wissen deshalb, weil es der Mehrheit einer kulturellen Gemeinschaft verfügbar ist. Warum aber wählte man das Wort *Wissen*? Wohl deshalb, weil Kenntnisse über die Welt gemeint sind. Kreuzworträtsel können nur deshalb ersonnen und von vielen gelöst werden, weil man in einem Kollektiv einen bestimmten Vorrat solcher Kenntnisse voraussetzen kann. Heißt Kenntnisse aber neutrales Faktenwissen? Wenn der Quizmaster nach dem Geburtsjahr eines berühmten französischen Feldherrn fragt, verlangt er ein reines, d.h. die Welt noch nicht deutendes Faktenwissen von mir? Oder wird, mit Saussure zu sprechen, nach einer Vorstellung gefragt? Die Kenntnis von Napoleons Geburtsjahr könnte ich als neutrales, deutungsfreies Wissen bezeichnen, doch schon meine Informiertheit, daß er ein großer Feldherr war, mischt Fakten mit Deutungen. Nicht nur das Adjektiv *groß* deutet, sondern auch die Vorstellung *Feldherr*, bei der assoziativ mitschwingt, daß dessen Tätigkeit, obwohl sie Menschen vernichtet, anspruchs- und ehrenvoll ist. Was die Gehirne der Individuen als Wissen speichern, ist also keineswegs bloßes Faktenmaterial, sondern in der Mehrzahl sind es Vorstellungen, wobei die Übergänge von der reinen Faktizität (Geburtsjahr) bis zur offensichtlichen Deutung (Größe des

Feldherrn) fließend sind. Weil das Wort Wissen aber alltagssprachlich auf Fakten bezogen wird, könnte die Formulierung soziales oder kollektives Wissen den falschen Schluß nahelegen. Die Soziologie, die den Begriff prägte, verwendete ihn aber, wie oben skizziert, d.h. in dem Umfang, daß auch Lebensregeln, Sprichwörter, Urteile und Ansichten über Dinge eingeschlossen sind. Zum Wissensvorrat des deutschen Kulturraums gehört demzufolge eine rudimentäre Kenntnis der Reformation genauso wie das Sprichwort *Morgenstund' hat Gold im Mund* oder die Skepsis gegenüber Schwiegermüttern, die der Volksmund artenspezifisch für böse hält.

Bezüglich des Deutungscharakters seiner Gegenstände bereitet der Begriff Mentalität schon umgangssprachlich keine Schwierigkeiten. Wer das Wort benutzt, geht davon aus, daß von Wirklichkeitsdeutungen die Rede ist. Bei unwissenschaftlicher Verwendung schwingt allerdings mit, daß die Deutungen nicht geteilt werden. Wenn beispielsweise ein Rheinländer Sparsamkeit als den wichtigsten Bestandteil schwäbischer Mentalität anführt, dann weiß er, daß es sich dabei um eine Einstellung zum Geld, also um eine Deutung handelt. Unausgesprochen wird aber gleichzeitig klar, daß der Rheinländer diese Einstellung für übertrieben hält und ablehnt. Interessanterweise hat in diesem Fall die Erkenntnis des Deutungscharakters mit der Ablehnung zu tun. Als Mentalität bezeichnet man nie die eigene Geisteshaltung, sondern immer eine anderer Menschen, die uns fern liegt. Nur der Nicht-Schwabe oder der Schwaben-Kritiker spricht von schwäbischer Mentalität. Die Wortbedeutung ist hier ihrem französischen Ursprung treu geblieben. Als *mentalité* bezeichnete man im 19. Jahrhundert die Geisteshaltung der Juden, die man mit damals noch ungebrochenem Rassismus als berechnend und verlogen hinstellte. Ähnlich wie das Wort Ideologie meinte und meint Mentalität ein falsches oder zumindest eigenartiges Bewußtsein, das sich von dem eigenen unterscheidet. Dabei setzt man das eigene mit Wahrheit gleich und das fremde mit Irrtum. Wie aber soll Irrtum zustande kommen, wenn nicht durch Deutung? Mit größter Schizophrenie ordnet man die eigenen Ansichten, von denen man überzeugt ist, nicht als Resultate von Deutungsvorgängen ein, wohl aber jene, die man ablehnt. Die wissenschaftliche Verwendung des Wortes hat sich allerdings von seinem Ursprung befreit und die Prämisse zugrunde gelegt, daß es eine direkte oder absolute Wahrheit nicht gibt und daß alle Aussagen über die Welt menschliche Deutungen sind.

Mit solchen assoziativen Problemen umgangssprachlicher Herkunft hat der Begriff der Standardisierung des Denkens nicht zu kämpfen.

Standardisierung legt unmißverständlich den Nachdruck auf Vorgeformtheit, während *Denken*, womit wir reflexiv gewonnene Einsichten über die Welt meinen, die Brücke zur Wirklichkeitsdeutung schlägt. Indem er beides zusammennimmt, stellt der Begriff also darauf ab, daß Wirklichkeitsdeutungen kulturell vorgeprägt sind. Von ihnen aber wissen wir inzwischen, daß sie jene geistige Wirklichkeit erzeugen, in der wir unserem Bewußtsein nach leben und die wir, um sie von der vorgegebenen und neutralen außerhalb zu unterscheiden, *Lebenswirklichkeit* genannt haben. Der wirkliche, rein materiell vorgegebene Baum in meinem Garten ist für sich genommen ein sinnneutrales, bedeutungsloses und kontingentes Objekt; als Teil meiner Lebenswirklichkeit ist er jedoch bedeutungsgeladen: Er ist schön, er ist praktisch, weil er Schatten spendet; er ist Zeichen einer noch intakten Umwelt. Für meinen Nachbarn können die Bedeutungen andere sein: Der Baum verursacht Arbeit, weil im Herbst die Blätter über den Zaun wehen, und er blockiert die Aussicht. Der Baum der kollektiven Lebenswirklichkeit ist somit ein mehrfach und unterschiedlich gedeuteter, wobei die Mehrheit der Deutungen standardisiert ist.

Diese geistige Schaffung einer Lebenswirklichkeit wurde mit all ihren tiefgreifenden Konsequenzen am Beispiel der Magie vorgeführt. Dazu war dieses Beispiel insofern geeignet, als wir nicht mehr an Magie glauben und uns deshalb die Konstruiertheit der auf ihr ruhenden Lebenswirklichkeit unübersehbar ins Auge fällt. In all ihren beklemmenden Einzelheiten hingen die Schicksale Quesalids und des jungen Zuñi von dieser kollektiven Wirklichkeitsdeutung ab. Sowohl Quesalids schwankende Skepsis als auch die durchlittene Identitätskrise des Jungen wären ohne Glauben an Magie nicht vorgekommen. Nur weil sie als Wilde geboren wurden, so möchte man denken, mußten sie alles das erleben. Unsere Berichte verschweigen allerdings, daß sie an ihrer Kultur nicht nur litten. Während unsere moderne Wirklichkeit, wie Max Weber es nannte, entzaubert ist, d.h. nur aus unbelebter und indifferenter Materie besteht, war der magische Kosmos mit Göttern, Geistern und übernatürlichen Wesen bevölkert, die sich um den Menschen bemühten. Die Welt war, wie der Amerikaner Thorstein Veblen es formulierte, anthropomorph, also menschengerecht. Während für uns das Gewitter ein rein physikalischer Vorgang ist, besaß es für den Wilden eine auf ihn selbst gerichtete Bedeutung. Es war ein Zeichen der Götter, das eine Botschaft mitteilte. Wir können uns vorstellen, daß der junge Zuñi und auch Quesalid zunächst ein sinnvolles, vielleicht erfülltes Dasein in diesem Kosmos zubrachten, bis ein Zufall ihr

Leben änderte. Wir werden auf dieses Problem der Bewertung von Kulturen zurückkommen.

Am Beispiel der individuellen Schicksale der beiden Wilden haben wir somit verstanden, daß Denken durch Deutungen Lebenswirklichkeit erzeugt. Der Aspekt der Standardisierung wird zum Verständnis dieses Umstandes allerdings nicht benötigt, da er auch für nicht standardisiertes Denken gilt. Durch Denken und Deuten ganz persönlicher Art kann das Individuum eine eigene, ganz spezielle und vielleicht einmalige Lebenswirklichkeit erzeugen, die nur für es allein gilt. Der kreativen Phantasie sind dabei, wie uns Geisteskranke vorführen, keine Grenzen gesetzt, und der Schizophrene, der sich für Caesar hält, kann eine ähnlich feste Lebenswirklichkeit geschaffen haben wie der ihn betreuende Anstaltswärter, der Katholik ist und Patriot. Für die Festigkeit der Welten sorgt bei beiden ein, wie man sagen könnte, Wirklichkeitsgefühl, das sich aus der Naivität ergibt, die eigenen Deutungen für die Wirklichkeit selbst zu halten. Dem Wirklichkeitsgefühl des Schizophrenen fehlt jedoch ein entscheidender Faktor. Für sich selbst mag er zwar Caesar sein und damit leidlich über die Runden kommen, doch die Bestätigung seiner Mitmenschen wird er entbehren. Gegen ihr spöttisches Lächeln oder ihre geheuchelte Zustimmung muß die pathologische Hervorbringung aufrechterhalten werden, was eigentlich nur mit einer getrübten Außenwahrnehmung funktioniert. Das Individuum stößt hier an die Grenzen der Normalität, die das Kollektiv festgesetzt hat. Dieses Kollektiv entscheidet, was pathologisch ist und was nicht; es bestimmt, was mit der Gemeinschaft gelebt werden kann und was nur gegen sie durchzuhalten ist.

Die Einbildungen des Schizophrenen besitzen folglich eine andere Qualität als jene des jungen Zuñi, der meint, das Mädchen verhext zu haben. Diese Meinung wird sowohl vom Opfer als auch von den Richtern geteilt, so daß die Lebenswirklichkeit aller Beteiligten identisch ist. Obwohl für den modernen Betrachter in beiden Fällen unzutreffende Einbildungen vorliegen, unterscheiden sie sich nachweislich dadurch, daß die des Schizophrenen individuell sind, die des Zuñi hingegen standardisiert. Dieser Unterschied ist beträchtlich, denn er beschreibt den Gegensatz zwischen normal und pathologisch, zwischen Integration und Ausschluß. Das Standardisierte und Normale besitzt die wohltuende Bestätigung durch die anderen und weist deshalb größere Stabilität und Festigkeit auf. Wie schwer es ist, darauf verzichten zu müssen, hatte das Los Quesalids gezeigt, der einen tragenden Grundsatz der Lebenswirklichkeit seines Kollektivs bezweifelte. Sein Schicksal ist tragischer als das des Schizophrenen, da Quesalid bei vollem Bewußtsein und ohne barmherzig getrübte Wahrnehmung sein Außenseitertum erkennt und es in Vereinsamung leben muß.

Wenn, um damit an den Ausgangspunkt zurückzukehren, das Denken die Lebenswirklichkeit erzeugt, dann wird ein Teil ihres Potentials durch die Standardisierung des Denkens garantiert. Problemlose Lebensqualität besitzt eine Lebenswirklichkeit nur, wenn sie im Herzen des Kollektivs vollzogen werden kann. Mit anderen Worten, Standardisierung konstituiert Kollektivität und ermöglicht dem Individuum die Teilhabe an ihr. Die Mehrheit der Deutschen hält Bundesligafußball für interessant und wichtig. Weil es so viele sind, schüttelt man über die ein bis zwei Uninteressierten, die es tatsächlich geben soll, um so heftiger den Kopf. Die Deutung der Fans wird damit Teil des Gedeuteten: Man hält Fußball nicht für interessant, sondern er *ist* interessant. Da ich die Sicht der Mehrheit hinter mir weiß, halte ich sie für die Wirklichkeit selbst.

Gemeinschaftsgefühle sind angenehm, doch bewirken sie nicht, daß wir um so tiefer in eine *black box* rutschen, aus der es kein Entrinnen gibt? Diesen Eindruck erweckt jedenfalls der Identitätskonflikt des jungen Zuñi. Er und alle mit ihm waren Gefangene des standardisierten Magieglaubens, der das Problem heraufbeschwor. Da hier alle an einem Strang ziehen, ist man insgesamt um so blinder und sieht keinerlei Veranlassung, die eigenen Prämissen zu überprüfen. Selbst wenn ein Außenseiter wie Quesalid dazu aufforderte, würde es nicht geschehen, denn, das steht psychologisch dahinter, die Mehrheit kann wohl nicht irren. Obwohl Quesalid mit seinen Zweifeln recht hatte, wie wir heute wissen, ist er es, der leidet, und nicht die im Irrtum befangene Gruppe. Doch ehe wir darüber reflektieren, soll ein anderes Beispiel betrachtet werden, das aus unserer eigenen Kultur stammt. Es soll nicht nur weiteres Material liefern, sondern gleichzeitig auch den Rettungsanker zerstören, an den wir uns insgeheim klammern könnten. Bisher war von Wilden und Schizophrenen die Rede, und vielleicht haben wir uns damit getröstet, daß *black boxes* dieser Art nur bei solchen, geistig wohl etwas reduzierten Menschen vorkommen. Daß dem nicht so ist, soll ein Blick in unseren Alltag, und zwar den studentischen, zeigen.

Nehmen wir an, der Kandidat X sei durch die Zwischenprüfung gefallen. Nach der Mitteilung dieses Ergebnisses schleicht er sich nach Hause, um für die nächsten Tage sein Hirn und seine Psyche mit der Verarbeitung dieser Niederlage zu beschäftigen. Was aber heißt verarbeiten? Es heißt wohl zunächst, daß man Erklärungen sucht, die helfen, das

Vorgefallene zu verstehen, so wie man sich nach einem Flugzeugabsturz auf Ursachensuche begibt. Sobald man die Ursache entdeckt hat, erhält das Ereignis, so unangenehm es gewesen sein mag, eine gewisse Notwendigkeit, und indem es sich einer übergeordneten Kausalität oder einer Weltordnung fügt, verliert es seine Willkür. Als Teil einer Ordnung ist es nicht länger bedrohlich, sondern verstehbar, und dieses Verstehen hat sofort eine pragmatische Dimension, da jetzt eine Wiederholung des Unglücks vermeidbar erscheint.

Unser gescheiterter Prüfungskandidat begibt sich also auf die Suche nach Gründen oder in unserer Begrifflichkeit auf die Suche nach einer Deutung. Dabei hilft ihm die Kultur, die auch für den Fall einer nicht bestandenen Prüfung eine Anzahl standardisierter Interpretationen bereithält. Die gängigsten fallen jedem von uns schnell ein:

1. Ich war zu faul;
2. ich bin zu dumm;
3. ich bin für das Fach nicht begabt;
4. der Prüfer konnte mich nicht leiden;
5. ich war zu nervös.

Diese Liste ist kultur- und zeitabhängig. Für den kalvinistischen Theologiestudenten des 17. Jahrhunderts sähe sie anders aus, denn die Deutung 5 käme keinesfalls vor, dafür aber eine uns fremd gewordene: Gott wollte mich für meine Sünden strafen. Der aktuelle Ökofreak würde die Deutung 5 anders fassen und sagen: Der Prüfungszeitpunkt war schlecht auf meinen Biorhythmus abgestimmt. Da die amerikanische Kultur stärker psychologisiert ist als die deutsche, würde ein amerikanischer Student vielleicht zu folgender Einsicht kommen: *I am a born loser, I lack positive thinking and didn't fight hard enough.*

Während der Verarbeitungsphase wird der deutsche Student unseres Beispiels die fünf Standarddeutungen durchprobieren, um sich aus welchen Gründen auch immer für eine zu entscheiden. Sobald die Entscheidung gefallen ist, wird aus dem deutungsoffenen Vorgang ein gedeuteter, der dadurch einen Zugewinn an Faktizität erhält. Zunächst war nur das Nicht-Bestehen ein Faktum, dem jetzt eine für ebenso faktisch gehaltene Ursache hinzugefügt wird. So abgerundet, wird der Vorfall zu einem Teil der Lebenserfahrung des Individuums, das, aus dieser Erfahrung schöpfend, den erneuten Prüfungsversuch entsprechend anders gestalten wird. Entschied sich unser Student für die Deutung 1, wird er beim zweiten Mal fleißiger sein; bei 2 wird er das Studium abbrechen; bei 3 das Fach wechseln, bei 4 den Prüfer, und bei 5 vorher Valium nehmen.

Auch an diesem Beispiel erkennen wir zum einen die Standardisierung des Denkens, wie an seiner Zeit- und Kulturabhängigkeit demonstriert wurde, und zum anderen seine wirklichkeitsstiftende Kraft, die sich beim erneuten Prüfungsversuch zu erkennen gibt. Die Frage bleibt nur, ob unser Student, der nichts Übernatürliches bemüht, bei seiner Problemlösung anders verfährt als der junge Zuñi. Die Antwort lautet allerdings nein, da beide letztendlich dasselbe tun: Sie bedienen sich aus dem Repertoire der standardisierten Deutungen, ohne deren Wahrhaftigkeit zu hinterfragen. Wenn man diesen Maßstab anlegt, stehen Student und Zuñi auf derselben Stufe, wobei sie von Quesalid insofern intellektuell überragt werden, als er eine Hinterfragung zumindest versucht. Doch besteht für unseren Studenten überhaupt Anlaß, die Standardisierungen zu hinterfragen? Schließlich scheint er einem nicht allzu komplexen Alltagsproblem gegenüberzustehen, dessen Lösung er sich zutraut. Doch das Vertrauen in die eigene Kompetenz ist strenggenommen ungerechtfertigt, denn das Problem ist äußerst komplex, was nur durch die Kultur verdeckt wird, die wohlfeile Deutungen offeriert, sozusagen Deutungen von der Stange, deren sich jeder ohne geistige Anstrengung bedienen kann. Der kritischen Überprüfung halten sie jedoch nicht stand und geben sich schnell als Vereinfachungen zu erkennen. Was heißt beispielsweise Intelligenz? Über dieses Phänomen, falls es überhaupt eins ist, besteht in der Psychologie keinerlei Einigkeit. Was heißt Begabung für ein Fach? Am Beispiel der Musikalität Mozarts hatten wir auf die Schwierigkeit dieser Frage hingewiesen. Was heißt genau nervös? Können seelische Vorgänge die intellektuelle Leistung mindern und wenn ja, auf welche Weise? Folglich können wir uns nicht an der Einsicht vorbeimogeln, daß die kulturellen Standardantworten, mit denen wir unseren Alltag bestreiten, der Komplexität der Dinge kaum gerecht werden und die eigentlichen Sachverhalte oft genug zudecken. Unser Student hätte also auch im 20. Jahrhundert Grund genug, sich von der Skepsis Quesalids anstecken zu lassen.

Doch, wenn eine solche Ansteckung erfolgte und auch der Student an den kulturellen Orientierungshilfen zu zweifeln begänne, befände er sich dann in derselben Situation wie Quesalid? Wäre auch er in eine *black box* gesperrt, aus der es kein Entrinnen gibt? Aus Anlaß dieser Frage kommt ein erster Unterschied zwischen wilder und zivilisierter Gesellschaft in den Blick. Zumindest theoretisch bestünde für den Studenten die Möglichkeit, ein ganzes Team verschiedenster Spezialisten mit der Untersuchung seines

Prüfungsversagens zu beauftragen. Was aber würde dabei herauskommen? Nach vier Jahren erhielte er einen tausendseitigen Bericht, der wahrscheinlich zu keinem eindeutigen und einhelligen Ergebnis käme. Doch auch ohne Einhelligkeit und letzte Klarheit kann der Student aus der Lektüre seines dicken Buches Nutzen ziehen und seinen erneuten Prüfungsversuch besser vorbereiten, als wenn er sich auf seine eigenen saloppen Gedanken verlassen hätte. Im Unterschied zu Quesalid bestehen für den Studenten zwei Möglichkeiten. Er kann seine Aufgabe entweder mit Hilfe kultureller Standardisierungen selbst lösen oder sich an Fachleute wenden.

Für Bereiche, die als besonders wichtig gelten, haben die modernen Zivilisationen eine Art professionelle Wahrheitsfindung etabliert, die sich Wissenschaft nennt. Doch sind nicht auch die Magier Fachleute, an die Probleme delegiert werden können? Für eine Antwort müssen wir eine erkenntnistheoretische Voraussetzung nachholen. Seit dem amerikanischen Pragmatismus sind zwei Maßstäbe der Beurteilung von Erkenntnis in der Debatte, der altmodische der Wahrheit und der modernere der Lebenspragmatik. Eine Erkenntnis oder in unserer Begrifflichkeit eine Deutung kann ich danach beurteilen, ob sie zutrifft bzw. wahr ist oder ob ich mit ihr und ihren Konsequenzen leben kann. Bei unserem Studenten könnte die Deutung der Faulheit die wahrhaftigere sein, doch er würde vielleicht jene bevorzugen, daß der Prüfer ihn nicht leiden konnte, weil sie für sein Selbstwertgefühl schmeichelhafter ist. Bei einer Wiederholung der Prüfung könnte sich die Pragmatik der bevorzugten Deutung allerdings als vordergründig erweisen, und der Kandidat würde durch ein erneutes Versagen schmerzlich lernen, daß die wahrhaftigere Lösung auf längere Sicht auch die pragmatischere gewesen wäre.

Obwohl es altmodisch klingt und sicherlich auch problembeladen ist, kann auf das Wahrheitskriterium, das zeigt schon das kleine Beispiel, nicht verzichtet werden. Wenn ein Subjekt Aussagen über eine unabhängig vom ihm existierende Wirklichkeit macht, muß diese, um die Qualität der Aussage zu beurteilen, irgendwie ins Spiel gebracht werden. Ohne die Naivität der sogenannten Korrespondenztheorie übernehmen zu müssen, sollte man dabei von der Grundlage ausgehen, daß Erkenntnis eine Interaktion zwischen Subjekt und Objekt ist und daß Wahrheit dann vorliegt, wenn diese Interaktion vom Objekt mitgetragen wird. Wie soll ich sonst die Alternative bewerten, das Zuñi-Mädchen sei entweder durch Autosuggestion in einen Trancezustand gefallen oder es sei verhext? Dazu brauche ich einen zumindest vagen Bezug auf eine Wirklichkeit, die mir durch ihren Widerstand immer wieder kundtut, daß sie auch außerhalb meines Bewußtseins existiert. Bei der Aussage der Autosuggestion erscheint dieser Bezug enger, subtiler und vielseitiger übertragbar zu sein oder, anders formuliert, das *feedback*, das die Wirklichkeit gibt, ist größer. Ob man das Wahrheit nennt, ist dabei unerheblich, nur muß klar sein, daß hier die Seite des Objekts den Ausschlag gibt und nicht ausschließlich die pragmatischen Bedürfnisse des Subjekts.

Mit Hilfe des Wahrheitskriteriums läßt sich der Magier kategorisch vom Wissenschaftler scheiden. Während der eine der Lebenspraxis verpflichtet ist, dient der andere, so jedenfalls seinem Ethos nach, allein der Wahrheit. Alle modernen Gesellschaften leisten sich den Luxus, bestimmte begabte Personen in einen Elfenbeinturm des Nicht-Persönlich-Betroffenseins zu sperren und sie ohne Not ins Blaue nachdenken und nachforschen zu lassen. So gesehen, da vom unmittelbaren Bezug zur Lebenspraxis befreit, entpuppt sich Wissenschaft als ein Sonderbereich der Kultur. Während kulturelle Handreichungen der Lebensbewältigung dienen, ist die Wissenschaft einer zunächst im luftleeren Raum stattfindenden Wahrheitsfindung verpflichtet, die höchstens Hintergedanken pragmatischer Art hat. Wo die Wissenschaft, welche die gängigen Standardisierungen hinterfragt, voranschreitet, zieht sich die Kultur zurück. Im Krankheitsfall beispielsweise verläßt man sich kaum noch auf die aus dem Volksmund stammenden Weisheiten der Großmutter und sucht statt dessen einen Arzt auf, den man zwar nicht versteht, ihm wohl aber vertraut. Der Student, sollte er der Gründlichkeit Quesalids nacheifern, trifft also günstigere Voraussetzungen an. Er könnte einen nur der Wahrheit verpflichteten Fachmann zu Rate ziehen, während sein Vorbild diesen Berufsstand in seinem Umfeld nicht kannte. Die Magier, bei denen er lernte, schauten allein auf die Lebensbewältigung, und wenn es überhaupt schon einen Wissenschaftler gab, dann war es Quesalid selbst.

Den beiden genannten Maßstäben zur Beurteilung des Denkens muß allerdings, und das gerade vom Standpunkt der Kulturwissenschaft aus, ein weiterer hinzugefügt werden, nämlich jener der Kollektivität. Oft genug deckt er sich zwar mit dem der Pragmatik, ist aber dennoch für sich zu führen, da, wie wir gleich sehen werden, die Deckung nicht zwangsläufig erfolgt. Mit Hilfe dieser drei Maßstäbe können wir alle Beispiele, die aufgeboten wurden, kategorial zueinander ins Verhältnis setzen. Der Schizophrene, der sich für Caesar hält, zimmert sich eine sowohl unwahre als auch von der Gemeinschaft nicht geteilte Lebenswirklichkeit, die nur deshalb pragmatisch haltbar ist, weil seine Außenwahrnehmung schlecht funktioniert. Obwohl auch der junge Zuñi eine vom heutigen Standpunkt aus falsche Welt konstruiert, ist dieser Umstand pragmatisch gesehen deshalb irrelevant, weil die Stammeskollektivität für Absicherung sorgt. Die Kultur spannt sozusagen ein Netz, auf dem alle Beteiligten, ohne es zu merken, über dem Abgrund jonglieren. In diesem Netz der Magie, das paradoxerweise alle halten und das alle trägt, kann der Zuñi sinnvoll leben und, um eine weitere Paradoxie zu formulieren, die durch es entstandenen Probleme (Anklage wegen Hexerei) können mit seiner Hilfe (temporäres Magiertum) gelöst werden. Quesalid nun bringt das Kriterium der Wahrheit ins Spiel. Zwar liegt sein Fall insofern kompliziert, als er sie nicht findet, doch wenn er sie wie Galilei gefunden hätte, könnte er auch gegen die Kollektivität sein Leben bestreiten und gerade im Anderssein seine Identität finden. Dieser Verzicht auf den Maßstab der Kollektivität geht aber nur, wenn man an seiner Stelle den Maßstab der Wahrheit besitzt. Der Student schließlich bedient sich der vereinfachten und vorgefertigten Entscheidungshilfen der Kultur, die, obwohl es bessere gibt, kollektiv abgesichert und pragmatisch umsetzbar sind. Er hält professionelle, der Wahrheit verpflichtete Beratung für überflüssig, und insofern begibt er sich nicht auf die höchste Ebene der Zivilisation, sondern bleibt dort stehen, wo schon der Zuñi stand. Schlimm ist das aber wahrscheinlich nicht. Beim Denken ist es nämlich wie beim Kochen: Fertigmenus schmecken zwar nicht so gut, machen aber weniger Arbeit und sättigen auch.

Standardisierungen des Empfindens

Nach den vorausgegangenen Kapiteln wird es nicht verwundern, daß auch für Empfindungen und Gefühle die Behauptung der Kulturabhängigkeit aufgestellt wird. Wenn schon die Vorstellung einer Standardisiertheit des Denkens schwer zu schlucken ist, wird diese Behauptung auf noch heftigeren Widerstand stoßen, da gemäß der üblichen Auffassung, die wir von Gefühlen haben, sie als ursprünglich, spontan und unvermittelt gelten. Nicht nur Laien, sondern auch Wissenschaftler sehen Gefühle aus den tiefsten Tiefen des Menschseins emporquellen. Wo aber soll diese Tiefe liegen, wenn nicht in der Natur, womit wir wieder beim Thema des zweiten Kapitels, der Frage der Kultur- oder Naturzuordnung, angelangt sind.

Der Psychologe Klaus-Jürgen Bruder, der in seiner Disziplin die Rolle Quesalids spielt, unterzieht in seinem Essay „Psychologie der

Emotion"[21] das gängige Gefühlskonzept seiner Fachkollegen einer kritischen Durchleuchtung. Er entwickelt es aus dem allgemeinen Sinn und Zweck der Wissenschaft von der Seele, den er, wie folgt, bestimmt: Die Psychologie „versteht sich als Unternehmen der Erforschung (und Erklärung) der Gesetzmäßigkeiten des menschlichen Verhaltens, der Invarianten der menschlichen ‚Natur', jenseits ihrer kulturellen Vielfalt." Damit wird, das sei am Rande vermerkt, die These des zweiten Kapitels bestätigt, daß zwischen der traditionellen Psychologie und der modernen Kulturwissenschaft schroffe Gegensätze bestehen. Aus dem konventionellen Gesamtparadigma der Zunft leitet Bruder dann den verwendeten Gefühlsbegriff ab, der seinen Gegenstand entsprechend als invariant und gesetzmäßig sieht. Gefühlen werde ein „Naturstatus" zuerkannt, was sie unabhängig mache „von ihrer kulturellen, historischen und sozialen Besonderheit und Differenz".[22] Diese Prämisse gelte in den beiden Hauptbereichen der Disziplin, sowohl in der experimentellen Psychologie als auch in der durch Freud beeinflußten therapeutischen.

Dieses Gefühlsverständnis, auch darauf weist Bruder hin, treffe man nicht nur bei Psychologen an, sondern auch bei Anthropologen und Zivilisationstheoretikern. In seinem berühmten Buch *Über den Prozeß der Zivilisation* bestimme Norbert Elias deren Voranschreiten als „Internalisierung von Affektkontrolle und Triebdisziplinierung".[23] Was damit gemeint ist, läßt sich an der Erziehung erläutern. Das Kleinkind schmatzt während des Essens, bekleckert sich und fuchtelt furchterregend mit der Gabel herum, was die Eltern so lange korrigieren, bis eine kulturell normierte Form der Gesittung erreicht ist. Für unendlich viele soziale Kontexte wird dem Kind meist unter Schmerzen eine solche Gesittung anerzogen, die es allmählich verinnerlicht und dann automatisch umsetzt. Dieser Prozeß individueller Sozialisation ist für Elias ein getreues Abbild der Entwicklung der Menschheit. Wie der junge Mensch lernt, seine vorsozialen Anwandlungen zu unterdrücken, hätte auch sie in einem langen und langsamen Prozeß die Fähigkeit erworben, der Zivilisation - wir könnten auch sagen, der Kultur – die Oberherrschaft über Triebe und Affekte einzuräumen.

Dieser Annahme liegt, darauf weist Bruder hin, folgende Prämisse zugrunde. Triebe und Affekte werden als von Natur aus vorhanden

---

[21] Klaus-Jürgen Bruder, „Psychologie der Emotion: Der psychologische Diskurs über die Gefühle", in: ders., *Subjektivität und Postmoderne: Der Diskurs der Psychologie* (Frankfurt am Main 1993) S. 167-201.
[22] Bruder, S. 171 und 172.
[23] Bruder, S. 167.

angesetzt, denen der Schritt in die Zivilisation Zügel anlege. Gilt das aber auch für die Gefühle? Haben sie denselben Status wie Triebe und Affekte? Diese Frage hat die Psychologie zwar kaum gestellt, wohl aber durch Theorienbildung indirekt beantwortet. Freuds Neurosenlehre und auch sein Buch *Das Unbehagen in der Kultur* vertreten die Auffassung, daß Kultur wichtigen Teilen unserer Naturausstattung, so auch den Gefühlen, die Entfaltung verwehre und daß dadurch psychische Deformation entstehe, die sich bis in die Physis auswirke. Entsprechend muß eine darauf angesetzte Therapie den Patienten zu den eigenen Gefühlen zurückerziehen. Er wird ermuntert, sich zu seinen Aufwallungen zu bekennen, mit ihnen umzugehen und ihnen in Maßen freien Lauf zu lassen. Mit dieser Zielrichtung arbeitet auch heute noch die Psychoanalyse, zu der Bruder kritisch anmerkt: „Damit verbunden ist allerdings eine Idolisierung der Emotionen. Sie gelten im therapeutischen Diskurs nicht mehr als das Niedere, sondern als das eigentlich Wertvolle, als das ‚Echte', als der Weg zum (wahren) Selbst ..."[24]

Seit den siebziger Jahren, spätestens seit Foucaults *Überwachen und Strafen* von 1976 ist laut Bruder eine zaghafte Abkehr von der traditionellen Gefühlsauffassung zu beobachten. Verglichen mit Elias, sehe Foucault „den Prozeß der Zivilisierung nicht als einen der *Unterdrückung* – und Regulierung – der Affekte, sondern ihrer Bildung... Im Prozeß der Zivilisation werden die Emotionen des modernen *Subjekts* erst geschaffen."[25] Somit besteht ein diametraler Gegensatz zwischen Elias und Foucault. Während für den einen die Zivilisation Gefühle unterdrückt, werden sie für den anderen zivilisatorisch geschaffen. Dieser Widerspruch erscheint allerdings, was Bruder nicht erwähnt, durch eine Differenzierung des Phänomens Gefühl lösbar. Um ein Beispiel zu geben. Wenn das Kleinkind beim Essen rülpst, so handelt es sich dabei um einen natürlichen Impuls, der aus dem Körper stammt. Die Kultur verlangt nun, diesen Impuls zu unterdrücken. Andererseits aber verlangt sie auch, Gefühle, die nicht von Natur aus vorhanden sind, neu auszubilden wie etwa Dankbarkeit. Bei Geschenken an das Kind werden die Eltern zu einer Danksagung auffordern, der das Kind zunächst rein mechanisch nachkommt, um später vielleicht, zumindest bei größeren Anlässen, ein wirkliches Gefühl der Dankbarkeit zu verspüren. Die Theorien von Elias und Foucault schließen sich also dann nicht aus, wenn man einen Trennungsstrich zieht zwischen natürlichen, auch bei Tieren anzutreffenden Affekten, die eventuell die

---

[24] Bruder, S. 196.
[25] Bruder, S. 171.

Funktion der Überlebenssicherung haben wie etwa die Angst, und biologisch funktionslosen Empfindungen, die mit dem Voranschreiten der Kultur entstehen.

Wie immer man es löst, an dem Vergleich der beiden Denker wird ein Grundsatzproblem sichtbar, das den ganzen Fragenkomplex tangiert, die Undifferenziertheit der Gefühlsvorstellung nämlich, die allzu unterschiedliche Phänomene zusammenzwingt. Die vorgeschlagene Abgrenzung zwischen zur Triebausstattung gehörenden Affekten und Empfindungen kultureller Herkunft wäre dafür nur ein erster Schritt. Des weiteren müßte der Zusammenhang zwischen Vernunft und Bewußtsein auf der einen und Gefühl auf der anderen Seite geklärt werden, der äußerst verschieden gehandhabt wird. Während Aristoteles und Spinoza einen solchen gegeben sahen, rückte das 19. Jahrhundert davon ab und bestimmte die Seinsweise von Gefühlen als „non-cognitive" und „involuntary".[26] Bis heute ist nicht entschieden, ob beide Fähigkeiten als kategorial anders zu denken sind, ob zwischen ihnen unüberwindbare Trennwände bestehen oder ob sie ineinander übergehen. All diese Einzelfragen zentrieren sich, darauf verweist Ron Harré, in dem entscheidenden und allergrundsätzlichsten Punkt, ob es Gefühle überhaupt gibt. Harré gibt eine „ontological illusion, that there is an abstract and detachable *it*" zu bedenken; d.h. er bezweifelt das Vorhandensein eines realen, in sich abgeschlossenen und für sich existenten Gegenstandes. Als einzig gegenständliches, also empirisches Moment läßt er „bodily perturbation" gelten, eine Art Erregungszustand, der, als solcher betrachtet, jedoch vage und diffus ist und erst durch unsere kulturellen Vorstellungen Konturen gewinnt. Nur weil ich die Vorstellung Eifersucht abstrakt gelernt habe, meine ich, sie in dem, was da in mir brodelt, wiederzuerkennen. Mit anderen Worten, erst die Kultur macht unsere Gefühle zu Gegenständen und ermöglicht dadurch ihre psychologische Erforschung.

Der erwähnte Ron Harré veröffentlichte 1986 einen Sammelband, dessen Titel allein bei den psychologischen Pseudonaturwissenschaftlern blankes Entsetzen hervorrufen wird: *The Social Construction of Emotions*. Der darin vertretene konstruktivistische Ansatz geht den von Foucault eingeschlagenen Weg weiter, und der Kulturwissenschaftler findet hier die Gefühlskonzeption, die er braucht. Praktisch wie auch theoretisch ist Harrés Anthologie zwar ein wichtiger Anfang, darüber darf aber nicht

---

[26] Harré, „An Outline of the Social Constructionist Viewpoint", in: ders. ed., *The Social Construction of Emotions* (New York 1986) S. 2.

vergessen werden, daß die Diskussion noch zu sehr in den Anfängen steckt, um darauf große Hypothesengebäude zu errichten.

Da die Theorie noch in den Kinderschuhen steckt, wendet man sich besser praktischen Forschungsergebnissen zu, um in ihnen eventuell Indikatoren zu entdecken, daß Gefühle „kulturell, historisch und sozial" bedingt sind. Gemäß dieser nach Bruder zitierten Bedingtheiten könnte man bei den Kulturwissenschaften, der Historiographie und der Soziologie fündig werden. Doch die Entdeckerfreude hält sich in Grenzen. Agnes Heller vertritt die These, daß jede Epoche ihre dominierenden Gefühle besitze. Ein Beispiel dafür, das sie nicht erwähnt, wäre die Empfindsamkeit, eine geistige Strömung des 18. Jahrhunderts, die ganz Europa erfaßte und eine sensible Mitmenschlichkeit zur Maxime erhob.[27] Zwar weiß die Literaturwissenschaft inzwischen, daß diese Strömung eine neue Art von Gefühl programmatisch postulierte, was aber nichts über die Wirkung des Postulats aussagt. Zwar kann man zeigen, daß sich die vorbildlichen Romanhelden empfindsam verhalten, aber es bleibt unentschieden, ob es die realen Menschen nicht schon immer taten oder ob sie es durch die Lektüre der Romane lernten. Die Barriere, an welche die Literaturwissenschaft hier zwangsläufig stößt, wurde allerdings von dem kanadischen Soziologen Edward Shorter überwunden. Er, der Tagebücher, private Korrespondenzen und Heiratsregister analysierte, stellte die erstaunliche These auf, daß erst seit dem 18. Jahrhundert ausgesprochene Gefühlsbeziehungen zwischen Familienmitgliedern bestehen. Wenn man zuvor aus ökonomischen Überlegungen geheiratet hatte, schloß man den Bund fürs Leben jetzt aus Liebe. Wenn die Familienmitglieder zuvor hauptsächlich auf der Grundlage von Autorität und Rolle bzw. Rechten und Pflichten miteinander verkehrten, begannen sie jetzt einen gefühlvolleren Umgang, der die Rollen zwar nicht veränderte, aber die Empfindungen des anderen mehr respektierte. Erst mit dem 18. Jahrhundert hätte sich die noch heute gültige Sicht etabliert, die Familie als eine emotionale und intime Einheit zu betrachten. Shorters Ergebnisse zeigen somit, daß neue Gefühle, Gefühlsarten oder Gefühlsdifferenzierungen historisch entstehen, indem die Kultur zunächst Postulate formuliert, die dann in bestimmten Konstellationen angenommen und zur Praxis werden.

---

[27] Vgl. Klaus P. Hansen, hg., *Empfindsamkeiten* (Passau 1990); insbesondere die Einleitung und den Teil über das 18. Jahrhundert.

Auch in der Soziologie lassen sich ähnliche Ansätze finden, so 1959 bei Goffman[28], der an verschiedenen Beispielen einen Zusammenhang zwischen sozialer Rolle und Gefühlsleben vorführt. Mutterliebe, so ließe sich diese Behauptung pointiert verdeutlichen, ist nicht von Natur aus vorhanden, denn sonst dürften ja keine Abtreibungen und Kindermorde vorkommen, sondern entwickelt sich analog zur Übernahme bzw. Internalisierung der Mutterrolle. Zwar ist der Rollenbegriff soziologischen Ursprungs, doch er besitzt auch kulturelle Implikationen, da die einzelnen Rollen mit Normen und sonstigen Standardisierungen ausgestattet sind und ihre Legitimation im kollektiven Wissen verankert ist. Daher kommt auch in solchen Arbeiten die Prämisse des Zusammenhangs von Kultur und Gefühl in den Blick. In ethnologischen Studien wird man dieserhalber nur selten fündig. Zwar werden Völkerstämme als besonders aggressiv oder als ungewöhnlich friedfertig geschildert, doch diese Befunde werden nicht zu den übrigen Standardisierungen ins Verhältnis gesetzt. *Ex negativo* läßt sich daraus sicherlich schließen, daß so viel Unterschiedlichkeit nicht naturgegeben sein kann, doch woher sie stammt, läßt sich am ausgebreiteten Material nicht erkennen.

Das gilt nur bedingt für das 1948 erschienene Buch des Engländers Geoffrey Gorer, *The American People: A Study in National Character*.[29] Methodisch immer noch vorbildlich, offeriert es eine detaillierte Beschreibung des *American way of life* und gewährt auch Einblicke in die Psyche des Amerikaners. Sie, das ist eine der tragenden Thesen, sei in erster Linie durch die Wertvorstellung des *to be liked* geprägt, die bereits in frühster Kindheit vermittelt werde. Eine weitere tragende Wertvorstellung sei die des Erfolges, wobei vor allem der geschäftliche und materielle gemeint ist, aber auch der im Sport oder sonstigen Bereichen. Beide Werte seien innig miteinander verschmolzen. Überzeugend läßt sich Gorers These am Bestseller Dale Carnegies, *How to Win Friends and Influence People* von 1937 belegen, der heute noch gelesen wird. Wer beliebt ist, so lautet die dort ausgebreitete Weisheit, sei auch geschäftlich erfolgreich. Im Umkehrschluß ist der Erfolgreiche, da es in den USA keine Neider zu geben scheint, dann auch beliebt. Gorer zeigt nun, wie sich diese beiden Werte und der latente Widerspruch zwischen ihnen auf die ersten Liebeserfahrungen junger Menschen auswirken. Noch bis ungefähr 1960 war das Zusammentreffen

---

[28] Erving Goffman, *The Presentation of Self in Everyday Life* (Garden City/ New York 1959).
[29] In deutscher Übersetzung: *Die Amerikaner: Eine völkerpsychologische Studie* (Hamburg 1956).

eines jungen Mädchens mit einem jungen Mann in der amerikanischen Institution des *dating* bis in kleinste Einzelheiten hinein formalisiert. Inzwischen ist diese Institution in ihrer klassischen Präzision und Geformtheit ausgestorben und wird höchstens noch auf dem Lande praktiziert. Auf den Grundbestand reduziert, läuft das *dating*, wie folgt, ab. Der junge Mann muß durch ein Telefongespräch, bei dem er Witz und Esprit versprühen muß, erreichen, daß er die gerade Erwählte zu einem Abendessen ausführen darf. Ist ihm das gelungen, muß er ein Auto mieten, Blumen kaufen, den besten Anzug anziehen, muß sie in aller Form aus dem Elternhaus abholen und dann in ein Restaurant der gehobenen Klasse geleiten. Das während des Essens zu führende Gespräch soll nicht schmachtend sein, sondern wiederum witzig. In einer Art kleinem Wettbewerb sollen die beiden Humor, Geist und Schlagfertigkeit beweisen, wobei der Überlegene seinen Triumph allerdings nicht deutlich auskosten darf und dem Unterlegenen die Chance lassen muß, sein Gesicht zu wahren. Dieses Spiel wird nun mit wechselnden Partnern weitergeführt. Sobald der junge Mann finanziell wieder gewappnet ist, versucht er es bei der nächsten Schönen, um einen Ruf als *lady killer* zu etablieren. Die weibliche Seite sammelt ebenfalls Ansehen durch die Anzahl der Angebote, die man allerdings nach geschickten Präferenzen nicht alle annehmen darf, um nicht in den Geruch des *flirt* zu kommen. Nach einiger Zeit, die mehrere Jahre dauern kann, könnte ein doppelter Funke überspringen und eine Verlobung zwei Personen aus dem Spiel herausnehmen. Trotz dieses möglichen Endergebnisses erscheint dem Europäer die Institution nicht auf Liebe angelegt. In ihren Einzelmaßnahmen strukturiert sie vielmehr einen Wettbewerb der Beliebtheit und des Erfolges beim anderen Geschlecht, der nichts von dem vorzubereiten scheint, was wir mit einer Familiengründung verbinden. Eher sehen wir Promiskuität gefördert als Treue und Verantwortungsgefühl. Aus altmodisch europäischer Perspektive, die von der Unbegründetheit der Liebe ausgeht, die wie ein Geschenk des Himmels oder ein Fluch der Hölle über die Betroffenen kommt, erscheint *dating* nicht dazu angetan, den Weg zu einer innigen Verbindung zu ebnen. Der Amerikaner hat jedoch keine Bedenken, seinen Partner fürs Leben mit Hilfe der Werte Beliebtheit und Erfolg zu finden. Können wir daraus schließen, was Gorer leider nicht versucht, daß die amerikanische Liebe anders ist? Die Vermutung liegt nahe, doch wiederum ist das Material nicht stringent genug auf diese Fragestellung ausgerichtet.

Im dritten Teil der Anthologie Harrés („The Diversity of Emotions") finden sich allerdings kürzere Studien, die den gesuchten konkreten Nachweis der kulturellen Verschiedenartigkeit von Gefühlen führen. Greifen wir zwei davon heraus. Eduardo Crespo[30] zeigt, daß spanische Gefühle anders sind als englische. Nicht nur heftiger, was man erwartete, sondern auch auf andere Auslöser bezogen. So soll das Gefühl der Peinlichkeit bei Spaniern stärker ausgeprägt sein als bei Briten, die man gemeinhin doch für förmlich hält. Das habe mit dem ausgeprägten Sinn für Würde zu tun, den der deshalb stolz genannte Spanier besitze. Wenn ein Mitmensch die eigene Würde aufs Spiel setze, dann löse das bei den Umstehenden größtes, bis in den Körper hinein spürbares Unbehagen aus. Bei peinlichen Szenen in Filmen, bei denen sich Engländer amüsieren würden, komme es vor, daß Spanier das Kino verließen. Während Crespo Gefühle bespricht, die den meisten Europäern vertraut sind und nur deren unterschiedliche Stärke bzw. andersartige Verknüpfung vorführt, präsentiert die Arbeit von Morsbach und Tyler eine im Westen völlig unbekannte Empfindung: „A Japanese Emotion: Amae".[31] Trotz ausführlicher Erklärungen, die in einer klaren Sprache abgefaßt sind, wird der europäische oder amerikanische Leser diese Arbeit kaum verstehen, denn sie beschreibt einen Gegenstand, den er nicht kennt. Nicht nur daß westliche Sprachen kein Wort für dieses Gefühl besitzen, sondern es selbst ist uns fremd. Die Autoren übernehmen folgende Definition eines Japanisch-Englischen Lexikons: „behave like a spoilt child; play the baby to sb.; be coquettish; take advantage of another person's kindness." Für sich genommen, sind die einzelnen Umschreibungen zwar vertraut, doch keinesfalls würde man sie zu einer Einheit bringen. Verwöhntheit und Koketterie gehören für uns einfach nicht zusammen. Hinzu kommt, daß aus westlicher Perspektive alle Einzelheiten eher negativ besetzt sind, für den Japaner aber nicht. Er betrachtet das oben beschriebene Verhalten und das damit einhergehende Empfinden nicht als charakterloses Einschmeicheln, sondern als Anzeichen würdevoller Loyalität. Der Artikel ist klar geschrieben und bringt anschauliche Beispiele; doch was Amae ist, bleibt uns verschlossen. Es ist die Beschreibung einer den westlichen Kulturen völlig fremden Gefühlswelt.

---

[30] Harré, S. 209-219.
[31] Harré, S. 289-307.

Standardisierungen des Handelns

Der erste, der über das Phänomen des standardisierten Denkens reflektierte und dabei auf die Schaffung der Lebenswirklichkeit stieß, war der Amerikaner Thorstein Veblen. Er gehört zu den größten Intellektuellen, die Amerika hervorbrachte, doch, wie so oft, überforderte seine Genialität die Zeitgenossen, so daß seine Ideen abgelehnt wurden und sein Werk in Vergessenheit geriet. Seinen Landsleuten bekannt ist er höchstens noch als Verfasser der *Theory of the Leisure Class* (1899) und der darin geäußerten These des ostentativen Konsums („conspicuous consumption"). Gegen die Auffassung der Nationalökonomen, der Mensch verhalte sich als Wirtschaftssubjekt („homo oeconomicus") rational und kaufe preisbewußt, zeigte Veblen, daß mancher das teure, wenn nicht übertertertete Produkt bevorzugt, um Sozialprestige zu erwerben. Jeder Werbeagentur ist diese menschliche Schwäche inzwischen geläufig. Für das 19. Jahrhundert war sie indes neu, insofern sie die Erkenntnis nahelegte, daß Gegenstände jenseits ihrer Materialität weitere Funktionen erfüllen. Veblen steht damit an der Schwelle einer modernen Kulturauffassung.

Das *enfant terrible* Veblen war nicht nur Nationalökonom, sondern auch Philosoph und Anthropologe, und schon diese Verbindung von Fächern, die sich eigenständig wähnten und es immer noch tun, half, neue und ungewöhnliche Überlegungen anzustellen. In seinem wichtigsten Buch *The Instinct of Workmanship* von 1914 entwarf er eine umfassende Menschheitsgeschichte, in welcher er die Interaktion der Bereiche Anthropologie, Hochkultur, Wirtschaft und Politik als Motor historischer Veränderung ansah. Diese Betrachtungsweise wurde unter anderem durch die Begriffe „habit of thought" und „institution" ermöglicht, die ein halbes Jahrhundert später zum Instrumentarium vieler Wissenschaften gehören sollten. Allerdings mußten die Begriffe und die sie verbindende Konzeption neu entdeckt werden, da Veblen, wie gesagt, kaum rezipiert wurde und keine Nachfolger fand. Was bezweckte er mit diesen Begriffen? Sehen wir uns ein Beispiel an, das sich bei Veblen findet und das Feministinnen, die es erstaunlicherweise noch nicht entdeckt haben, begeistern würde.

Im Urzustand ernährte sich die Menschheit zum einen von der Jagd, zum anderen von Beeren und sonstigen wilden Früchten, die sich aber nur spärlich finden ließen und weniger Protein enthielten als das Fleisch der erlegten Tiere. Aus dieser Ernährungsweise ergab sich eine gleichsam biologische Arbeitsteilung: Die Frau sammelte die Früchte, während der

Mann auf die Jagd ging, die in ihrer primitiven Form Körperkraft und Schnelligkeit erforderte, was dem Mann eher gegeben war. Da verglichen mit den Früchten, welche die Weiblichkeit beisteuerte, die Jagd die gehaltvollere Nahrung lieferte, genoß der Mann ein höheres Sozialprestige. Ihm zugrunde lag folgende Wirklichkeitsdeutung: Die Arbeit des Mannes ist für das Überleben wertvoller als jene der Frau, und deshalb ist es sinnvoll, ihn zu privilegieren. Wirklichkeitsdeutungen dieser Art nennt Veblen „habits of thought", also Denkgewohnheiten, womit er genau auf das Phänomen der Standardisierung des Denkens abzielt.

Im Urzustand, so wie Veblen ihn sich vorstellte, besaß die Denkgewohnheit der Priorität des Mannes eine fast biologische Berechtigung, denn seine Domäne, die Jagd, von der er durch keine Schwangerschaften abgehalten wurde, sicherte das Überleben. Sobald sich aber die Landwirtschaft entwickelte, sobald Ackerbau und Viehzucht erfunden und betrieben wurden, nahm die Bedeutung der Jagd ab. Auf lange Sicht stellte sich die neue Form der Ernährung als konstanter heraus, da sie weniger vom Zufall abhing. Der Siegeszug der Landwirtschaft, für welche Körperkraft und Schnelligkeit nicht mehr in dem Maße gefragt waren, beseitigte die alte Arbeitsteilung und ließ Mann und Frau gleichwertig nebeneinander arbeiten, ohne jedoch, das war das Merkwürdige, das Geschlechterverhältnis auf eine neue Basis zu stellen. Obwohl der konkrete Grund wegfiel, darauf weist Veblen mit Nachdruck hin, blieb das höhere Prestige des Mannes erhalten und das, so ließe sich hinzufügen, bis heute.

Schuld daran sind nicht die Männer, sondern die übergeschlechtliche Kultur, deren Beharrlichkeit folgendermaßen begründet wird. Zunächst gab es den berechtigten „habit of thought", daß der Mann den wichtigeren Beitrag leistete, was dann zur Wirklichkeitsdeutung männlicher Priorität verallgemeinert wurde. Aus der Denkgewohnheit, so könnte man Veblen verdeutlichen, der an dieser Stelle leider nicht detailliert genug ist, entwickelten sich Verhaltensgewohnheiten, die er „institutions" nennt. Frau und Kinder gewöhnten sich an, dem Mann zu gehorchen, und im Einklang mit der Wirklichkeitsdeutung erkoren sie ihn zum Familienoberhaupt, woraus sich im Laufe der Zeit eine Gewohnheit entwickelte, die mit Voranschreiten der Zivilisation sogar gesetzlich verankert wurde. Die Grundgewohnheit verzweigte sich in Untergewohnheiten. Nur der Mann bekleidete Führungspositionen, nur er zelebrierte den Gottesdienst etc., was dann auf das standardisierte Denken dergestalt zurückwirkte, daß er neben seiner körperlichen Überlegenheit bald auch für klüger und rationaler gehalten wurde als seine Geschlechtsgenossin. Der Anstoß zu dieser verzweigten Entwicklung konnte eine biologische oder ökonomische Berechtigung vorweisen. Durch ihren Wegfall, das ist Veblens wichtige Entdeckung, wurde die Entwicklung aber nicht gestoppt. Auch ohne Bezug auf die Realität lief sie weiter, und das aus einer bloßen Gewohnheit heraus. Nur weil man sich an den Gedanken männlicher Überlegenheit gewöhnt hatte, hielt man auch nach dem Beweis des Gegenteils daran fest. Die historische Korrektheit des Beispiels, das Veblen benutzt, soll uns nicht interessieren, wohl aber daß er als erster die Eigendynamik von Gewohnheiten erkennt. Sie erzeugen ihre eigene Realität und konstituieren die Kultur.

Veblens Entdeckungen werden allerdings einem kruden Erklärungsziel untergeordnet. Das Miteinander von „habits of thought" und „institutions", das zeigte schon das Beispiel, schreibe eine ältere Wirklichkeitserfahrung fest, so daß die zivilisatorische Entwicklung verlangsamt würde. Mit Hilfe dieser These beantwortet er die zentrale Frage, die ihn in *The Instinct of Workmanship* umtreibt: Wieso ließ die Industrialisierung so lange auf sich warten; warum dauerte die Erfindung der Dampfmaschine zweitausend Jahre, obwohl alle benötigten Rohstoffe von Anbeginn vorhanden waren? Schuld sei, das ist Veblen Antwort, die Gewohnheitsabhängigkeit der Kultur. Bis weit in die Neuzeit hinein hätten anthropomorphe „habits of thought", welche den Kosmos mit menschenähnlichen Geistern bevölkerten, naturwissenschaftliche Erklärungen verhindert. Für eine gute Ernte hätte man den Göttern geopfert, und insofern sei niemand auf die Idee gekommen, die Bodenqualität zu untersuchen. Solange man das Gewitter für einen Ausdruck göttlichen Zorns hielt, konnte die in ihm steckende Elektrizität nicht entdeckt und der Blitzableiter nicht erfunden werden. Veblen nennt solche Vorgänge „cultural retardation" und begründet daraus die Verzögerung der Technisierung, von der er sich in naivem Fortschrittsglauben das Heil erhofft.

So modern Veblens Einsicht in die Wirkungsweise kultureller Gewohnheit, so konventionell ist seine Bestimmung der kulturellen Grenzen. Genau genommen, ordnet er das Rückständige der Kultur zu, das Fortschrittliche aber nicht. Seinen Mechanismus aus „habit of thought" und „institution" benutzt er ausschließlich, um „cultural retardation" zu erklären, wohingegen er für naturwissenschaftliche oder sonstige Ideen, die Wahrheit beanspruchen können, nicht gelten soll. Da wahr, setzten sie sich gleichsam von selber durch, und da sie zur Befriedigung realer Bedürfnisse taugten, gehörten sie nicht in den Bereich der Kultur. Insofern lebt der Mensch in zwei Wirklichkeiten; in jener der Kultur, wo falsche

Wirklichkeitsdeutungen beibehalten werden und man sich imaginativ etwas vorgaukelt, und in jener aus Wissenschaft und Technik, welches die echte Wirklichkeit ist. Hier verfällt Veblen dem positivistischen Irrtum des späten 19. Jahrhunderts und der dazu gehörenden Kulturauffassung, mit der wir uns an anderer Stelle auseinandersetzen werden.

Doch wir wollen Veblen nicht verlassen, ohne einen schnellen Blick auf seine Bemerkungen zur Jagd zu werfen, die einerseits ein vorbildliches Stück praktischer Kulturwissenschaft abgeben, andererseits aber die Enge seines Kulturbegriffs noch einmal verdeutlichen. Nachdem durch Aufkommen der Landwirtschaft die Jagd ihren lebenswichtigen Zweck einbüßte, nachdem sie sozusagen überflüssig war, konnte sie kulturelle Funktionen übernehmen. Sie wurde zum Hobby des Adels und der Reichen, was sie zum Ärger der Naturschützer bis heute geblieben ist. Aus einer Notwendigkeit wurde ein Symbol, und statt der Ernährung diente sie nun in erster Linie dem Sozialprestige. Der Wilderer und der adlige Jäger handeln materiell ähnlich, denn sie erbeuten Tiere, die sie verzehren. Die Ähnlichkeit ist aber nur Schein. Mit knurrendem Magen schleicht sich der Wilderer zu seinen Fallen und freut sich deshalb über die Beute, weil sie seinen Hunger stillt. Der Baron hingegen, der wohlgenährt sein Pferd besteigt, nimmt an einer stark formalisierten Zeremonie teil, die zwar einerseits Nahrung beschafft, andererseits aber vor allem Zeichenfunktion ausübt. Kleidung, Waffen, Musik, Hunde und Jagdtechnik sind Teile einer materiell zweckfreien Inszenierung, deren Botschaft lautet, wir sind reich, vornehm und kultiviert. Das Sozialprestige stellt sich dabei auf folgende Weise ein. Zunächst, in einer Art Übergangsstadium, wird die Gewohnheit beibehalten, die Jagd für wichtig anzusehen, obwohl sie es nicht mehr ist. Nur deshalb wird sie weiterhin praktiziert. Sobald jedoch ihre Überflüssigkeit evident ist, speist sich ihr Ansehen just aus dieser Evidenz. Der Bauer, der Tagelöhner und der Handwerker hatten keine Zeit für Überflüssiges; wohl aber der reiche, nicht arbeitende Adlige und später dann der reich gewordene Kaufmann, der den Adel imitierte. Materialität und Kultur, das sehen wir an diesem Beispiel, sind für Veblen Gegensätze.

★ ★ ★

Der nicht rezipierte Veblen hatte keinen Einfluß auf die weitere Verwendung des Begriffs Institution, der in vielen wissenschaftlichen Disziplinen heimisch wurde. Sie aber benutzen ihn in der eingeengten Form der Umgangssprache. Für sie ist eine Institution ein umfassenderes soziales und öffentliches Gebilde (UNO, Stiftung Warentest, Tennisclub), das meistens per Gesetz, auf jeden Fall aber auf bewußtes Betreiben einiger Individuen entstanden ist. Demgegenüber war Veblens Begriffsverständnis breiter und umfaßte ganz allgemein Handlungsgewohnheiten, die in einer Gemeinschaft üblich sind, also in anderen Worten Standardisierungen des Handelns. In dieser Form drang der Begriff in die Anthropologie ein und wurde ein halbes Jahrhundert nach Veblen von Arnold Gehlen zum zentralen Konzept zeitgenössischer Kulturtheorie erhoben. Als, wie es das Vorwort formuliert, „Theorie der Institutionen" ist Gehlens Buch *Urmensch und Spätkultur* aus dem Jahr 1956 auch heute noch aktuell, auch wenn seine bereits früher entwickelte Kulturtheorie inzwischen zu verwerfen ist. Daß sie vom Nationalsozialismus gerne aufgegriffen wurde, ist zwar nur ein äußerliches Indiz, das aber durch wissenschaftliche Kritik, wie wir noch sehen werden, seine Bestätigung findet. Gehlens Kulturtheorie ist einseitig und ihre politischen Konsequenzen sind unmenschlich, doch die Überlegungen zur Institution, die einen zentralen Bestandteil dieser Theorie ausmachen, bleiben zutreffend und wichtig.

Erklären wir Gehlen an einem eigenen Beispiel. In vielen westlichen Kulturen gibt es die Institution des Geburtstags. Sie umfaßt eine ganze Reihe von immer gleichen, standardisierten Einzelhandlungen. Man wacht am Morgen auf und fühlt sich anders als an normalen Tagen. Im Briefkasten stecken Karten mit Gratulationen, und das Telefon klingelt zu weiteren. Der Frühstückstisch ist liebevoller gedeckt, und neben der Kaffeekanne liegen die schön verpackten Geschenke. Für den Abend lädt man Freunde ein, die kleine Mitbringsel überreichen und wiederum gratulieren. Man feiert, d.h. man ißt und trinkt (insbesondere Alkoholisches) und gibt sich fröhlich. Am Ende der Feier bedanken sich die Freunde für die Einladung und der Gastgeber für die Geschenke. Wir sehen, die zum Geburtstag gehörenden Verhaltensweisen liegen für alle Beteiligten fest. Nicht so streng und detailliert, daß für individuelle Variation kein Raum bliebe, aber es ist ein Rahmen abgesteckt, der aus den Teilen besonderer Tag, Gratulation, Geschenke und Feiern besteht. Die Ausgestaltung der Teile ist so lange frei, wie der Rahmen erfüllt wird. Anstatt Freunde nach Hause einzuladen, kann ich mit ihnen ausgehen und die Zeche bezahlen; ich kann auch nur mit dem Intimpartner ins Kino gehen und hinter her ein Gläschen Sekt spendieren. Dem Teil Feiern ist so auf verschiedene Weise Genüge getan.

Eine signifikante Mehrheit unseres Kulturraums, das ist auch ohne Statistik evident, verhält sich in der oben beschriebenen Weise. Aber nicht alle tun es. Einige ignorieren ihren Geburtstag ganz bewußt. Sanktionen seitens der anderen werden vielleicht nur in der Form erfolgen, daß man den Geburtstagsmuffel nicht zur eigenen Geburtstagsfeier einlädt. Aber auch der Muffel bestätigt mit seinem Verhalten die Institution. Bewußt verweigert er sich ihr, wodurch er aber genau wie der Feiernde auf ihre Existenz reagiert. Er lehnt die Verhaltensvorgabe seitens der Kultur zwar ab, was aber bedeutet, daß er sie als solche wahrnimmt und am eigenen Leibe verspürt. Anders läge der Fall nur bei demjenigen, der seinen Geburtstag unwillentlich vergißt.

Warum aber existiert die Institution Geburtstag? Warum verhält sich die Mehrheit in der beschriebenen Weise? Warum begibt man sich aus Anlaß dieses Tages nicht in Exerzitien und gedenkt der Sterblichkeit des Menschen? Warum geht man nicht zum Hausarzt zur Generaluntersuchung? Warum trauert man nicht, anstatt sich erhaben zu fühlen? Warum macht man überhaupt Aufhebens von diesem Tag? Es gibt keinen materiellen oder natürlichen Grund, sich so zu verhalten, und dennoch tut es eine Mehrheit jahrein jahraus. Nicht nur am Geburtstag verhalten wir uns unnatürlich, sondern permanent jeden Tag, wenn wir, ohne darüber nachzudenken, kulturelle Verhaltensvorgaben erfüllen. Es beginnt schon mit dem Frühstück. Warum ausgerechnet Kaffee, Brötchen (die inzwischen nicht mal mehr schmecken) und Marmelade? Das ist weder besonders nahrhaft noch sonstwie sinnvoll. Salzheringe wie in Norwegen täten es auch oder Kartoffeln mit Soße wie in manchen Teilen Rußlands. Wenn wir unseren Tagesablauf daraufhin überprüfen, wie oft wir uns standardisiert unnatürlich verhalten und das zu den unstandardisierten, also rein individuellen Handlungen ins Verhältnis setzen, entdecken wir unübersehbar die quantitative Überlegenheit des Standardisierten. Gehlen sagt uns, warum das so ist. Wir wollen seine Ausführungen in vier Aspekte unterteilen.

1. Innen- versus Außensteuerung

Ich sitze am Schreibtisch und bin in meine Arbeit vertieft. Plötzlich springe ich auf und hole mir ein Glas Wasser. Ich tue es, weil ich Durst verspüre, d.h. ich folge bei dieser Handlung einem körperlichen Verlangen, das medizinisch nachzuweisen ist. Ich bin, so könnte man sagen, einem inneren Antrieb gefolgt. Bei einer Geburtstagsfeier wird ebenfalls getrunken. Erfolgt dieses Trinken deshalb, weil zufällig alle Gäste Durst hatten? Nein! Bei einer Feier trinkt man, obwohl, wiederum medizinisch nachweisbar, kein Flüssigkeitsmangel besteht. Ja, man trinkt so viel, daß oftmals sogar ein ungesunder Flüssigkeitsüberschuß entsteht. Der Feiernde trinkt nicht aus Durst, also aus einem inneren Antrieb, sondern weil es zur Institution Feiern gehört. Man trinkt, wie Gehlen es nennt, aus einem „äußeren" Antrieb. Er führt aus: „Im Alltagsleben fällt ... die Motivbildung unseres Verhaltens größtenteils aus dem inneren Felde der Bedürfnisspannungen, Motivkonflikte und ‚Entscheidungen' heraus ins Äußere."[32] Beim realen Durst liegt die einfachste und problemloseste Form eines inneren Antriebs vor, da ein körperliches Bedürfnis vorhanden ist. Oft genug aber, insbesondere wenn das Körperliche fehlt, erweist sich der innere Antrieb als schwierig. Betrachten wir ein weiteres Beispiel.

Stellen Sie sich vor, Sie hätten zwei Millionen im Lotto gewonnen. Ihre erste Reaktion ist spontan und unproblematisch: Sie freuen sich. Sobald sich die Freude gelegt hat, fangen die Schwierigkeiten an. Soll ich den Geldsegen allen Bekannten mitteilen oder besser gänzlich verschweigen? Soll ich ein rauschendes Fest schmeißen? Soll ich meinen Freunden etwas abgeben, vielleicht ohne zu sagen warum? Schließlich: Was soll ich selbst mit dem Geld anfangen? Soll ich mit der Arbeit aufhören und den anstrengenden Beruf eines Playboys ergreifen? Wird das nicht langweilig? Kurzum: Sie werden tagelang nicht zur Ruhe kommen und schlecht schlafen, und es wird lange dauern, bis Sie sich zu Entscheidungen durchgerungen haben. Dieses Ringen meint Gehlen mit seinen Begriffen „Bedürfnisspannung" und „Motivkonflikt". Solange diese bestehen, ist man handlungsunfähig. Wenn Ihr Geburtstag herannaht, bestehen diese Spannungen und Konflikte meistens nicht. Zu ihm liegen kulturelle Verhaltensvorgaben bereit, denen Sie nur zu folgen brauchen. Die Standardisierung nimmt Ihnen die Entscheidungen ab, gibt Ihnen die Teile vor, zu denen Sie sich nur die Ausgestaltung überlegen müssen. Wenn Sie sich dem Geburtstag aber verweigern, durchleben Sie eine ähnliche, wenn auch nicht ganz so anstrengende Phase der Entscheidungsfindung und vorübergehenden Handlungslosigkeit wie beim Lottogewinn. Dann müssen Sie nämlich die Grundsatzfragen stellen, sie reflektieren und zu eigenen Lösungen kommen, was nicht nur zeitaufwendig ist.

Geburtstag und Lottogewinn unterscheiden sich dadurch, daß für diesen Handlungsvorgaben von außen bereitliegen, für jenen aber nicht. Detailliert und umfassend ist der Geburtstag durch die Kultur vorstrukturiert, was ihn zur Institution macht; für den Lottogewinn jedoch, der ja zum

---

[32] Arnold Gehlen, *Urmensch und Spätkultur: Philosophische Ergebnisse und Aussagen* (Wiesbaden 1986) S. 25.

Glück selten vorkommt, hat die Kollektivität keine Empfehlungen parat. Beim Vorliegen einer Institution existiert ein äußerer Antrieb, der mir die Problematik des Herauskristallisierens eines inneren abnimmt. Gehlen sagt: Durch die Institutionen wird erreicht, „daß Tiefenentscheidungen, bei denen es um mehr geht als um die Abschätzung von Vordringlichkeiten, im menschlichen Leben selten sind."[33] Der „Außenhalt von Gewohnheiten"[34] oder die „Außenstabilisatoren"[35] der Institution lassen es bei alltäglichen und wiederkehrenden Entscheidungsfragen gar nicht zu einer Entscheidungsproblematik kommen. Ich bedarf keiner inneren, eigenen, individuellen Motivation, denn „die Gewohnheit liefert ihren eigenen Antrieb."[36] Indem die Institution eine „Sollsuggestion"[37] ausstrahlt, wird individuelle Innensteuerung überflüssig und durch kulturelle Außensteuerung ersetzt. Die Institution übernimmt eine „Entlastungsfunktion von der subjektiven Motivation"[38] und sichert schnelle Handlungsfähigkeit, indem zeitraubende und Geist kostende Reflexion überflüssig wird.

Da letztlich das Individuum handelt, muß die Außensteuerung in sein Inneres gelangen und dort als Innensteuerung tätig werden. Gehlen führt das nicht aus, aber es ist klar, daß dieser Vorgang durch, wie Psychologie und Soziologie sagen, „Internalisierung" und „Sozialisation" erfolgt. Sozialisation bedeutet die Internalisierung, die Verinnerlichung und Zueigenmachung von standardisiertem Handeln. Nicht nur durch Elternhaus und Schule wird Sozialisation geleistet, sondern durch die gesamte Kollektivität, die Verhaltensweisen vorlebt, welche der Heranwachsende imitiert. Die Tiefe der Internalisierung einzelner Institutionen wird unterschiedlich sein. Der eine könnte die Geburtstagsfeier für wichtiger halten als die Weihnachtsfeier, der andere eben nicht. Was tief internalisiert ist, wird sozusagen zur zweiten Natur, wird Teil der Spontaneität, und bekommt so eine motivierende Kraft, die stärker sein kann als die natürlicher Instinkte. Deutschland schätzt die Institution der schnellen Autos und des Rasens. Die Verinnerlichung dieser kollektiven Unart ist bei vielen Deutschen so tief, daß die natürliche und schützende Angst, die etwa bei Sichtbehinderung durch Nebel aufkommt, vollkommen unterdrückt wird.

---

[33] Gehlen, S. 25.
[34] Gehlen, S. 19.
[35] Gehlen, S. 26
[36] Gehlen, S. 35.
[37] Gehlen, S. 24.
[38] Gehlen, S. 43.

2. Präzision und Geformtheit

Die Institution kann die Aufgabe der Außensteuerung reibungslos erfüllen, da sie, wie Gehlen es nennt, „Präzision und Geformtheit"[39] besitzt. Ihre Handlungsaufforderung ist nicht vage und allgemein, sondern höchst konkret, oder in Gehlens Worten: „Es gibt eben keine unsinnlichen, abstrakten Institutionen."[40] Die Sollsuggestion besteht nicht in einem blassen Imperativ wie etwa, *Begehe Deinen Geburtstag würdig*, sondern in exakten, detaillierten und in ihrer Abfolge geregelten Anweisungen: *Freue Dich, lade ein, bereite unalltägliche Speisen und Getränke, nehme Geschenke in Empfang und bedanke Dich!* Die Institution drückt uns einen kleinen Katalog von Vorschriften in die Hand, sozusagen eine erschöpfende Gebrauchsanweisung, die jedem Beteiligten jede Frage beantwortet. Der Grund, warum sich die Institution nicht mit einer pauschalen Makronorm begnügt und stattdessen eine Anzahl konkreter Mikronormen aufstellt, ergibt sich aus der kulturellen Funktion. Die Ersetzung der Innensteuerung wird erst dann komplett, wenn neben der Regelung der Grundsatzfrage auch genaue Vorschriften bezüglich der Ausgestaltung der einzelnen Verhaltensschritte geliefert werden, so daß auch für diesen Bereich die individuelle Reflexion und Entscheidung entfällt. Auf diese Weise umschließt der „Außenhalt" der Institution das Individuum wie ein stützendes Korsett.

3. Sinn und Gesinnung

> Es gibt Institutionen mit großen Ansprüchen, die geradezu habituelle Gesinnungen vorschreiben: seit alters im religiösen und militärischen, neuerdings im politischen Bereich. Eine *Gesinnung* in strengem Sinne ist ein „mitverpflichteter" Komplex von Ideen, Gefühlen, Affekten und Verhaltensbereitschaften, der von außen, vom tätigen Handeln und Unterlassen her vorgeformt sein muß, der durch konsequente Kontrolle der Motivbildung herangeführt und entwickelt wird und so schließlich die Person von der Motivbildung überhaupt entlastet, also nur noch Anwendungsfälle motiviert.[41]

---

[39] Gehlen, S. 24.
[40] Gehlen, S. 26.
[41] Gehlen, S. 72.

An dieser Stelle, in der teilweise bereits Dargestelltes wiederholt wird, führt Gehlen den Begriff „Gesinnung" ein. Er zielt darauf, daß in der Institution nicht nur ein Mosaik einzelner Handlungsschritte gespeichert ist, sondern ebenfalls die Einstellungen und Empfindungen, welche die Handlungen begleiten sollen. Die durch das Verhalten auszulösenden Gefühle werden von der Institution gleich mitgeliefert. Beim Erwachen am Geburtstagsmorgen besteht sofort eine Aufforderung, wie ich mich zu fühlen habe. Wenn ich die Geschenke überreicht bekomme, greift der „mitverpflichtete" Affekt der Dankbarkeit. Für die zur Feier Geladenen liegen ebenfalls emotionale Spielregeln bereit: Sie müssen heiter und fröhlich sein, denn Trübsinn wäre eine Beleidigung des Gastgebers. Bei der Verabschiedung wirkt die Sollsuggestion, daß sie Dankbarkeit empfinden müssen.

Die Gefühlsvorgaben sind ebenso wichtig wie die anderen Entscheidungsvorgaben der Institution. Auch sie dienen der Verhaltenssicherheit. Stellen Sie sich vor, Sie säßen in einem Restaurant, und eine wildfremde Person würde Sie einladen, auf ihre Kosten opulent zu tafeln. Dieser leider seltene Fall ist im Repertoire der Kultur nicht vorhanden, so daß eine auf eigenständiger Reflexion basierende „Tiefenentscheidung" nötig wird. Die nimmt einige Minuten der Handlungsunfähigkeit in Anspruch, doch, sparsam wie Sie sind, nehmen Sie die Einladung an. Die Grundsatzentscheidung ist damit gefallen und das äußere Verhalten dadurch festgelegt. Doch die Gefühle bleiben ungeregelt. Sie werden zwar brav den Kaviar löffeln, doch in Ihrem Innern werden die Einstellungen dazu zwischen Wurstigkeit und Dankbarkeit jäh wechseln. Der ganze Abend wird unter großer Peinlichkeit ablaufen, was sich dummerweise auch auf den Appetit auswirkt. Erst wenn der Spender offenbart, daß er Ihr Erbonkel aus den Staaten ist, löst sich die Spannung. Jetzt besteht Gesinnungssicherheit, d.h. Sie wissen um die Verpflichtung zur Dankbarkeit, und jetzt erst können Sie sich ganz dem Essen widmen.

Gehlen bringt noch eine weitere Leistung der Institution ins Spiel, wenn er ausführt: „Das habitualisierte Handeln ... hat ... die rein tatsächliche Wirkung, *die Sinnfrage zu suspendieren*."[42] Das mag nach Wiederholung klingen, fügt aber einen neuen Aspekt hinzu. Die Institution Geburtstag und ihre umfassenden Regelungen nehmen mir, soweit müßte inzwischen Klarheit bestehen, jede persönliche und individuelle Entscheidung ab. Dadurch stellt sich auch gar nicht die Frage nach dem Sinn oder der Bedeutung dieses Tages. Sie akzeptieren generell seine Besonderheit

---

[42] Gehlen, S. 61.

und beginnen nicht zu grübeln, worin diese speziell besteht. Deshalb werden Sie sich auch nicht des Bedeutungswandels bewußt, den diese Institution durchmachte. Die Gratulation, die Ausdruck der Anerkennung einer Leistung ist, verrät noch, wie der Tag ehemals aufgefaßt wurde. Die Institution Geburtstag, welche die Aufmerksamkeit ja auf das Älterwerden lenkt, stammt wahrscheinlich aus Perioden schneller Sterblichkeit und kurzer Lebenserwartung, in denen Anlaß bestand, sich zu jedem Lebensjahr, das man unbeschadet überstanden hatte, zu beglückwünschen. Diese ursprüngliche, eher melancholische Bedeutung paßt aber nicht mehr in unsere verkrampft optimistische Zeit, welche die längere Lebenserwartung zum Anlaß nahm, die Sterblichkeit ganz zu verdrängen. Damit die Institution zeitgemäß erhalten bleiben konnte, mußte die traditionelle Bedeutung in den Hintergrund treten. Inzwischen, da der eigentliche Zweck der Gratulation nicht mehr verstanden wird, sind die Hinweise auf die Sterblichkeit getilgt, und wenn der Geburtstag außer dem Anlaß zu feiern noch einen Sinn hat, dann den, daß jedes Individuum einmal im Jahr im Mittelpunkt steht und sich einer Besonderheit erfreut, die ihm ansonsten nicht zuteil wird. Der Sinn der Institution wurde damit ein anderer. Bestand er zu Zeiten kurzer Lebenserwartung im Triumph über den Tod, besteht er im Zeitalter demokratischer Massengesellschaften in einer Steigerung des Selbstwertgefühls des einzelnen.

Im Unterschied zu Gehlen müßte man, das zeigen die obigen Überlegungen, es so sehen, daß die Institution zwar einen Sinn hat, dieser aber nicht wahrgenommen wird. Die Eigenwertsättigung der Institution, d.h. die Suggestion, ihre Befolgung sei sinnvoll, funktioniert, ohne daß ein Sinn bewußt werden muß. Da es normal ist, Geburtstage für Ehrentage zu halten, und da alle es tun, wird uns suggeriert, daß es auch sinnvoll ist. Worin dieser Sinn besteht, bleibt dabei dunkel. Die Institution liefert selten eine explizite Definition oder Begründung des Sinns, sondern setzt das Sinnvolle einfach, so daß kein Anlaß besteht, nach einer Definition oder Begründung zu suchen. Die Sinnfrage wird durch die Pragmatik und die Handlungsaufforderung als solche suspendiert. Dieser Tatbestand ließe sich auch mit dem Begriff Lebenswirklichkeit erfassen. Institutionen wie der Geburtstag schaffen eine Lebenswirklichkeit, die man mit der Wirklichkeit selbst verwechselt. Indem die Institution mit einem Realitätsgefühl einhergeht, indem sie behauptet, das ist nun mal so, stellt sich keine Frage nach ihrem Sinn.

Unter den Stichworten „Sinn und Gesinnung" behandelt Gehlen jenen Komplex, den wir als Standardisierung des Denkens und Empfindens bezeichnet haben. Da Denken und Empfinden meistens auf Handlung zielt oder davon ausgelöst wird, hat es durchaus Berechtigung, beides unter die Standardisierung des Handelns zu subsumieren.

4. Soziabilität und Stabilität

Die Beschreibung der Wirkungsweise der Institution, so wie Gehlen sie vornimmt, könnte den Schluß nahelegen, daß sie dem Indiviuum einen bestimmten Vorteil bietet, aufgrund dessen die Entscheidung für die Verhaltensvorgabe erfolge. Zwar könnte ein solcher darin bestehen, daß die Mühen der Reflexion, der Entscheidung und Einstellung entfallen, doch es wäre falsch zu behaupten, daß der einzelne nur deshalb der Institution nachkommt. Vielmehr ist die Frage schon falsch gestellt. Genaugenommen erfolgt keine, wie es oben formuliert wurde, Entscheidung, da sie einen Bewußtseinsvorgang voraussetzen würde. Keineswegs betreibt das Individuum eine Güterabwägung, d.h. es überlegt nicht, welche Vorteile es bringen würde, den Geburtstag zu feiern. Solche Akte der Intellektualität finden gerade nicht statt, und Gehlen wird nicht müde zu betonen, daß die Institution in Art eines Automatismus Handeln und nicht Denken hervorruft; vor allem nicht jenes Denken, das ein Wissen um sie voraussetzte. Deshalb wendet sich Gehlen gegen jeden rationalen Funktionalismus, d.h. die Institution kann nicht primär durch die inhaltlichen Zwecke erklärt werden, welche sie erfüllt.[43]

Dennoch besitzt die Institution eine wichtige Funktion, die sich sowohl auf das Kollektiv bezieht als auch auf das Individuum. Institutionen sichern die Soziabilität des einzelnen und den Zusammenhalt des Ganzen. Durch die Befolgung der Verhaltensvorgabe erreicht das Einzelindividuum seine Teilhabe an der Gemeinschaft. Die Sollsuggestion wirkt auf alle, und die Mehrheit folgt ihr; wenn ich ihr auch folge, werde ich in diese Mehrheit eingeschmolzen. Insofern erfüllt die Institution „das Bedürfnis nach Soziabilität".[44] Gleichzeitig wird durch die „Reziprozität", d.h. durch die Gegenseitigkeit des institutionalisierten Verhaltens, nicht nur die Gleichheit des Handelns und Empfindens sichergestellt, sondern auch die Möglichkeit der Kommunikation darüber. Hätte jedes Individuum eine eigene Geburtstagsvorstellung, so wäre nicht nur die Teilnahme von

---

[43] vgl. Gehlen, S. 62.
[44] Gehlen, S. 45.

anderen schwierig, sondern auch der Diskurs. Der bayerische Kabarettist Gerhard Polt berichtete folgenden ungewöhnlichen Vorfall von seinem Campingurlaub in Italien: Da seien Leute auf den Campingplatz gekommen, die hätten kein einziges Mal gegrillt! Ohne es zu ahnen, veranschaulicht er damit Gehlens Einsicht: Die Familie, die sich der krebserregenden Campinginstitution Grillen verweigert, wird als nicht zur Gemeinschaft der Campingfreunde gehörend empfunden. Der richtige Campingfreund hingegen erfüllt grillend, die zerplatzten Würstchen und verkohlten Koteletts kauend, sein Verlangen nach mitmenschlicher Wärme und Aufnahme in die Gemeinschaft.

Institutionen, und darin erkennt Gehlen ihre existentielle Berechtigung, garantieren die Kohäsion und Stabilität einer Gemeinschaft. Das liegt an der beschriebenen doppelten Korrelation oder Reziprozität. Durch Gleichförmigkeit oder Standardisierung wird eine Anzahl von Individuen zu einem Kollektiv zusammengeschweißt. Indem die Mehrheit der Individuen das Kollektiv kopiert, wird dieses erst geboren. Insofern ist es jeder einzelne selbst, der die Kultur am Leben erhält, obwohl er meint, es seien die anderen. Diese Einsicht, die bei Gehlen vorbereitet, aber noch nicht ausformuliert ist, liefert einen Schlüssel zum Verständnis von Kultur, den wir noch benutzen werden.

Standardisierung und Kultur

Daß Kultur aus Gewohnheiten besteht, ist den Anthropologen seit langem geläufig, doch höchstens für primitive Völker wagten sie, damit eine Definition zu bestreiten. Entsprechend wurden auch die Ausmaße und Konsequenzen dieser Grundtatsache übersehen. Gewohnheiten oder Standardisierungen, darum ging es in den vorausgegangenen Abschnitten, bilden das Herzstück der Kultur. Standardisierungen, egal wie man sie taxonomisch zur Darstellung bringt, sind das konstitutive Element der Kollektivität. Dabei handelt es sich eigentlich um eine Binsenweisheit, die aber nur selten in ihrer Tragweite ernst genommen wird. Eine Ausnahme ist die amerikanische Soziologin Mary Douglas, die formuliert: „Nicht jede beliebige Menge zusammengewürfelter Menschen verdient es, als Gesellschaft bezeichnet zu werden; es muß schon eine gewisse Übereinstimmung im Denken und Fühlen zwischen ihnen bestehen."[45] Eine solche Überein-

---

[45] Mary Douglas, *Wie Institutionen denken* (Frankfurt am Main 1991), S. 26.

stimmung könnte auf Absprache und Solidarität beruhen, dann aber ist das Stadium kultureller Kollektivität noch nicht erreicht. Es stellt sich erst dann ein, sobald die Übereinstimmung gewohnheitsmäßig und spontan erfolgt, sobald Standardisierungen zu Traditionen wurden, die über Generationen hinweg weitergegeben werden.

Obwohl auch sie die Regelmäßigkeit von Gewohnheiten besitzen, darf man die biologischen Grundfunktionen zur Erhaltung des menschlichen Lebens wie Essen, Schlafen und sich Fortpflanzen etc. nicht dazurechnen. Nur das kann als Standardisierung gelten, was nicht der gesamten Gattung zukommt, sondern die Kollektive voneinander scheidet. Die Nahrungsaufnahme gehört nicht dazu, wohl aber die Gestaltung eines Frühstücks, wobei eine Skala von Variationen zur Verfügung steht. Damit stoßen wir erneut auf das schwer zu verkraftende Grundkriterium von Kollektivität und Kultur, nämlich Willkür. Nur durch sie eröffnet sich die Möglichkeit, verschieden zu sein. Nur weil es keine natürliche, gattungsmäßig definierte Art zu frühstücken gibt, kann die Durchführung willkürlich erfolgen, und indem die Kollektive den Freiraum der Willkür jeweils anders nutzen, ergeben sich die uns geläufigen kulturellen Differenzen.

Die Ausmaße dieser Willkür sollten die vorausgegangenen Überlegungen verdeutlichen. Standardisierungen, darauf sollten sie hinweisen, sind überall dort, wo es biologische und materielle Freiräume gibt. Ihre Wirkung ist dabei paradox. Obwohl sie willkürlich sind und ein Element menschlicher Freiheit beinhalten, schaffen sie etwas Unwillkürliches. Sie konstituieren, wie wir gesagt haben, unsere Lebenswirklichkeit, die wir aber für normal, für vorgegeben und die Realität selbst halten. Indem wir die Standardisierungen zu unserer zweiten Natur machen, gerinnen sie zu einer festen Ontologie.

Die gewählte Einteilung in Standardisierungen der Kommunikation, des Denkens, Empfindens und Handelns verstand sich keinesfalls, wie bereits eingangs erwähnt, als allein seligmachende. Andere Taxonomien müssen ergänzend hinzukommen. Gehlen beispielsweise subsumiert Denken, Empfinden und Handeln unter den Begriff Institution, wobei die ersten beiden in den Unterpunkten Sinn und Gesinnung auftauchen. Das ist angemessen, weil meistens, wie an dem Geburtstagsbeispiel ersichtlich, eine Einheit aus Denken, Empfinden und Handeln vorliegt. Diese Faktoren, deshalb wurden sie hier getrennt, kommen aber auch für sich alleine vor. Ein Erkenntnisakt, auf den keine Handlung folgt, ist nur den Standardisierungen des Denkens hörig, und ein Opernpublikum wird hauptsächlich Empfindungen verspüren, ohne sie durch Denken zu begleiten oder in Handlungen umzusetzen. Die Standardisierungen kommen also auch in Vereinzelung vor, wobei sie, für sich alleine betrachtet, auch mehr von sich preisgeben.

Denkbar und nötig wäre aber eine Taxonomie nach der Art oder den Graden der kollektiven Etabliertheit, d.h. Standardisierungen wären danach zu differenzieren, wie weit sie in der Gemeinschaft verankert sind und von ihr überwacht werden. Die unterste, am wenigsten überwachte Form wäre der bloße Brauch, etwa die Angewohnheit, vertrautere Personen mit *Tschüß*, *Servus* oder in Bayern *Pfüat di* zu verabschieden oder beim Osterfest große Feuer anzuzünden. Bei Mißachtung dieser Bräuche sind seitens der anderen keine Maßnahmen zu erwarten. Wenn ich Weihnachten keinen Tannenbaum aufstelle, werden meine Freunde das zwar merkwürdig finden, mich aber weiterhin einladen. Überwachter sind demgegenüber Institutionen, die zu den guten Manieren gerechnet werden oder als moralisch gelten. Ihre Mißachtung zieht Ächtung nach sich. Wenn ich beim Essen schmatze und schlürfe oder wenn ich meinen Hund quäle, könnte mir der Verlust von Bekanntschaften drohen. An der Spitze der Verankerungspyramide würden die gesetzlichen, d.h. durch Strafandrohung überwachten Standardisierungen stehen wie etwa das Privateigentum. Damit ist allerdings der Bereich der Kultur schon verlassen. Den gesetzlich abgesicherten Gewohnheiten eignet insofern eine andere Qualität, als sie nicht einfach heranwuchsen, sondern von der Gemeinschaft reflektiert und über ein bestimmtes Verfahren mehrheitlich akzeptiert wurden. Tischmanieren werden befolgt, ohne daß die Gemeinschaft sich ihrer groß bewußt wäre oder darüber je diskutiert hätte. Sollte die FDP aber, um sich von der CDU abzugrenzen, eines Tages beantragen, Schmatzen und Schlürfen gesetzlich zu verbieten, so würde darüber eine öffentliche Debatte entbrennen, und die Kulturgemeinschaft würde sich zum ersten Mal des Problems der Tischsitten bewußt werden und müßte dann entscheiden, ob ihre gesetzliche Verankerung sinnvoll ist. Bei diesem Beispiel bleibt das Kriterium der Willkür zwar noch gewahrt, doch es sind andere Fälle denkbar, wo es nicht zum Tragen kommt. Das Unter-Strafe-Stellen von Betrug etwa entsteht aus einer materiellen Notwendigkeit und ist insofern kein Bestandteil der Kultur. Wir sehen, wie eine solche Taxonomie neue Problemfelder eröffnet, und verstehen gleichzeitig, wieviel es auf dem Feld der Standardisierung sowohl praktisch als auch theoretisch noch zu tun gibt.

Die Frage der Eingrenzung des Bereichs Kultur, die gerade bei der Erwähnung legalisierter Institutionen aufschien, sollte allerdings, ehe wir das Thema der Standardisierung verlassen, kurz näher beleuchtet werden. Betrachten wir dazu stellvertretend die Standardisierung des Handelns. Schon seit längerem beschäftigen sich verschiedene Wissenschaftsdisziplinen mit der Frage, wie menschliche Handlungen zustande kommen. Traditionell ging man dabei vom Individuum aus, unterstellte ihm ein bestimmtes Bedürfnis und traute ihm genügend Vernunft zu, um es mit Hilfe einer zweckrationalen Handlung zu erfüllen. Nehmen wir an, eine Familie, deren Bausparverträge zuteilungsreif sind, möchte den Schritt zum Eigenheim wagen. Man schaut sich die verschiedensten Objekte an, und es vergeht viel Zeit, bis man die Immobilie findet, die allen Wünschen gerecht wird, bei der also Größe, Lage, Ausstattung und Preis in einem angemessenen Verhältnis stehen. Ein solcher Vorgang könnte auf der Grundlage eines rationalen Handlungsmodells folgendermaßen beschrieben werden. Am Anfang steht ein nachvollziehbares Bedürfnis; um es zu stillen, wird die abwägende Vernunft eingesetzt, die erst dann die Handlung auslöst, wenn die Stillung des Bedürfnisses optimal gewährleistet erscheint. „Solche Modelle", schreibt Tenbruck, „erwägen das Handeln als ein Vorausdenken, bei dem es um die richtige Wahl zwischen Alternativen geht, welche zu verschiedenen zukünftigen Situationen führen."[46] Während das Tier nur auf den Instinkt reagiert und dadurch automatisch handelt, ist bei der menschlichen Handlung, wenn sie so betrachtet wird, eine Wahlfreiheit und eine antizipierende Vernunft zwischengeschaltet.

Die Überlegungen Plessners und Gehlens rücken menschliche Handlungen in ein anderes Licht. Beginnen wir mit dem Handlungsauslöser. Daß eine Familie ein Haus bewohnen und besitzen möchte, wurde als gleichsam natürliches Bedürfnis der Handlung vorangestellt. Statt eines natürlichen könnte es auch ein rein individuelles Bedürfnis sein, wenn etwa ein Briefmarkensammler hinter einer Marke her ist, die ihm in einer Serie noch fehlt. In beiden Fällen scheint ein Ziel zu existieren, das nicht weiter begründet werden muß, da es entweder in der Menschennatur oder der Individualität aufgehoben ist. Bei der Handlung Geburtstag läßt sich jedoch kein solches Ziel entdecken. Ihn zu feiern, entspricht weder einem natürlichen Verlangen noch ist es eine individuelle Eigenart. Sicherlich wird der Geburtstag einen Sinn haben, doch dieser liegt zum einen nicht auf der Hand und ist zum anderen dem Feiernden nicht bewußt. Wenn wir vermuteten, daß der heutige Sinn des Geburtstags in einer kurzfristigen

---

[46] Friedrich H. Tenbruck, *Die kulturellen Grundlagen der Gesellschaft: Der Fall der Moderne* (Opladen 1989), S. 28.

Belebung des Selbstwertgefühls bestehen könnte, so ist das Spekulation. Aber selbst bei Gewißheit wäre es falsch zu behaupten, daß ein Individuum deshalb Geburtstag feiert, weil es seinem Selbstwertgefühl aufhelfen möchte. Kurzum: Der Grund für die Geburtstagshandlung läßt sich nicht auf ein Bedürfnis, ein Ziel oder einen Sinn zurückführen, den man realisieren möchte. Da kein Ziel vorhanden ist, zu dem eventuell verschiedene Wege führen, braucht es auch keine Vernunft, die über den besten nachdächte. Insgesamt läßt sich die Geburtstagsfeier nicht aus dem rationalen Handlungsmodell erklären. Gehlen faßt das Problem auch anders und sieht die Handlung allein aus einer Standardisierung oder kollektiven Gewohnheit entstehen. Man feiert Geburtstag, da ist ihm recht zu geben, nur deshalb, weil man es immer tat und weil alle es tun. Entsprechend läuft bei Gehlen die Handlung auch spontan und ohne große geistige Anstrengung ab.

Da Häuser gekauft und Geburtstage gefeiert werden, bedarf es zumindest zweier Handlungstypen, die, wie wir seit Max Weber wissen, idealtypisch anzusetzen sind. Der erste Typus, der rationale, erfüllt ein, wir wollen ganz allgemein sagen, materielles Bedürfnis und läuft so ab, wie oben skizziert. Der zweite hingegen, der standardisierte, hat unmittelbar nichts mit materiellen Bedürfnissen zu tun, wird vielmehr durch Gewohnheit ins Leben gerufen. Seine Genese ist willkürlich, was ja nichts anderes heißt, als daß er keinem aus der Menschennatur oder der Einmaligkeit der Individualität stammenden Zweck dient. Die Unterscheidung der Typen hört sich einfach an, bereitet bei der Anwendung aber Schwierigkeiten. Zähneputzen gehört zum Tagesritual. Es wäre jedoch ungeschickt, es als kulturelle Standardisierung zu bezeichnen. Es ist ja nicht willkürlich, sondern dient dem materiellen Zweck, die Zähne gesund zu erhalten. Insofern putzen sich alle Nationen, die über eine entwickelte Medizin verfügen, unisono die Zähne. Auf einen solchen Zweck könnte das Händeschütteln bei der Begrüßung nicht zurückgeführt werden. Es ist nicht materiell, sondern in der Tat willkürlich, was sich auch daran erkennen läßt, daß die Kulturen verschiedene Begrüßungszeremonien praktizieren. Daneben gibt es Mischformen, bei denen es letztendlich um einen materiellen Zweck geht, der aber auf verschiedenste Weise erfüllt werden kann. Daß wir mit Hilfe von Schuhen unsere Füße wärmen, wäre ein materiell motivierter Vorgang; daß diese wärmenden Schuhe aber verschieden aussehen können, eröffnet einen kulturell willkürlichen Spielraum, der seit der Entdeckung des Tennisschuhs ja immer differenzierter genutzt wird.

Gehört der Hauskauf aber ausschließlich zum rationalen Handlungstyp? Das materielle Bedürfnis, einen Schutzraum vor den Unbilden der Witterung und einen eigenen Lebensraum zu haben, war auch in der Mietwohnung erfüllt, und scheidet deshalb aus. Es könnte aber ein ökonomisches Bedürfnis, das auch zu den materiellen gehört, ausschlaggebend sein, weil ein eigenes Haus unter dem Strich billiger käme. Auch das läßt sich nicht zweifelsfrei bejahen. Selbst wenn es auf lange Sicht billiger wäre, muß man sich vor Augen halten, daß die Familie jahrelang anspart und jahrelang abzahlt und so eine lange Zeitspanne auf die Erfüllung anderer Bedürfnisse verzichten muß. Damit regt sich der Verdacht, daß doch eine kulturelle Standardisierung im Spiel sein könnte, eine Hausmentalität (*my home is my castle*) eventuell oder eine Häuslebauermentalität (Immobilien sind krisensicher), auf jeden Fall nebenbei aber ein Stück ostentativer Konsum. Auch in diesem Fall liegt eine Mischform vor, bei der sich materieller Zweck und kulturelle Herkunft überlagern.

Damit der Kulturbegriff seine Trennungsschärfe behält, sollte man ihm nur die willkürlichen Standardisierungen zuordnen. Nur das Geburtstagfeiern, aber nicht das Zähneputzen; nur das Frühstücken, aber nicht die bei ihm statthabende Ernährung im biologischen Sinne. In der Theorie und auf hoher Abstraktionsebene bereitet das keine Probleme, wohl aber in der praktischen Anwendung. Die wenigsten Beispiele sind so eindeutig wie die obigen. Meistens begegnet uns – wie beim Hauskauf – ein Knäuel aus materiellen Bedürfnissen und kultureller Steuerung. Oder die durch Standardisierung wachgerufenen Bedürfnisse, die man genau so heftig empfindet wie materielle, werden rational umgesetzt. Daß ich beim Rennen mein Letztes gebe, wäre materiell nur gerechtfertigt, wenn eine Bulldogge hinter mir her liefe. Daß man rennt, um eine Medaille zu erringen, wäre jedoch ein kulturell vorgegebenes Ziel, zu dessen Erreichung man allerdings den rationalen Handlungstyp befolgen kann.

So weit das Thema Standardisierung. Der nächste Themenkomplex schließt logisch daran an. Eine Überleitung zu ihm läßt sich schon in Anknüpfung an die beiden Handlungstypen bewerkstelligen. Aus ihnen scheinen unterschiedliche Menschenbilder zu resultieren. Der rationale Handlungstyp beschreibt einen Menschen, der seine eigenen Ziele verwirklicht, der Freiheit besitzt und dem seine Vernunft bei der Wahl der Mittel hilft. In diesen Hinsichten kann der Hauskäufer stolz auf sich sein. Der Geburtstagfeiernde aber keinesfalls! Hat er nicht ohne Vernunft oder sonstige Leistung, hat er nicht ohne jede Selbstbestimmung die andern nur nachgeäfft? Erscheint er nicht als ein Automat oder zumindest als ein

Normwesen, das austauschbar ist? Dieser Frage soll im folgenden nachgegangen werden. Wenn man Standardisierung zum Wesen der Kultur erklärt, dann ergibt sie sich gleichsam von selbst. Wenn man Kollektivität in den Vordergrund stellt, wird das Individuum zum Problem.

IV Individuum und Kollektiv

Kultur wird von Kollektiven getragen. Diese aber bestehen aus einzelnen Individuen, die insofern als die letztendlichen Träger der Kultur anzusehen sind. Trotzdem existieren Kultur und Kollektiv auch unabhängig vom Individuum, denn sie besitzen eine spezifische Eigendynamik, die sich nicht aus dem Rekurs auf das Einzelindividuum ableiten läßt. Daher muß man sich zu der Paradoxie bequemen, daß Kultur sowohl vom einzelnen abhängt als auch nicht. Wenn auf einem Tisch zufällig ein grünes Buch neben einer grünen Topfpflanze liegt und in ihm ein grüner Bleistift steckt, dann ist die Farbe dieser Gegenstände ähnlich. Die Ähnlichkeit ist aber kontingent und erschöpft sich in dieser einmaligen Situation. Das gemeinsame Grün-Sein verfügt über keinerlei Eigenleben, denn es hört sofort auf, wenn man das Buch in den Bücherschrank stellt und den Bleistift in die Federmappe steckt. Anders liegt der Fall, wenn drei Deutsche zusammenstehen und über die PS-Zahlen ihrer Autos nachdenken. Auch wenn sie bei einem Unfall ums Leben kämen, bliebe ihr präpubertäres Verhältnis zum fahrbaren Untersatz erhalten, da es längst an die mit gleicher Inbrunst rasenden Söhne weitergegeben wurde. Die Standardisierung, das erkennen wir daran, existiert zwar nur, weil Einzelindividuen sie praktizieren, doch sie geht über deren Lebensspanne hinaus. Das Verhältnis von Individuum auf der einen und Kultur bzw. Kollektiv auf der anderen Seite ist also ein dialektisches.

Wie aber überlebt die Standardisierung das Einzelindividuum? Zunächst ganz einfach durch Kommunikation und Nachahmung. Der Vater könnte dem Sohn von den Freuden des sportlichen Fahrens vorgeschwärmt haben, oder der Sohn sah die Lust in den Augen des Vaters, wenn er aufs Gaspedal trat, und fühlte sich bemüßigt, es nachzuahmen. Kommunikation und Nachahmung setzen aber einen unmittelbaren Kontakt zwischen einem Geber und einem Nehmer voraus. Darauf ist Kultur jedoch nicht angewiesen. Wie bereits erwähnt, lenken Maurice Halbwachs und Jan Assmann mit dem Begriff „kulturelles Gedächtnis" die Aufmerksamkeit auf die zeitliche Dimension. Kultur wird aufbewahrt, zunächst in den Gedächtnissen der Individuen, dann in den Gegenständen der materiellen Kultur und seit der Erfindung der Schrift vor allem in Dokumenten. Auf verschiedenste Weise durch Archive, Museen, Gedenktage etc. etabliert Kultur Traditionen, d.h. sie institutionalisiert die Erinnerung an bestimmte Ereignisse oder Personen. Durch Traditionen überwindet das Kollektiv die Zeitlichkeit, die dem einzelnen Individuum als unüberwindbare Grenze vorgegeben ist. Kommunikation und Tradition sind die konstitutiven Elemente der Kollektivität, die ihre Eigendynamik ausmachen. Zwar werden sie von den Individuen getragen, aber nicht von allen, sondern nur einer Mehrheit, so daß sich eine Minderheit ruhig verweigern kann, ohne die Kollektivität zu zerstören.

Wie aber, das soll die jetzt interessierende Frage sein, gelangt Kultur an und in das Individuum? Im Deutschen benutzen wir die Metapher, daß der einzelne von der Kultur geprägt werde. Was aber heißt das genau? Kann man die Metapher beim Wort nehmen? Wird das Individuum von der Kultur so behandelt wie die Münze vom Prägestempel, der am Ende alle Silber- und Goldstücke gleich aussehen läßt? Bei einem Vorgang der Beeinflussung, Bestimmung oder eben Prägung sind zwei extreme Pole denkbar. Entweder findet eine Determination statt, welche dem zu Prägenden keine Wahl läßt – das Erbmaterial einer Amsel macht sie immer zu einer solchen – oder ihm wird ein bloßes Angebot unterbreitet, das er wie die Werbung im Briefkasten unbeachtet lassen kann. Zugespitzt formuliert, lautet die Frage, hat Kultur Macht über das Individuum oder nicht? Oder in einer anderen Zuspitzung: Schließen sich Individualität und Standardisierung nicht aus? Wenn Kollektivität unser Leben bestimmt, welcher Raum an persönlicher Identität und Individualität steht dann überhaupt zur Verfügung? Alle diese Fragen, das ahnen wir schon, sind so wichtig wie heikel, da ihre Beantwortung das Allerheiligste jedes Menschen tangiert, die Einmaligkeit seines Ich.

Die Frage nach dem Verhältnis von Individuum und Kultur darf aber nicht das Zwischenglied des Kollektivs vergessen. Es könnte ja sein, worüber wir uns bisher noch keine Gedanken machten, daß es verschiedenartige Kollektive gibt, die das Individuum eventuell auf verschiedene Art und Weise prägen. Ist der Einfluß eines Tennisclubs auf seine Mitglieder derselbe wie der eines Nationalstaates auf seine Bürger? Dieses Problem darf nicht vergessen werden. Des weiteren könnte auch das Verhältnis der Kollektive untereinander eine Rolle spielen. Da jedes Individuum immer mehreren angehört – man ist Deutscher und Mitglied eines Tennisclubs – könnten die jeweiligen Prägungen entweder souverän nebeneinander bestehen, oder aber es könnte irgendeine gegenseitige Beeinflussung, Verstärkung oder Behinderung stattfinden. Auch darauf wäre zu achten.

Zur Annäherung an diesen umfangreichen Fragenkomplex möchte ich eine kleine Szene entwerfen, die so angelegt ist, daß sie für die gerade genannten Probleme Material bietet. In der Terminologie von Clifford Geertz ist sie so angelegt, daß sie ein „dichtes" Material bietet, d.h. es wurde versucht, die pralle Fülle der Wirklichkeit einzufangen. In ihr treten sechs äußerst verschiedene Individuen auf, die verschiedenen Kollektiven angehören. Fünf Personen sind Deutsche, die trotz deutlicher Individualität Spuren desselben Nationalcharakters zeigen; aus Gründen des Kontrasts ist die sechste Person ein Amerikaner. Trotz der didaktisch nötigen, vielleicht kabarettistisch geratenen Überzeichnung hoffe ich, daß meiner Szene ein hoher Grad an Wahrscheinlichkeit zugebilligt wird.

Intermezzo

Bitte stellen Sie sich das Clubhaus eines Tennisclubs in Passau vor, der – in Mißachtung der bayerischen Landesfarben – den Namen Rot-Weiß trägt (rot wie die Plätze und weiß wie die ehemals vorgeschriebene Tenniskleidung). Nach beendetem Spiel suchen dieses Clubhaus die Teilnehmer eines gemischten Doppels auf, zwei Damen und zwei Herren. Ich darf Sie mit meinen fiktiven Tennisspielern, Alter zwischen dreißig und vierzig Jahren, bekanntmachen: Als erste betritt eine niedergelassene Zahnärztin den Raum, eine gebürtige Schwäbin, die sich in Passau in eine Praxis einkaufte, welche sie zusammen mit ihrem Mann betreibt. Ihr folgt ein selbständiger Schreinermeister, ein echter Niederbayer und Passauer im vierten Glied, der mit einer Landsmännin aus dem benachbarten Pocking verheiratet ist und genau wie das Zahnarztehepaar zwei Kinder großzieht. Ihnen folgt ein leitender Angestellter im finanziellen Management der angeblich überparteilichen Lokalzeitung Passauer Neue Presse, zugezogen aus Köln, der diese Beschäftigung als Sprungbrett betrachtet, um bei einem Medienkonzern an die Spitze zu kommen; ihm ist es zu verdanken, daß große Teile der Lohnarbeit ins benachbarte Tschechien ausgelagert wurden. Als letzte und jüngste kommt eine Universitätsassistentin herein, Fach Romanistik, ebenfalls in Niederbayern geboren, unverheiratet und derzeit mit ihrer Habilitation beschäftigt (Thema: Metonymische Körpereinschreibungen im Text der Weiblichkeit). Während die anderen drei begeisterte Tennisspieler sind, was man schon an den teuren Schlägern und Koffern erkennt, hat sie, ohne genau sagen zu können warum, ein gespaltenes Verhältnis zu diesem Sport. Doch wegen ihrer Kreislaufprobleme wurde ihr eine Sportart mit Intervalltraining verordnet, und da bot sich nur Tennis an.

Man betritt das Clubhaus, um beim Ökonom etwas zu essen und zu trinken. Der Ökonom, der fünfte im Bunde, ist gelernter Maurer, der nach längerer Arbeitslosigkeit, die in Niederbayern überdurchschnittlich hoch ist, froh war, die Stelle des Platzwarts und Ökonoms zu bekommen. Zwar hatte er ein günstiges Angebot einer schwäbischen Baufirma, dessen Annahme aber einen Ortswechsel verlangt hätte, was er als bodenständiger Mensch ablehnt. Er nimmt noch einen Schluck aus seinem Bierglas, kommt an den Tisch und fragt: „Na, woar's a scheens Mixed?" Mit dem Singsang und unnachgiebigen Frohsinn des Rheinländers antwortet der Manager: „Et war eher en Herreneinzel mit Damenbehinderung!" Der Passauer Schreinermeister, wieder einmal durch die preußische Schnellzüngigkeit überrascht, hat Mühe, sein Lachen zu unterdrücken, während der Ökonom laut herausprustet. Die Ärztin lacht eher zurückhaltend, während die Assistentin keine Miene verzieht und mehr ernst als amüsiert „Macho!" murmelt.

Kaum daß er sitzt, nimmt der Schreinermeister das Wehklagen über seine schlechte spielerische Leistung wieder auf. Keine Rückhand sei gekommen, versichert er, und sein Netzspiel sei katastrophal gewesen wie selten. Auch die Ärztin ist mit sich unzufrieden. Bei ihr lag es an den Storrs, die einfach, wie es im Tennisjargon heißt, „nicht kamen". Beim Manager war es der Wind, der Höchstleistungen verhinderte. Die Romanistin schweigt zu allem.

Man bestellt. Der Passauer, den der Ökonom zuerst fragt, weil er im Vorstand ist, möchte Schweinswürstel mit Kraut und eine Halbe Weizen; der Manager eine Pizza und ein Spezi; die Ärztin entscheidet sich auch für die Pizza, trinkt aber eine Cola dazu; die Assistentin möchte ein stilles Mineralwasser und fragt, obwohl es nicht auf der Karte steht, nach einem kleinen Salat. Die Getränke kommen, doch das Anstoßen wird unterbrochen durch den Eintritt meiner Kontrastperson. Es ist ein amerikanischer Austauschstudent der Universität Passau, der, da er Tennis spielen möchte, von der Romanistin in den Club eingeführt wurde. Er gehört nicht nur einer anderen Kultur an, sondern auch einer anderen Generation, denn er ist deutlich jünger.

Da er so etwas von zu Hause nicht kennt, ist er stets aufs neue über die deutsche Institution Tennisclub erstaunt. Ein Club mit Clubhaus, Halle und teuren Sandplätzen, deren Boden jedes Frühjahr neu angelegt werden muß, und das, wie er auf Reisen beobachtete, in fast jedem Dorf. Vor dreißig Jahren war Tennis in Deutschland eine elitäre, exklusive und kostspielige Angelegenheit – wie heute noch Golf – die sich aber zum Volkssport wandelte, wobei jedoch ein Relikt der Exklusivität, der Club erhalten blieb. Handball spielt man im Verein, Tennis im Club. Noch erstaunter wäre unser Amerikaner, wenn er von den großzügigen Finanzspritzen wüßte, die der Club aus Landesmitteln bekam, beispielsweise für den Bau einer Halle, und immer wieder bekommt. Aus seiner Heimatstadt im Staate Massachusetts kennt er den Country Club, in dem es unter anderem auch zwei Tennisplätze gibt, die aber nur von wenigen und eher selten benutzt werden. Die Mehrheit trifft sich hier aus Gründen der Geselligkeit, denn der Country Club ist eine soziale und keine sportliche Einrichtung, der man beitritt, um seine Zugehörigkeit zur Oberschicht kenntlich zu machen. Natürlich bekommt dieser Club keinen Cent aus öffentlichen Mitteln.

Die Romanistin bittet den Studenten an den Tisch. Man fragt ihn höflich, wie es ihm denn gehe, was er äußerst undeutsch mit „großartig" beantwortet und dabei strahlt, als hätte er im Lotto gewonnen. Unsere vier Deutschen hatten sich vor dem Spiel auch mit der Frage nach dem Befinden begrüßt, doch ihre Antworten waren weniger enthusiastisch: Kann nicht klagen; so lala; dauernd Ärger im Geschäft; viel Arbeit. Die strahlende Antwort des Amerikaners löst bei den Deutschen Befremden aus. Menschen, die glücklich scheinen, stehen bei ihnen im Verdacht der Oberflächlichkeit.

Unser Amerikaner, dem man zu Hause in Abwandlung eines Sprichworts riet, *do in Bavaria as the Bavarians do*, bestellt sich eine Maß Bier. Während der Unterhaltung redet er alle mit Sie an, wie er es im Deutschunterricht lernte. Inzwischen kann er, jedenfalls wenn er sich konzentriert, die Sie- und Du-Situationen einigermaßen auseinanderhalten, doch da er diese Zweiteilung der Welt emotional nicht nachvollziehen kann, fühlt er sich nie sicher. Das ihm aus seiner Kultur vertraute Schema der Anrede mit Vor- oder Nachnamen läßt sich auf das deutsche Siezen und Duzen nicht übertragen, da Amerikaner schneller zum Vornamen übergehen. Auf dem College ist es meistens selbstverständlich, daß sich Student und Professor mit Vornamen anreden. Daß das in Deutschland anders ist, hat unser Student durch die hochgezogene Augenbraue eines Lehrstuhlinhabers bereits schmerzlich erfahren. Er glaubt aber immer noch, daß sich ansonsten alle Uni-Angehörigen duzen und mit Vornamen anreden. Diese Weisheit stammt von seinem amerikanischen Deutschlehrer, der um 1970 in Berlin studierte, wo das damals in der Tat üblich war.

In Anwendung dieser inzwischen nicht mehr geltenden Regel duzt unser Student die Romanistin, die es gegen ihr deutsches Naturell toleriert und den Amerikaner tapfer zurückduzt.

Es ist der Montag nach der Stadtratswahl, deren Ergebnisse am Morgen in der Zeitung standen, und deshalb landet die Unterhaltung bei diesem Thema. Der Handwerksmeister eröffnet es mit der Frage, die der besseren Lesbarkeit wegen dialektbereinigt wiedergegeben wird: „Habt Ihr auch Eure staatsbürgerlichen Pflichten erfüllt?" Die anderen nicken, nur der Amerikaner versteht nicht, wovon die Rede ist. Als man ihn aufklärt, schüttelt er den Kopf. Zur Wahl zu gehen, sei doch wohl keine Pflicht, sondern ein Recht, das man sich vor langer Zeit gegen einen autoritären Staat erkämpft habe. Die Deutschen winden sich. Die Romanistin muß den Einwand gutheißen, doch der bayerische Handwerksmeister beharrt: Es sei die Pflicht eines jeden Demokraten. Der Amerikaner fragt nach der Höhe der Wahlbeteiligung und ist über die genannte Zahl von über 70% erstaunt. In den Staaten, wo öfter gewählt wird, ist man froh, wenn 50% erreicht werden. Während unser Student weiter darüber nachdenkt, kommt ihm eine Idee: Vielleicht sind es die letzten Zuckungen der deutschen Untertanenmentalität, die, indem sie den Urnengang zur Pflicht erklärt, der Demokratie paradoxerweise in die Hände spielt und ihr zu hohen Wahlbeteiligungen verhilft.

Obwohl keiner es offen ausspricht, merkt man bei der Diskussion, welcher Partei die Akteure ihre Stimme gaben. Der Passauer beklagt die Verluste der CSU und fürchtet wirtschaftlichen und moralischen Niedergang; die Zahnärztin bedauert das schlechte Abschneiden der FDP, denn – was sie nicht laut sagt – sie fürchtet aufgrund der Gesundheitsreform finanzielle Einbußen. In ihrem Selbstverständnis sind allerdings Brüche zu erkennen. Einerseits ist sie streng für die Marktwirtschaft, möglichst ohne soziales Netz – worüber sie sich gut mit dem Amerikaner verständigen könnte – andererseits lebt sie blendend von der deutschen Sozialeinrichtung Krankenversicherung. Das ist der eine Konflikt, zu dem noch ein weiterer hinzukommt. Zum einen zählt sie zu den Spitzenverdienern und will natürlich ihren Besitzstand wahren, zum anderen gewinnt sie ihre Identität aus einem Berufsstand, dessen Ethos materielle Erwägungen ausschließt.

Die Assistentin merkt keck an, gerade eine so schöne Stadt wie Passau brauche die Grünen, worauf die anderen lieber nichts erwidern. Auch die Romanistin hat ihre Konflikte, nicht nur was die Ausübung des Tennissports betrifft. Mülltrennung und Müllvermeidung sind ihre Leidenschaft;

gleichzeitig aber besitzt sie zwei Rassekatzen, deren Futter nur in Konservendosen erhältlich ist, die noch nicht einmal einen grünen Punkt tragen. Briefe an Whiskas, ob man nicht Gläser nehmen könnte, blieben ohne Antwort.

Während der Unterhaltung über die Wahl schwieg der Manager eisern. Er, der Katholik und studierte Betriebswirt aus Köln, der bei einer CSU nahen Zeitung beschäftigt ist, wählte SPD, was er nicht einmal seiner Frau gestand. Er tat es keinesfalls aus ideologischen, sondern, wie er selbst sagt, aus „atmosphärischen" Gründen. Er, der sich für einen Rationalisten hält und dem Effizienz über alles geht, kann diesen schwammigen, salbadernden Helmut Kohl, der jeden, der nicht aufpaßt, zum Freund erklärt, nicht ausstehen. Diese Antipathie empfindet übrigens auch die Romanistin, womit aber die Gemeinsamkeit zwischen ihr und dem Manager auch schon erschöpft ist. Die mittelblauen Anzüge des Kanzlers und seine Vorliebe für Saumagen entsetzen den Kölner, der sich geschmackvoll und modisch kleidet, der selbst kocht und seine Reisen nach dem Guide Michelin plant. Zwar ahnte er, daß sein Wahlverhalten eher irrational war – bei der bayerischen Kommunalwahl stand die CDU gar nicht auf der Liste – aber in der Kabine kam es plötzlich über ihn.

Aufgrund einer Brandstiftung in einem türkischen Restaurant kommt man auf diese Problematik zu sprechen, obwohl der Passauer es mit dem Ausruf stoppen will: „Nicht schon wieder das Thema Ausländer!" Einhellig wird der Brandanschlag verurteilt, wobei der Ökonom allerdings anmerkt, ihm reichten die vielen Polen und Tschechen, die nur über die Grenze kämen, um in den Geschäften zu stehlen. Und überhaupt, Deutschland hätte nicht mehr genug Arbeitsplätze, und deshalb brauche man keine Ausländer! Der Amerikaner ist verwirrt, obwohl er, da die Diskussion deutlich heftiger wurde, genau zuhörte. Ob mit der Parole Ausländer raus, die er an einer Wand gesehen hatte, Franzosen gemeint seien, die in Deutschland arbeiten wollten, oder vielleicht Italiener, fragt er. Das wird von der Runde verneint. Sogar der Ökonom gibt zu, er würde gern italienisch essen. Also, fragt der Amerikaner weiter, meine das Wort Ausländer wohl andere Rassen wie Schwarze, Asiaten etc.? Die Deutschen schütteln den Kopf. Der Anschlag, erklärt die Romanistin, hätte einer türkischen Familie gegolten, und Türken wären ja Weiße und sogar Europäer mit Nato-Mitgliedschaft.

Von zu Hause kennt der amerikanische Student eine solche Diskussion nicht. Obwohl man ähnliche Probleme hat, werden sie in anderen Vorstellungen diskutiert. Der Vater unseres Studenten betreibt eine KFZ-

Werkstätte, für die er am liebsten Vietnamesen oder Koreaner einstellt, die als strebsam gelten, nicht aber Schwarze, deren Leumund nicht der beste ist. Wie jeder Amerikaner weiß auch der Vater, daß die USA ein Einwanderungsland sind, das einerseits billige Arbeitskräfte braucht, andererseits aber nicht allzu viele verkraften kann. Daher die Quoten, die niemand für ehrenrührig hält. Das bunte Völkergemisch in den Großstädten mit ihren Chinesen-, Italiener- und sonstigen Vierteln sind jedem selbstverständlich und brächten niemanden auf die Idee, eine „Überfremdung" zu befürchten. Ein solcher Begriff existiert auch deshalb nicht, weil sich Amerika nie als ethnische Einheit verstand. Was man diskutiert, ist die Rassenproblematik. Durch den Begriff Rasse aber steht die Hautfarbe im Mittelpunkt, und das soziale Gefälle, welches vielleicht der Kern des Ganzen ist, kommt nicht in den Blick. Ein Ausländerproblem aber gibt es nicht. Die in Deutschland mit dem Wort Ausländer verbundenen Konnotationen besitzt das Wort *foreigner* nicht. Die Vorstellungen der beiden Sprachen, das wäre ein weiterer Beweis für die Richtigkeit der Annahmen Saussures, sind hier verschieden.

Der Student versteht, daß Deutschland in der sogenannten Ausländerfrage eine zutiefst gespaltene Nation ist. Schuld daran, erklärt die Romanistin, sei der Nationalsozialismus mit seiner Verklärung deutschen Wesens. Wenn man die Ausländerfrage diskutiere, benutze man weiterhin den alten, auf die Alternative deutsch oder nicht-deutsch zugeschnittenen Diskurs, der eigentlich nicht mehr passe. Inzwischen gehe es um das Wohlstandsgefälle und um Arbeitsplätze. Ein gut angezogener Engländer oder Schwede würde nie angepöbelt, wohl aber Armut verratende Türken und Vietnamesen. Immer wenn dieses Thema aufkomme, bemerkt die Romanistin abschließend, würde sie sich ihrer Nationalität schämen.

Der Ökonom, der das Essen bringt, unterbricht das Gespräch. Nachdem der Schreiner, der, um seinem Ordnungssinn zu genügen, zunächst Besteck und Geschirr anders anordnete, in die Semmel gebissen hat, hebt er zu einer Philippika gegen die Qualität dieses Backwerks an. Die seien wie Gummi, krümelten nicht mehr und schmeckten nach nichts. Nur weil die Bäcker zu faul seien, früh aufzustehen und nach alter Tradition mit der Hand zu arbeiten. Die Pizza, meint der Manager, sei auch wie Gummi, kein Vergleich zu den echten handgekneteten in Italien. Damit kommt man auf die Sommerferien zu sprechen. Wie jedes Jahr wanderte die Schwäbin mit ihrer Familie eine Woche lang über die schwäbische Alb und ertrug dabei wie ebenfalls jedes Jahr den Protest der Kinder. Der Schreinermeister fuhr wie die Mehrheit der Passauer wieder einmal nach

Bibione, ins nahe Italien, wo er sich inzwischen genauso gut auskennt und genauso schnell Bekannte trifft wie in seiner Heimatstadt; wo er diesmal sogar ein Restaurant fand, das frische Krapfen servierte, allerdings keine ausgezogenen. Der Kölner war im mondänen Kampen auf Sylt; die Romanistin mit Rucksack bei Freunden in Portugal. Der Ökonom, der erst im November frei bekommt, hofft auf eine *last minute* Buchung möglichst nach Ibiza. Diese Unterhaltung wird durch eine zottige Gestalt unterbrochen, die nach dem Gelände des Open-Air-Festivals fragt. Das bringt das Gespräch auf diese umstrittene Passauer Einrichtung, zu der Rockfans aus ganz Deutschland pilgern. Der Amerikaner findet das toll und normal, ahnt aber, daß er bei seinen älteren Gesprächspartnern keine Zustimmung findet. Und in der Tat: Der korrekte Schreinermeister, der seine Werkstatt mit Überzeugung sauber und ordentlich hält, erregt sich über das Geplärre und die dreckigen Gestalten so sehr, daß ihm der Kölner beruhigend auf die Schulter klopft. Dessen besänftigende Lebensweisheit, „jede Jeck is anders", hilft dem Bayern aber schon deshalb nicht, weil er mit diesem rheinischen Karnevalsidiom nicht vertraut ist.

Wir könnten unsere Szene endlos fortsetzen und viele Themen mit unseren fünf Deutschen durchgehen, ohne je die große Übereinstimmung zu finden. Aber gut, lassen wir sie nach Hause gehen. Sie bitten den Ökonomen um die Rechnung; Schreiner, Manager, Ärztin und Romanistin kontrollieren sie genau. Die Herren geben ein hohes Trinkgeld; das der Schwäbin fällt etwas kleiner aus; die Assistentin gibt kein Trinkgeld. Sie ist der Auffassung, Ober und Wirte würden genug verdienen; daher verweigert sie den zusätzlichen Obolus und spendet statt dessen für Notleidende. Der Amerikaner kontrolliert als einziger die Rechnung nicht.

Dann gehen sie zum Duschen und ziehen wieder ihre Zivilkleidung an. So ähnlich sie im Tennisdress aussahen, so unähnlich sind sie jetzt. Was der Amerikaner an Textilien erblickt, bestätigt wieder einmal seine Beobachtung, daß die Deutschen kleidungsbewußter sind als seine Landsleute. Die Ärztin trägt ein Chanelkostüm mit weißer Rüschenbluse; der Manager Armani-Jeans, ein schwarzes Viskose-Jackett mit weißem Leinenhemd; der Handwerker Kordhose, rotweiß-kariertes Hemd und blaßgrünen Janker; die Assistentin Birkenstocksandalen in Lila, schwarze Pumphosen, T-Shirt mit Aufschrift *amnesty international* und von ihrer Schulter baumelt ein Dritte-Welt-Täschchen. So schreiten sie zu ihren Autos; zum Opel Kombi in Rot, den der Handwerksmeister besteigt; zum metallic grünen Mercedes der Zahnärztin und zum schwarzen BMW des

Managers. Alle drei sind Neuwagen, haben Alufelgen und leisten über 150 PS. Die Assistentin besteigt einen handbemalten, verbeulten Toyota, der neben dem aufgemotzten Opel Manta des Ökonomen parkt.

Die Prägung des Individuums durch die Kultur

So weit mein Beispiel, das, wie ich hoffe, Dichte und Deutlichkeit mit Wahrscheinlichkeit verknüpfte. Wenn ja, dann müßte es genauso aussagekräftig sein wie das *sample* einer empirischen Untersuchung. Sechs Individuen traten auf, die, wie aus ihren Meinungskundgaben, ihren Verhaltensweisen und ihrer Selbstpräsentation ersichtlich, verschiedenen Kollektiven angehörten und durch sie geprägt waren. Beginnen wir mit dem einfachsten Fall. Vier meiner Akteure waren Mitglieder eines Tennisclubs. Da er Standardisierungen bereithält, die in der Vorliebe für den Tennissport zentriert sind, kann ihm durchaus Kultur zugestanden werden. Sie gibt sich schon in den Konversationsthemen zu erkennen, die da sind Schlägerqualität, Wetterabhängigkeit, Platzzustand, der neue Trainer und insbesondere die eigenen Siege. Eine weitere, äußerst interessante Standardisierung kam in unserer Szene vor. Es ist in Tenniskreisen üblich, die eigene Spielstärke nicht an der Normalform, sondern an der einmal im Jahr vorkommenden Höchstleistung zu messen, so daß man meistens mit den eigenen Künsten unzufrieden ist. Wenn man über das Versagen spricht, wird es jedoch entpersönlicht. Man formuliert nicht, ich war schlecht, sondern greift zu der Verdinglichung, die Rückhand kam heute nicht. So minimal diese Denkgewohnheit scheint, erfüllt sie doch alle Voraussetzungen einer Standardisierung und konstituiert sogar Wirklichkeit: Aufgrund seines Jammerns wird der mit sich Unzufriedene noch schlechter spielen.

Bei jedem meiner Akteure war der Eintritt in den Club ein freiwilliger Akt, der jederzeit hätte rückgängig gemacht werden können. Um den Begriff des freiwilligen Aktes gleich zu differenzieren. Die Romanistin trat aus einer medizinischen Indikation ein, und der Schreinermeister wurde von seinem Vater angemeldet, obwohl der damals Zehnjährige keinerlei Verhältnis zum Tennissport hatte. In beiden Fällen kann man jedoch insofern von Freiwilligkeit ausgehen, als, wenn auch nach langem Zögern, die Romanistin schließlich doch den Entschluß selbständig und ohne jeden Zwang faßte und der älter gewordene Sohn die Bevormundung des Vaters im nachhinein dadurch billigte, daß Tennis zu seiner Hauptfreizeitbeschäftigung aufrückte. Der Eintritt in den Club und die Ausübung des Sports bedeuten allerdings noch keine Prägung, wie an der Romanistin auffiel, die sich dem Tennisdiskurs verweigerte. Demgegenüber zeigte der Schreinermeister, der alle Turniere mitspielt und im Vorstand mitarbeitet, eine weitgehende Übernahme der Denk- und Verhaltensmuster, die einen nicht geringen Teil seiner persönlichen Identität ausmachen. Die Aufnahme in ein Kollektiv verpflichtet nicht zur Übernahme des gesamten Standardisierungsrepertoires, vielmehr besteht die Wahlmöglichkeit fort, einige Gewohnheiten zu übernehmen und andere nicht. Das Kriterium der Freiwilligkeit ist somit stets gewahrt: Der Beitritt erfolgt freiwillig, und Prägung findet erst dann statt, wenn sich das Individuum mit den kollektiven Vorgaben identifiziert. Wieviele es davon übernimmt, bleibt ebenfalls seine Sache. Außerdem kann es zu jeder Zeit seine Entschlüsse revidieren, kann aus dem Club austreten, seinen Schläger verbrennen und alle Tennisspieler zu Idioten erklären.

Das Prinzip unmittelbarer Freiwilligkeit gilt für viele Kollektive und Kollektivarten wie den Beruf, die politische Ausrichtung und den *lifestyle*. Dabei fällt auf, daß die Individuen meistens Kollektive wählen, die zueinander passen. Die Schwäbin war von Beruf Zahnärztin, sympathisierte mit der FDP und kleidete sich gehoben konservativ. Wahrscheinlich erzieht sie ihre Kinder und gestaltet ihren Garten auf eine Art und Weise, die der Romanistin nicht behagen würde. Die Strafpredigt des Schreinermeisters über die gummiartigen Brötchen und seine Ordnungliebe verrieten seine Handwerkermentalität, die, wie auch an der traditionellen und funktionellen Kleidung sichtbar, sein gesamtes Weltbild bestimmt. Auch diese Überlegungen deuten auf Freiwilligkeit. Das Individuum nähert sich solchen Gruppierungen an, die seiner individuellen Identität entsprechen.

Darüber hinaus besitzt das Prinzip der Freiwilligkeit noch einen weiteren Aspekt. Ein junger Mann könnte das Schreinerhandwerk erlernen, um erst, wenn es sozusagen zu spät ist, herauszufinden, daß er sich in diesem Beruf nicht wohlfühlt. Weil ihm aber der Mut zum Neuanfang fehlt, bleibt er dabei und verrichtet zufriedenstellende Arbeit, ohne allerdings sein Privatleben den Handwerks-Standardisierungen zu öffnen. Den Tag über könnte der Schreiner wider Willen mechanisch seine Pflicht tun, um erst nach Feierabend vielleicht bei dem Hobby Gesellschaftstanz seiner Identität zu frönen. Ein solches Doppelleben ist überall möglich, selbst bei politischen Gruppierungen, obwohl deren weltanschauliche und damit umfassende Ausrichtung dies auszuschließen scheint. Es bleiben

Politiker vorstellbar, und es gibt auch solche, die ihre Partei, der sie ideologisch entfremdet sind, nicht verlassen, nur weil sie mit einem Listenplatz rechnen können. Freiwilligkeit bleibt also auch *post festum* noch gewährleistet. Andersherum besteht ebenfalls die Möglichkeit, Prägungen nur zu heucheln und Standardisierungen ohne innere Anteilnahme zu obliegen, weil man sich davon Vorteile verspricht. Solche Verhaltensweisen gelten zwar nicht als vorbildlich, zeigen für unsere Fragestellung aber, daß Kultur nicht auf Zwang basiert, sondern auf Freiheit und daß selbst bei äußerem Zwang eine innere Freiheit fortbesteht.

Was das Verhältnis der einzelnen Kollektivarten zueinander betrifft, so zeigte die Tennisclubszene, daß sie, wie bereits angedeutet, meistens miteinander korrelieren und sich gegenseitig unterstützen. Der mittelständische Schreiner wählte eine konservativ mittelständische Partei und pflegt einen *lifestyle* (Tennis, Urlaubsverhalten), der damit übereinstimmt. Auch bei der Romanistin paßt alles zusammen, der intellektuelle Beruf, die geisteswissenschaftliche Fachrichtung, die politische Überzeugung, das Essen, das sie bestellte, und ihr Urlaubs- und sonstiges Verhalten. Dem Zueinander-Passen steht aber der Manager entgegen, der einerseits Katholik ist, andererseits aber unsentimental an die Marktwirtschaft glaubt und diesen Widerspruch mit einem *lifestyle* verschlimmert, der eher zu Werbefachleuten oder sonstigen Pseudokünstlern gehört. Seine Gruppenzugehörigkeiten, das zeigte bereits sein Wahlverhalten, konterkarieren einander. Auch das läßt sich als Moment der Freiheit deuten. Bei der Wahl der Kollektive ist der einzelne auch dahingehend frei, daß er wahnwitzige Kombinationen vornehmen und die kulturelle Logik durchkreuzen kann.

Die Akteure der Szene im Clubhaus waren nach Bildungsgruppen aufgeteilt (Ökonom und Schreiner versus Akademiker), die eine weitere Kollektivart ausmachen. Bei ihr erscheint das Prinzip der Freiwilligkeit allerdings problematisch. Der Ökonom kam als Sohn eines selbständigen Landwirts zur Welt und wurde nie gefragt, auf welche Schule er wollte. Das auch räumlich weit entfernte Gymnasium lag außerhalb des Horizonts der Eltern, so daß sich keine Alternative auftat. Genau wie es andersherum für den Vater der Romanistin, einen Studienrat, selbstverständlich war, seine Tochter aufs Gymnasium zu schicken. Die Bildungsgruppierung korreliert meist mit der größer angesetzten Kollektivart der sozialen Schicht, für welche die behauptete Freiwilligkeit noch fragwürdiger erscheint. Äußerst unfreiwillig wird man in diese hineingeboren, und meistens fungiert sie als identitätsbildendes Schicksal, obwohl ein Wechsel der Schicht, ein Auf- oder Abstieg, zu jeder Zeit möglich bleibt. Obwohl dieser seltene Wechsel ein Element der Freiwilligkeit besitzt, läßt sich für den Normalfall dieses Kriterium wohl nicht aufrechterhalten.

Des weiteren enthielt meine Szene Geschlechter und Generationen, die ebenfalls als Kollektivarten mit spezieller Kultur angesehen werden müssen. Die Geschlechterkultur wäre sofort erkennbar, wenn wir die Frauen nach Hause geschickt und die Männer unter Alkohol gesetzt hätten. Daß auch Generationen, die man durch die Hinzunahme eines Kindes und eines Rentners hätte weiter unterteilen können, ihre eigenen Standardisierungen besitzen, wurde mit der Erwähnung der Rockmusik angedeutet. Gerade in diesem Bereich ist der Unterschied mit Händen zu greifen: Oma hört Wiener Walzer, der Fünfzigjährige Dixieland, der Vierzigjährige die Beatles, die Twens hören *heavy metal* und die Jüngeren *rap songs* oder noch Aktuelleres, was den älteren Generationen aber auf jeden Fall dumpf vorkäme.

Bei den Geschlechtern und Generationen liegt ein weiterer Einwand nahe, nämlich der, daß sie Gruppierungen der Biologie seien. Sicherlich sind über alle Landes- und Kulturgrenzen hinweg die Geschlechter und Generationen allgegenwärtig anzutreffen, doch in ihrem Sosein, das sich aus der jeweiligen Kultur ergibt, sind sie unterschiedlich. Jede Zeit und jede Kultur besitzt stets wechselnde Normen der Geschlechter- wie Generationsrollen. Früher mußte die Jungfrau züchtig die Augen niederschlagen; heute wird sie vom Fernsehen öffentlich rechtlich aufgefordert, in ihrer Handtasche Kondome mitzuführen. Zu Zeiten der antiautoritären Erziehung galt ein Achtjähriger nur dann als gesund, wenn er pro Tag mindestens zweimal etwas kaputt machte. Zwar bleiben bei diesen Gruppierungen einige wenige Grundvoraussetzungen konstant (der junge Mensch ist stets der Lernende, der von den Erwachsenen abhängig ist; die Frau muß stets die Kinder austragen), doch nach dem im zweiten Kapitel entwickelten Modell müßten sie als Material angesehen werden, welches die Kultur formt. Daß der Jugendliche, weil er abhängig ist, zur Provokation neigt, gilt übergreifend und uneingeschränkt; doch während sie sich in einem liberalen Milieu nach außen kehrt, und das auf unterschiedlichste Art und Weise, kann sie in autoritärer Umgebung unsichtbar bleiben. Für unsere Fragestellung heißt das, wenn Geschlecht und Generation kulturelle Kollektive bilden, ist für sie das Gleiche zu sagen wie für die soziale Schicht: Man wird äußerst unfreiwillig und ungefragt in sie hineingestoßen.

Meine Szene spielte in Deutschland, und insofern war die Großformation oder das Superkollektiv der Nationalität ein besonderer Gesichtspunkt. Durch das Auftreten eines Amerikaners gewann sie weitere

Konturen. Da Kultur meistens an erster Stelle auf Nation oder Volk bezogen wird, wollen wir dieser besonderen Kollektivart ein eigenes Kapitel widmen. An dieser Stelle mag der Hinweis genügen, daß auch im Fall der Nation, die ja ebenfalls vom Zufall der Geburt abhängt, die bisher behauptete Freiwilligkeit problematisch erscheint.

Damit stehen wir vor der Frage, ob für die Kollektivarten soziale Schicht, Geschlecht, Generation und Nation das Prinzip der Freiwilligkeit überhaupt gilt. Die Geburt des Menschen, an dieser Einsicht kommt keiner vorbei, ist ein kraß determinierender Akt. Das Geschlecht steht fest, ebenso die Nationalität, und sie oder er kommt in einem Elternhaus zur Welt, wie wir im Deutschen sagen, das in der Tat die Welt ausmacht. Für den neuen Erdenbürger definieren dieses Elternhaus und seine nähere Umgebung die selbstverständliche weltumspannende Normalität. Obwohl sie wie eine Notwendigkeit daherkommt, setzt sie sich aus kontingenten Willkürlichkeiten zusammen, aus der Nationalität, der Sprache, dem sozialen Milieu, dem beruflichen Umfeld der Familie, ihren persönlichen Erfahrungen und Lebensgrundsätzen. Die Welt, die der junge Mensch betritt, ist vorgedeutet und vorstrukturiert, einerseits durch die Individualität der Eltern, andererseits durch die Standardisierungen verschiedener Kollektive, die im Elternhaus gelten. Auch außerhalb der Familie wird der junge Mensch durch kulturspezifische Institutionen geformt, insbesondere durch die Schule, die es gezielt tut. Die Schule ist dabei Teil des nationalen Schulsystems und konstituiert ebenfalls Lebenswirklichkeit. Wenn man arm in den USA geboren wurde, steht felsenfest, daß man eine *public school* besuchen wird, in der die Wissensvermittlung schlechter ist als in einer deutschen Schule. In und außerhalb der Schule lernt der junge Mensch die kulturellen Zeichen kennen, dringt vor allem tiefer in die Nationalsprache ein und macht sich die darin gespeicherten Wirklichkeitsdeutungen zu eigen. Bald spricht er nicht nur fließend deutsch oder englisch, sondern denkt auch so. Als Engländer wird er die Vorstellung *box* in der Realität erkennen, nicht aber die Vorstellung Schrank. Die ausgebreitete Evidenz ist erdrückend und die aus ihr zu ziehende Schlußfolgerung scheint unausweichlich: Die erste, frühe und tiefgehende Prägung, die der junge Mensch erfährt, vollzieht sich eher als unfreiwillige Determination.

Das Wort Determination, das eine Manipulation gegen den Willen und vielleicht zum Nachteil des Betroffenen konnotiert, setzt aber den falschen Akzent. Es beschreibt weder die Situation des gerade geborenen Kindes angemessen noch die des zur Reife gelangten Erwachsenen. Das

Neugeborene ist ja, wie John Locke schon im 17. Jahrhundert betonte, nur ein leeres, unbeschriebenes Blatt, d.h. eine Identität besitzt es noch nicht.[1] Über das körperliche Wohlbefinden hinaus, wofür die Triebe sorgen, regt sich weder ein Wille noch artikulieren sich Wünsche. Aufgrund dieser inneren Leere wäre das greinende Baby in den Windeln gar nicht in der Lage zu entscheiden, ob es Franzose oder Portugiese werden wollte; ob es arme oder reiche Eltern bevorzugen würde. Deshalb, weil der junge Mensch zur Wahl und Entscheidung noch nicht fähig ist, muß es wohl so sein, daß der Zufall der Geburt ihm Weichen stellt. Dies geschieht mit erheblichen, allerdings keineswegs unabänderlichen Konsequenzen.

Die im Normalfall vom Elternhaus abhängige, ihrer Natur nach determinierende Formung verschafft dem Individuum seine erste Identität. Sie beinhaltet Vorlieben, Wünsche, Bedürfnisse und Meinungen, die in verschiedenen Wirklichkeitsdeutungen zentriert sind. Erst in diesem Moment eines langsam Form annehmenden Ichs ist der Mensch befähigt zu beurteilen, zu wählen und selbständig zu entscheiden. Wir stehen damit vor einer scheinbaren Paradoxie. In dem Maße, wie die Sozialisation, d.h. der determinierende Effekt der kontingenten Lebenswirklichkeit, erfolgreich ist, vergrößert sich der Spielraum der Individualität. Oder pointierter: Das Individuum gewinnt Freiheit durch kulturelle Determination. Durch sie erreicht der Jugendliche jenes Stadium, das man als Reife bezeichnet und das den Anfang einer zweiten, diesmal selbst geschaffenen und freiwilligen Identität markiert. Dieses Stadium ist dann erreicht, wenn das Individuum zu den eingeübten Standardisierungen und internalisierten Wirklichkeitsdeutungen eine innere Einstellung gewinnt. Der Schreinermeister wurde von seinem Vater mit Determinationsnachdruck an den Tennissport herangeführt, zu dem der Sohn zunächst kein Verhältnis hatte. Es entwickelte sich jedoch nach einiger Zeit und hätte als Zu- oder Abneigung oder als Gleichgültigkeit ausfallen können. Wenn eine solche innere Einstellung erreicht ist, beginnt der Sohn entweder so lange zu nörgeln, bis die Eltern ihn abmelden, oder aber er nervt sie, daß er eine bessere Ausrüstung braucht. Jetzt, nachdem die Einstellung verfestigt ist, bringt er seine Identität ein, die den determinierenden Zufall korrigiert oder gutheißt. Die Determination wird entweder revidiert oder in einer

---

[1] Zum Begriff der Identität vgl. Aleida Assmann, „Zum Problem der Identität aus kulturwissenschaftlicher Sicht", in: Rolf Lindner, hg., *Die Wiederkehr des Regionalen: Über neue Formen kultureller Identität* (Frankfurt am Main/New York 1994), S. 13-35.

freiwilligen Annahme aufgehoben. Wahrscheinlich, das ist jedoch ein Nebenaspekt, wird die Annahme häufiger vorkommen als die Revision, denn es ist zu vermuten, daß die zeitlich zuerst erfolgende Prägung öfter die Priorität behält, als daß sie umgestoßen wird. Sollte das so sein, widerlegt es aber nicht das Prinzip der Freiwilligkeit.

Für das Stadium der Reife ist es nie zu spät, denn die Möglichkeit der Einstellung zu einer Sache, selbst wenn sie ein Teil des Ichs geworden ist, besteht unbegrenzt fort. Kein Deutscher wurde bei seiner Geburt gefragt, ob er Deutscher werden und die deutsche Sprache lernen wollte. Das impliziert jedoch keine endgültige Entmündigung, da er, sobald er mit Hilfe der deutschen Sprache eine Identität und ein Weltbild entwickelte, zu seinem unfreiwilligen Deutschtum Position beziehen kann. Wenn er sich – vielleicht durch den Geschichtsunterricht oder einen Auslandsaufenthalt – seiner Nationalität bewußt wird, kann er sie achselzuckend hinnehmen, ablehnen oder stolz darauf sein. Er kann zum überzeugten Patrioten mutieren oder die deutsche Geschichte als eine Kette von Unmenschlichkeiten von sich weisen, kann sich allen nationalen Eigenheiten einschließlich der Bundesliga entziehen und sich bewußt anders verhalten. Trotz seiner Geburt in diesem Land kann er die innere oder äußere Emigration antreten; kann auswandern und eine andere Staatsbürgerschaft annehmen, kann, was am schwersten sein wird, versuchen, seine Sprache zu verlernen. Dabei ist es egal, wann der Moment des Bewußtwerdens eintritt, ob im Alter von fünfzehn Jahren oder mit dreiundsiebzig.

Die bisherigen Überlegungen grenzten zwei Prägungsarten gegeneinander ab. Die erste erfolgt zunächst unfreiwillig, doch eine Entscheidung für oder gegen sie wird später nachgeholt. Demgegenüber ruht die zweite Art von Anfang an auf einer unmanipulierten Willensbekundung. Es kommt aber noch ein weiterer Unterschied hinzu, der nämlich, daß diese zweite Prägungsart dem Betroffenen bewußt ist, während die erste oft gar nicht wahrgenommen wird. Beide Prägungsarten bilden die Identität oder den Charakter des Individuums, doch sein Selbstverständnis, seine Wunschidentität zieht meistens nur das bewußt Gewählte heran. Was das Individuum zu sein glaubt oder zu sein hofft, rechtfertigt es hauptsächlich aus willentlich erfolgter Weichenstellung. Im Selbstverständnis der Ärztin nimmt der Arztberuf eine herausragende Stellung ein, und der Sinnentwurf ihres Lebens schöpft weitgehend aus der sozial angesehenen Tätigkeit der Krankenversorgung. Demgegenüber nimmt sie ihre schwäbische Sparsamkeit, die sich im kleinen Trinkgeld äußerte, nicht wahr. Die Romanistin bezieht ihr Selbstverständnis insbesondere aus zwei Kollektiven; zum einen ist sie Wissenschaftlerin, was sie im aufklärerischen Sinne versteht, und zum anderen ist sie Kämpferin für eine gesunde Umwelt. Daß sie Katzen liebt, weil ihre Eltern schon welche hatten, blendet sie aus der Vorstellung der eigenen Identität aus.

Begriffe wie Determination, Manipulation oder Entmündigung, das läßt sich inzwischen für das Verhältnis von Individuum und Kultur sagen, beschreiben es nicht angemessen. Auch wenn die Zufälligkeit der Geburt determiniert und die erste Identität ohne Willen des Betroffenen zustande kommt, ist sie theoretisch nie endgültig – wie es überhaupt keine endgültige Identität gibt. Solange das nötige Bewußtsein noch fehlt, amtiert Kultur wie ein Vertreter ohne Vertretungsmacht, dessen Handlungen erst von dem Vertretenen gutgeheißen oder korrigiert werden müssen. Aus dem Prinzip der Freiwilligkeit folgt aber, daß jene Theoretiker irren, die, wie es Gehlen tut, Kultur instrumentell als Zwangsjacke betrachten und von ihr eine Reglementierung des Zusammenlebens erhoffen. Diese Theorien verwechseln den Bereich der gewachsenen Kultur mit dem der geplanten gesellschaftlichen Organisation. Weil Kultur nicht determiniert, kann das Individuum ihre Spielregeln mißachten. Dabei kann der Antrieb zur Mißachtung durchaus ebenfalls aus der Kultur stammen. Angestachelt vom deutschen Autowahn, stiehlt der Kriminelle eine Luxuskarosse, wodurch er die Institution des Privateigentums verletzt. Weil Kultur das Individuum nicht verläßlich gängelt, wird eine wirkungsvollere Reglementierung nötig, die wir Politik nennen. In der Praxis kann sie von der Kultur ununterscheidbar sein, wie es bei archaischen Stammesgesellschaften der Fall ist, für die Theorie ist beides jedoch säuberlich zu trennen.

Ganz zu Anfang hatten wir für das Phänomen individueller Prägung zwei Extreme genannt, die Determination und das bloße folgenlose Angebot. Wie wir gesehen haben und noch genauer sehen werden, liegt die Wirkung der, wie Aleida Assmann formuliert, kulturellen „Identitätsofferten"[2] irgendwo in der Mitte. Die Prägungen erfolgen zwar freiwillig, sind aber nicht folgenlos. Ob ich mich Standardisierungen füge oder nicht, ob ich ein großes oder kleines Trinkgeld gebe, ob ich Tennis spiele oder Fußball, ob ich am Schützenfest teilnehme oder die Oper bevorzuge, hängt zwar allein von mir ab, was aber nicht heißt, daß die Annahme oder Ablehnung der kulturellen Angebote ohne Konsequenzen vonstatten ginge. Egal, welche Identität man wählt, man muß immer einen Preis zahlen. Die Angebote der Kultur sind nämlich mitnichten so

---

[2] Assmann, S. 16.

unverbindlich wie die Werbung im Briefkasten, die ich ungestraft wegwerfen kann. Zwar trifft das Individuum die Wahl selbständig und frei, doch bei den Mitmenschen ruft seine Entscheidung Reaktionen hervor, die auf es zurückwirken. Je nach Art der Standardisierung und ihrer sozialen Fixiertheit fallen diese Reaktionen mehr oder weniger schwerwiegend aus. Jede Kultur hat bestimmte Verhaltensweisen wie Begrüßung, Tischmanieren, Umgang mit Geld zu einem besonderen Bereich zusammengefaßt, der das absteckt, was sich gehört. Verstöße dagegen werden mit sozialer Ächtung beantwortet. Anders als bei Gesetzen wird der einzelne nicht zur Anpassung gezwungen, wird aber, wenn er sich verweigert, mehr oder weniger, partiell oder ganz aus der Gemeinschaft ausgeschlossen. Wer täglich schlechtgelaunt an seinem Arbeitsplatz auftaucht, wird von den Kollegen bald nicht mehr ins private Gespräch gezogen; wer seinen Geburtstag nie feiert, wird von anderen nicht mehr eingeladen.

Aber auch außerhalb dessen, was sich gehört, zieht jedes unter Norm stehende wie auch nicht normierte Verhalten Konsequenzen nach sich. Jede für die Mitmenschen sichtbare Annahme oder Ablehnung von Verhaltensvorgaben definiert Identität nach außen, d.h. informiert die Mitglieder des Kollektivs über die Individualität des Individuums. Nach Maßgabe der eigenen Identität und Individualität werden sie auf diese Botschaft antworten. Weichen die Identitäten zu weit voneinander ab, wird man sich meiden; stimmen sie überein, wird man sich suchen. Bis zu diesen Extremen sind alle Abstufungen möglich. Erinnern wir uns an den Witz des Rheinländers, der das *mixed* als Herreneinzel mit Damenbehinderung bezeichnete. Er gab sich dadurch als Spaßvogel zu erkennen, der Humor für die beste Philosophie hält und das gerade auch bei heiklen Dingen wie der derzeit schwelenden Geschlechterdiskussion. Die Umstehenden verstanden das Signal und reagierten gemäß der eigenen Identität. Der Passauer Schreiner hält einerseits das ganze Emanzipationsgerede für Unsinn, fühlt sich andererseits aber gerade Damen gegenüber zur Höflichkeit verpflichtet. Deshalb versuchte er, sein Lachen zu unterdrücken, was aber nicht gelang. Die Ärztin, die keine Feministin ist, konnte insofern zumindest lächeln, doch die Romanistin, die sich in diesen Fragen engagiert, fühlte sich in ihrem Innersten verletzt. Die kleine Bemerkung konstituierte Schicksal; sie eröffnete Optionen, verstellte sie aber auch: Die Sympathie des Passauers gewann der Kölner, die der Romanistin verscherzte er sich aber im wahrsten Sinne des Wortes.

Das ist aber weniger gravierend, als es zunächst scheint. Betrachten wir noch ein weiteres Detail unserer Szene. Ärztin und Romanistin besitzen stark abweichende Identitäten, deren Unterschiedlichkeit sich in vielen Einzelbereichen manifestierte. Um das herauszufinden, brauchen sie einander nicht allzu intim kennenzulernen, da bereits die Selbstpräsentation durch Kleidung, Benehmen und Pkw die konträre ideologische Ausrichtung offenbarte. Beide wußten daher von Anfang an, daß sie in verschiedenen Lebenswirklichkeiten beheimatet sind und bei vielen Themen nicht übereinstimmen würden. Deshalb verkehren sie nur im Tennisclub miteinander, in jenem Bereich, den sie gemeinsam haben. Hier sind sie Mitglieder derselben kleinen Solidargemeinschaft, und als solche können sie problemlos miteinander umgehen, wobei die standardisierten Kommunikationsformen helfen. Sie spielen miteinander Tennis, würden sich aber nicht nach Hause einladen. Auch im Bereich des gemeinsamen Geschlechts gibt es kaum Anknüpfungspunkte, da, wie die Reaktion auf den Scherz des Kölners zeigte, die Romanistin ein progressiveres Frauenbild vertritt als die Ärztin.

Das heißt, die Kontaktgrenzen werden nicht nach den Gesamtidentitäten gezogen, sondern werden flexibel nach Kontaktbereichen justiert. Sie richten sich nach den unzähligen Kollektiven und Kontexten, die der Identität zur Verfügung stehen. Ein preußischer Professor könnte beispielsweise ein begeisterter Teilnehmer von bayerischen Schützenfesten sein. Dann würde er mit Menschen am Biertisch sitzen, mit denen er weder von der Regionalität noch von der Berufsgruppe her Gemeinsamkeiten besäße. Dennoch wird man eine kurze Zeitspanne gut miteinander auskommen. Sobald der Professor die Hochschule betritt und die ironischen Kommentare der Kollegen überstanden hat, sind die Bande zu den proletarischen Biertischfreunden zerschnitten, um vielleicht beim nächsten Fest wieder geknüpft zu werden.

Eine Kultur setzt sich aus unzähligen und permanent wechselnden Gesinnungsgemeinschaften zusammen, deren Grundlagen unterschiedlich breit sind und von der kompletten Weltanschauung bis zum *single issue* alles umfassen können. Der Autoaufkleber, den ich in England entdeckte, *catlovers against the bomb*, zeigt uns ironisch, wie schmal die Grundlage einer Gemeinschaft ausfallen kann. Aus zwei minimalen, nur aus einem einzigen Thema bestehenden Solidaritätsgruppen stellt er eine noch minimalere Schnittmenge her. Für die moderne, pluralistische Kultur, die ja auf Uniformität verzichtet, ist die Existenz dieser Vielfalt von großen und kleinen Solidarverbänden äußerst wichtig. Sie bilden den Kitt, der größere und uneinheitliche Formationen zusammenhält. Den Verlust der Einheit im Großen – die es vielleicht nie gegeben hat – wird durch viele kleine kompensiert. Das einzelne Individuum gehört so einer ganzen Reihe von Groß- und Kleingruppen an und trifft in ihnen auf wechselnde, immer wieder andere Individuen. Insofern ließen sich grob zwei grundsätzlich verschiedene Formen freiwilliger Kontakte unterscheiden. Es gibt Kontakte, die über die Gesamtidentität laufen, diese nennen wir Freundschaft oder Feindschaft, und es gibt solche, die durch Teile der Identität ausgelöst werden und innerhalb von engen Solidaritätsbereichen stattfinden. Doch auch für Freund- und Feindschaften gilt, daß nicht alle Facetten der Identität mitspielen. Selbst zum ärgsten Feind werden irgendwelche Verbindungslinien bestehen, und selbst am engsten Freund wird man Dinge entdecken, über die man den Kopf schüttelt. Das Individuum steht somit in einem vielfältigen Geflecht aus engen und lockeren Beziehungen positiver oder negativer Art, die es mit einer ganzen Reihe unterschiedlichster Mitmenschen verbinden oder von ihnen trennen.

Jede im kulturellen Kontext getroffene Entscheidung für oder wider erweitert und beschneidet den Lebensraum. Der Ohrring, den ich als Mann trage, verschafft mir die Bewunderung meines Sohnes, kostet mich aber vielleicht die Beförderung zum Oberinspektor. Alles ist freiwillig, nichts aber ohne Folgen, die in extremen Fällen die Lebensgrundlage gefährden können. Aufgrund zu erwartender Konsequenzen werden kulturelle Vorgaben deshalb gelegentlich nur äußerlich erfüllt, wie wir bereits erwähnt haben, wobei verschiedene Abstufungen denkbar sind. Gehlen betonte, daß Institutionen keiner inneren Motivation bedürfen. Wenn der Amerikaner die Frage, *how are you*, mit *splendid* beantwortet, so sagt das mehr über die Norm der amerikanischen Kultur als über das aktuelle Befinden des Antwortenden. Wenn die Frage, *wie geht's*, mit der standardisierten Antwort, *kann nicht klagen*, bedacht wird, ist der Fragende genaugenommen um nichts schlauer. Die Antwort kann völlig unbewußt oder aber mit Überzeugung gegeben worden sein; sie kann aber auch, wenn der antwortende Deutsche versehentlich fröhlich gestimmt war, eine bewußte Lüge gewesen sein. Egal, welche Abstufung vorliegt, gilt grundsätzlich, daß die Erfüllung einer Verhaltensvorgabe von der inneren Einstellung unabhängig ist. Die in der Standardisierung „mitverpflichteten Gefühle" sind nur nach außen verpflichtend, nicht aber nach innen. Insofern kann die persönliche Unabhängigkeit gewahrt werden, ohne daß man ihren Preis zu zahlen hat.

Nachdem die im dritten Kapitel erfolgte Betonung der Standardisierungen auf ein deprimierendes Menschenbild hinzudeuten schien, das eher einen genormten Roboter oder ein Herdentier beschrieb als ein schöpferisches Wesen, haben die soeben angestellten Überlegungen diesen Eindruck wohl revidiert. Trotz aller Normierung, die nun einmal Kultur konstituiert, konnten Freiheit, Individualität und Kreativität gerettet werden. Aufgrund der spezifischen Wirkungsweise kultureller Normierung bleiben dies dem Individuum zukommende Vermögen erhalten. Normen und Standardisierungen, so stellten wir fest, besitzen Angebotscharakter und wirken nicht im strengen Sinne determinierend. Stets erfolgt die Prägung des Individuums freiwillig, entweder von Anfang an oder zu einem späteren Zeitpunkt, wenn sozusagen die Zustimmung des Betroffenen nachgeholt wird. Weitere Freiräume bestehen zum einen in der inneren Unabhängigkeit, mit der die Norm erfüllt werden kann, und zum anderen in der Offenheit ihrer Ausgestaltung im Detail. Die kulturelle Offerte, da ist Gehlen recht zu geben, besitzt zwar Präzision und Geformtheit, bleibt aber dennoch offen genug, um Ausführungsvarianten zuzulassen. Zur Erfüllung der Geburtstagsnorm kann der Feiernde zu einer Radtour bitten, kann ein Picknick arrangieren, kann Kostümvorschriften erlassen oder sich sonst etwas ausdenken. Wo aber Freiheit besteht, ist für Individualität gesorgt. Sie kann sich aus der immensen Angebotskiste der Kultur bedienen, welche die verschiedensten Waren feilbietet. Unzählige Kollektive werben um das Individuum, und nur der Vierundzwanzig-Stunden-Tag setzt seiner Beitrittswilligkeit Grenzen. In einem langen, langsamen, ungeheuer komplexen und nie abgeschlossenen Prozeß bildet sich die unverwechselbare Identität des Einzelmenschen, indem er sich aus dem unerschöpflichen Angebot sein individuelles Paket schnürt. Diese Standardisierungen macht er sich zu eigen, jene lehnt er ab, und zu wieder anderen verhält er sich neutral. Das hört sich schematischer an, als es ist, da die Vorgaben differenziert, modifiziert und kreativ kombiniert werden können. Sie sind weniger Prägeschablonen als vielmehr Material, das der einzelne nach seiner Eigenart formt.

Der Manager, der am wenigsten aus einem Guß schien, war Katholik, gnadenloser Kostenreduzierer und moderner *bon vivant*. Sein Standardisierungspaket zeigte innere Widersprüche. Es sind nicht nur seine eigenen, sondern jene der Kultur. Ihre Angebote sind nicht nur höchst unterschiedlich, sondern bestehen oft genug aus krassen Gegensätzen. Während der Geistliche auffordert, noch die linke Wange hinzuhalten, predigt der Fußballtrainer Aggressivität und Härte. Selbst die ehrwürdigen Sprichwörter sind sich nicht einig, und für die meisten ihrer Weisheiten läßt sich auch das Gegenteil finden (erst wägen, dann wagen – frisch gewagt, ist halb gewonnen). Die Divergenz der Offerten führt zu Identitätsbrüchen, wie sie bei fast jedem Individuum vorkommen. Die Ärztin laborierte am Konflikt Spitzenverdiener versus Arztethos, während der Romanistin bei jeder leeren Katzenfutterdose das grüne Gewissen schlug. Die Brüche können unbemerkt bleiben oder so stark belasten, daß sich Neurosen bilden. Der einzelne entrichtet hier den Preis für die eigentlich begrüßte Offenheit der modernen Kultur. Offenheit bedeutet nicht nur Vielseitigkeit, sondern auch Widerspruch. Was unter dem breiten Mantel der Kultur weder auffällt noch schmerzt, kann im engeren Rahmen der Einzelidentität zu Störungen führen. Darin könnte man das von Freud diagnostizierte Unbehagen in der Kultur erblicken.[3] Anders als der Diagnostiker glaubte, entsteht es wahrscheinlich weniger aus Triebverzicht als vielmehr aus divergierenden Normen.

Das Wesen der Kultur wird aber erst richtig verstanden, wenn Normierung und Freiheit, Standardisierung und Individualität, Verhaltensangebot und Kreativität nicht mehr als Gegensätze erscheinen. Ein sinnvoller Freiheitsbegriff kann nur eine Freiheit von und eine Freiheit zu meinen; jede darüber hinausgehende, totale Freiheit könnte nur Leere oder das Nichts bedeuten. Anders als Gott, der aus dem Nichts schöpft, benötigt der Mensch, wenn er schöpferisch sein will, Materialien und Vorentwürfe. Kreativität findet nicht in einem Vakuum statt, sondern in einer vorgeformten Wirklichkeit voller Traditionen, die, darin besteht der einzig mögliche kreative Akt, umgeformt werden. Auch Individualität ist ohne Vorgaben undenkbar, denn auch sie muß sich aus Vorhandenem herausschälen und sich von anderem partiell absetzen. Diese wesentliche Bedingung der Freiheit sorgt andererseits dafür, daß sie nicht ausufert und daß menschlicher Kontakt und menschliche Kommunikation möglich bleiben. Ließe sich Individualität bis zur völligen Andersartigkeit ausschöpfen und könnte Kreativität das gänzlich und völlig Neue hervorbringen, so wäre Kollektivität, die Voraussetzung von nicht nur Kultur, sondern auch Menschlichkeit, nicht gesichert. Eine menschliche und menschenwürdige Ordnung muß Statisches mit Dynamischem verbinden, muß sowohl aus Regulation als auch Freiheit bestehen. Beides zusammen ergibt einen offenen, nie erstarrenden Prozeß.

---

[3] Sigmund Freud, *Das Unbehagen in der Kultur* (Frankfurt am Main 1930).

Die Sonderkollektive Volk und Nation

Seit der Antike und stärker noch seit Herder wurde Kultur fast ausschließlich auf ein bestimmtes Kollektiv bzw. auf eine bestimmte Kollektivart bezogen, auf Stamm, Volk oder Nation. Zu anderen, nicht ethnischen Kollektiven stellte erst das späte 20. Jahrhundert Bezüge her, als man beispielsweise von Subkultur oder Jugendkultur zu sprechen begann. Die diesen Begriffen zugrundeliegende Prämisse, daß sich bei unzähligen Gemeinschaften Kultur entdecken läßt, hat sich jedoch noch nicht gänzlich durchgesetzt. Wenn der Kulturbegriff ohne Zusatz auftaucht und wenn die Bedeutung *way of life* ansteht, ist sein Gegenstand auch heute noch eine Stammes- oder Nationalkultur. Darin zeigt sich die ungebrochene Tendenz, daß man die kulturelle Gemeinsamkeit durch etwas Festeres unterstützen möchte, durch das Ethnische. Stämme, Völker und Nationen gelten als ethnische Einheiten. Was heißt das aber? Obwohl es heute niemand mehr so deutlich beim Namen nennt, geht man von einer biologischen, auf jeden Fall genetischen Identität aus, deren Existenz für moderne Genetiker jedoch, die nicht einmal das Konzept der Rasse bestätigt finden, äußerst zweifelhaft ist.[4]

Doch versuchen wir die Frage empirisch anzugehen. Da unsere Tennisclubszene in Deutschland spielte und hauptsächlich deutsche Akteure auftraten, müßte, wenn es sie denn gibt, die deutsche Nationalkultur greifbar geworden sein. Herder und seine Nachfolger gingen von der Einheit, Ganzheitlichkeit oder Homogenität einer Volkskultur aus. Sollten sie darin recht haben, müßten in unserem Beispiel entsprechende Anzeichen zu finden sein. Konkret würde Einheit bzw. Homogenität wohl eine Gleichartigkeit oder zumindest Ähnlichkeit in den Worten und Taten der Individuen bedeuten. Für unsere Szene bestätigte sich diese Erwartung aber nicht, da die fünf auftretenden Deutschen weder dasselbe taten noch dasselbe dachten oder empfanden. Im Gegenteil, von der Selbstdarstellung bis zur Meinungskundgabe waren sie vor allem durch Unterschiedlichkeit gekennzeichnet.

Was eigentlich nicht verwundert, da wir bei den meisten alltäglichen Kontakten, obwohl sie sich im Rahmen ein und derselben Nation bewegen, hauptsächlich mit divergierendem Verhalten konfrontiert werden, das uns – von der Familie über den Beruf bis hin zur Politik – das

---

[4] Vgl. Luca und Francesco Cavalli-Sforza, *Verschieden und doch gleich: Ein Genetiker entzieht dem Rassismus die Grundlage* (München 1994).

Leben schwermacht. Deutsche Einheitlichkeit und deutsches Einvernehmen erleben wir höchstens bei auswärtigen Fußballspielen. Wenn aber Divergenz dominiert, trifft dann nicht eher die Behauptung des holländischen Schriftstellers Cees Nooteboom zu, der 1993 auf der Frankfurter Buchmesse unter großem Applaus sagte, daß es nur Individuen gäbe und keine Nationen? Dem steht jedoch eine andere Erfahrung entgegen, nämlich die, daß die Verständigung zwischen Individuen verschiedener Herkunft noch schwieriger ist als die zwischen Individuen gleicher Nationalität. Herder und Nooteboom stecken Extrempositionen ab, die beide der Erfahrung zuwiderlaufen. Dennoch sind sie hilfreich, da sie uns Klarheit zumindest darüber verschaffen, was Nationen oder Völker nicht sind. Weder besteht Nationalität in der Einheitlichkeit ihrer Staatsbürger, das wäre das eine Extrem, noch sind sie, das wäre das andere, Zusammenrottungen ohne jedes kollektive Element.

Wenn Nationen Kollektive bilden, müßte sich das an unserem Beispiel nachweisen lassen. Betrachten wir es deshalb genauer. Von der völligen Gleichförmigkeit der fünf Personen bis zur völligen Unterschiedlichkeit enthielt es alle Abstufungen: Alle fünf gingen mit derselben Begründung der Staatsbürgerpflicht zur Wahl; alle fünf waren sich einig, daß man das Thema Ausländer diskutierte; vier kontrollierten die Rechnung und fuhren ein PS-starkes Auto; drei gaben ein Trinkgeld, zwei lehnten Helmut Kohl ab; und schließlich kleideten sich alle verschieden und bevorzugten verschiedene Automarken. Damit stehen wir vor dem Kernproblem des Begriffs Kollektiv, egal, ob er sich auf einen Tennisclub bezieht oder auf eine Nation. Einerseits muß er Gleichverhalten oder zumindest Verhaltensähnlichkeiten hervortreten lassen, wobei andererseits aber Raum bleiben muß sowohl für Untergruppierungen als auch für Individualität. Der Begriff muß folglich jenes Terrain abdecken, das sich zwischen den Extremen gänzlicher Uniformität und gänzlicher Verschiedenheit auftut. Auch für unser Beispiel waren diese Extreme nicht relevant: Weder gab es totale und permanente Andersartigkeit noch völlige und andauernde Gleichheit. Doch wie sah die Balance zwischen den Polen aus?

Wann verhielten sich meine Akteure uniform oder waren gleicher Meinung? Im Verlauf der kleinen Szene war das oft genug der Fall, aber dem deutschen Leser wird es deshalb nicht aufgefallen sein, weil es sich für ihn um Selbstverständlichkeiten handelte. Die Deutschen verhielten sich schon darin uniform, daß sie deutsch sprachen. Sicherlich artikulierte sich auch der Amerikaner in dieser Sprache, doch sein Satzbau, seine Idiomatik und nicht zuletzt seine Aussprache verrieten ihn als *non native speaker*.

Neben diesen Äußerlichkeiten, welche die Kommunikation nicht eigentlich blockierten, gab es noch einen gewichtigeren Unterschied zu den Deutschen. Der Amerikaner hatte Schwierigkeiten mit den Vorstellungen dieser Sprache. Die spezifisch deutsche Zweiteilung der Welt in *Sie* und *Du* war für ihn nicht nachzuvollziehen ebensowenig wie die geschichtsbeladene Vorstellung *Ausländer.*

Was aber ist mit den Dialekten, die meine fünf Personen so unterschiedlich sprachen? Wenn man sie hören würde, wären die drei Niederbayern, der Kölner und die Schwäbin sofort an ihrer Aussprache und Idiomatik als solche zu erkennen. Andererseits, schrieben sie einen Brief, würden diese Unterschiede wegfallen, und außerdem sind ihnen, wie wir schon feststellten, bestimmte übergeordnete Vorstellungen geläufig. Die Dialekte bilden einerseits eine eigene Sprache mit eigener Lebenswirklichkeit, sind andererseits aber in die größere Einheit der institutionalisierten Hochsprache integriert. Sie wird auf den Schulen mehr oder weniger erfolgreich gelehrt und ist die Sprache der Medien, denen es wahrscheinlich bald gelingen wird, die Dialekte zum Aussterben zu bringen. Das Wort *Ausländer* konnten alle Akteure einsetzen, das Wort *Jeck* aber nur der Kölner. Das Hochdeutsche bildet eine Klammer, welche meine Sprecher trotz des unterschiedlichen Regionaldialekts zu einer Sprachgemeinschaft verbindet.

Die Sprache, daran erinnern wir uns aus dem dritten Kapitel, ist mehr als bloßes Kommunikationsmedium. Durch die in ihr gespeicherten Vorstellungen, auf deren deutenden Charakter hingewiesen wurde, wirkt sie als wichtiger Konstitutionsfaktor unserer Lebenswirklichkeit. Meine Akteure sprechen nicht nur gleich, sie benutzen vielmehr gleiche Objektkonstitutionen und gleiche Deutungskategorien, aus denen sie ihre jeweiligen Wirklichkeitsstrukturierungen schaffen. So gehört es ganz selbstverständlich zu ihrer mentalen wie emotionalen Realitätsvorstellung, daß die Mitmenschen emotional zweigeteilt werden, in viele, die man mit *Sie*, und wenige, die man mit *Du* anredet. Diese Art der Teilung ist dem Amerikaner mental wie emotional fremd, da er – als vielleicht besserer Demokrat – alle Bekannten beim Vornamen nennt und nur bei Unbekannten den Nachnamen benutzt.

Weil sie die Grundlagen, d.h. die kleinsten Einheiten, die Mosaiksteinchen der Welterfassung bereitstellt, fungiert die gemeinsame Sprache als der herausragende Kohäsionsfaktor einer Nationalkultur. In erster Linie sind es die in der Sprache gespeicherten Standardisierungen des Denkens, die ja den Umgang mit der Realität und die Interpretation des Alltags steuern, die einen Deutschen zum Deutschen machen. Meine Akteure benutzten das Wort *Ausländer* und ließen dadurch, ohne sich dessen im einzelnen bewußt zu sein, einen ganzen Wust von Deutungen und Empfindungen virulent werden, der weit über das, was im Lexikon steht, hinausreicht. Dem Amerikaner, der auf es angewiesen ist, bleibt dieser Konnotationsreichtum verschlossen, und insofern ist ihm in diesem Bereich und in vielen anderen auch die deutsche Lebenswirklichkeit versperrt. Betreten kann er sie nur über die Sprache, d.h. wenn er sie so lernt wie das deutsche Kind, dem sich allmählich, da es die Realität beständig vor Augen und die Sprache beständig im Ohr hat, der Zusammenhang zwischen beiden verfestigt. Dieser Zusammenhang macht die Lebenswirklichkeit aus.

Was haben unsere Akteure weiterhin gemeinsam? Natürlich die deutsche Geschichte. Nicht nur, was der einzelne davon selbst mitbekam, sondern alles, was in deutschem Namen geschah. Jeder Deutsche, mag er auch die Gnade der späten Geburt beschwören, wird von neonazistischen Anschlägen tiefer berührt als von jeder anderen Krawallart. Jeder Deutsche, auch der diese Anschläge innerlich mittragende Rechtsaußen, wird darüber heftiger streiten als über Missetaten englischer *hooligans*. Und das deshalb, weil die Neonazis an ein Stück unrühmlicher Geschichte erinnern. Die Gemeinsamkeit der deutschen Geschichte bzw. ihrer Fakten ist zwar selbstverständlich, aber würden unsere Tennisspieler nicht sofort verschiedener Meinung sein, wenn sie etwa über den Nationalsozialismus diskutierten? Obwohl keiner von ihnen diese Zeit selbst erlebte, würde die Diskussion äußerst heftig verlaufen. Ruhe bewahren würde wahrscheinlich nur der Amerikaner, wenn er es nicht vorzöge, lieber zu gehen. Wie aber wirkt sich bei dem Aufeinanderprallen der unterschiedlichen Meinungen die Gemeinsamkeit der Geschichte aus? Formal ist sie schon an der allseitigen Heftigkeit zu erkennen. Sie ist Anzeichen dafür, daß über etwas gestritten wird, das alle Diskutanden zutiefst berührt, was heißt, daß der Gegenstand des Streits ein eminent deutscher ist. Gemeinsame Geschichte führt nicht zu gemeinsamen Ansichten darüber, wohl aber bleibt sie der Ausgangspunkt dieser Ansichten. Oder anders formuliert: Die verschiedenen Ansichten sind als individuelle Reaktionen zu verstehen, die ihren Ausgang von einer identischen Reaktionsgrundlage nehmen. Selbst wenn die Diskutanden die Fakten beschönigten oder gar leugneten, würden sie gerade durch solche Versuche der Ehrenrettung zu erkennen geben, daß über einen Teil ihrer eigenen Identität diskutiert wird.

Ein weiteres Band, das unsere Deutschen verbindet, sind die in ihrer Nationalkultur üblichen Standardisierungen. Reichlich kamen sie in meinem Beispiel vor und erstreckten sich von den gequälten Antworten auf die Frage nach dem Befinden über die Eß-, Trink- und Feriengewohnheiten bis hin zur Einrichtung Tennisclub. Man könnte sie nach den vier Standardisierungsarten, die meistens zusammen auftreten, auseinanderdividieren. Schon die halb automatisch gegebene Antwort, *kann nicht klagen*, verrät eine Standardisierung des Denkens von weitreichender Konsequenz. Wenn man den Zustand des Nicht-zu-Klagen-brauchens für erwähnenswert hält, geht man wohl davon aus, daß normalerweise immer ein Grund zur Klage besteht. Das aber verrät einen Fatalismus, der das Leben als Jammertal ansieht, in dem Müh' und Plage vorherrschen. Eine Variante des *kann nicht klagen* ist der Hinweis auf die viele Arbeit, über die man sich damit ja wohl beklagt. Dahinter steht die Auffassung, daß das Leben in erster Linie aus der Pflicht zur Arbeit besteht. Da Arbeit andererseits aber adelt, gibt man sich mit diesem nur scheinbar klagenden Hinweis auch als wichtige Persönlichkeit zu erkennen. Eine weitere deutsche Standardisierung verriet sich in der Einstellung, mit der man zur Wahl schritt. Schon das Wort *Staatsbürgerpflicht* ruft Erinnerungen an vordemokratische Zeiten wach und kündet von der alten Staatsauffassung und der in sie eingeschriebenen Untertanenmentalität. Eine weitere Standardisierung war bei den Kraftfahrzeugen zu entdecken. Die Mehrheit meiner Akteure bevorzugte ein schnelles Gefährt und hatte dafür in Relation zum Einkommen viel Geld ausgegeben. Während der Amerikaner das luxuriöse Dahinrollen bevorzugt, muß es für den Deutschen die freie und schnelle Fahrt sein, für die hohe Unfallzahlen und entsetzlich viel Unglück in Kauf genommen wird. Darin steckt ebenfalls eine Wirklichkeitsdeutung, allerdings eine ganz andere als die bisher ermittelten. *Kann nicht klagen* und *Staatsbürgerpflicht* deuten auf fatalistische Einstellungen; der Autowahn zeugt jedoch von einem Drang zur Technikbeherrschung oder vielleicht sogar zur Selbstverwirklichung bzw. was man dafür hält. Man will sich als Herr der Pferdestärken fühlen oder will den anderen, der überholt wird, übertrumpfen. Was es auch im einzelnen sein mag, zeugt es auf jeden Fall von einer unfatalistischen Haltung. Die fatalistischen Wirklichkeitsdeutungen sind älterer Herkunft, während die hier zu entdeckenden jüngeren Datums sein müssen. Beide hat die Tradition bewahrt, beide widersprechen sich und sind dennoch integrale Bestandteile der deutschen Kultur.

Doch haben wir bei der Behauptung, daß der Deutsche durch die nationaltypischen Standardisierungen geprägt wird, nicht die bereits konstatierte Freiheit des Individuums vergessen? Die Romanistin verweigerte sich einigen Standardisierungen; weder gab sie ein Trinkgeld noch fuhr sie ein schnelles Auto. Wo blieb dabei ihr Deutschtum? Aus ihrem zerbeulten Toyota folgt nicht, daß für sie der nationale Autowahn unwirksam wäre. Auch sie reagiert auf ihn, allerdings mit Ablehnung, indem sie bewußt ein Anti-Auto fährt und damit das Zeichen setzt, daß sie den deutschen Autowahn zutiefst verachtet. Gäbe es ihn aber nicht, sähe das Gefährt der Romanistin anders aus, und der Ärger mit dem TÜV bliebe ihr erspart. Daraus folgt, daß die Ablehnung der Standardisierung auf einer ebenso deutschen Grundlage erfolgt wie die Annahme. Ähnliches gilt für die Verweigerung des Trinkgelds. Anstatt den ihrer Meinung nach gut verdienenden Kellnern oder Wirten noch draufzuzahlen, unterstützt sie lieber die Notleidenden. An diesen Spenden aber läßt sich ablesen, daß, wenn auch auf anderem Wege, der Standardisierung des Trinkgelds dennoch Tribut gezollt wird. Gäbe es sie nicht, fühlte sich die Romanistin nicht verpflichtet zu spenden. Die Verweigerung der Standardisierung erzeugt einen Rechtfertigungszwang, dem die Verweigerin durch eine anderweitige Verwendung des Geldes nachkommt.

Gemessen an den anderen Akteuren, erschien die Romanistin fast als Außenseiter, doch bei genauer Betrachtung kann auch sie, obwohl sie keinesfalls stolz auf ihr Deutschtum ist, es nicht verleugnen. Zum einen lehnt sie nicht alle deutsche Eigenarten ab. Auch sie kontrolliert die Rechnung, und bei ihrem Engagement für die Umwelt wirkt sich dieselbe Naturverbundenheit aus, welche die Schwäbin jeden Sommer auf die Schwäbische Alb treibt. Bei diesem Umweltengagement geht sie, wie der Brief an die Katzenfutterfirma zeigt, genauso gründlich und gewissenhaft vor, wie es der Passauer Schreinermeister bei seinem Handwerk tut. In diesen Bereichen verkörpert sie eine neue Generation, die aber immer noch durch bestimmte traditionelle Standardisierungen geprägt ist. Zum anderen zerschneiden auch die Verweigerungen nicht das gemeinsame Band. Wie jeder andere Deutsche auch reagiert die Romanistin auf die kulturellen Offerten, nur eben ablehnend. Sie wäre erst dann keine Deutsche mehr, wenn sie die Offerten überhaupt nicht zur Kenntnis nähme.

Das über Verweigerung zustande kommende Deutschtum unserer Deutschen wider Willen liefert uns ein Modell, mit dessen Hilfe die Kulturwissenschaft die ihr aufgegebene Quadratur des Kreises lösen kann.

Das Konzept der Kollektivität verlangt, die empirisch sichtbare Verschiedenheit individuellen Verhaltens auf eine teilweise unsichtbare Gemeinsamkeit zurückzuführen. Das haben wir an einer Reihe von Beispielen durchexerziert: Der Streit über den Nationalsozialismus wurde als ungleiche Reaktion auf eine gleiche faktische Grundlage gewertet. Die Rostlaube neben den vier glänzenden Flitzern wurde ebenfalls als Reaktion auf dieselbe Standardisierung interpretiert, von der alle Besitzer beim Kauf ihrer PKW ausgingen. Auch für die Sprache ist diese Konstellation tauglich. Alle Deutschen benutzen die Vorstellungen ihrer Sprache, greifen die in ihr bereitgestellten Sinnbausteine auf, um aus ihnen divergierende Gebäude der Wirklichkeitsdeutung zu errichten. All diese Erklärungen benutzen folgendes Modell: Die zunächst auffallenden Verschiedenartigkeiten werden zu Reaktionen erklärt, die sich auf einen identischen Reaktionsgrund zurückführen lassen. Dieser Status der Reaktion verschafft den divergierenden Verhaltensweisen einen gemeinsamen Bezugspunkt und einen gemeinsamen Ursprung. Hinter der zunächst ins Auge springenden Uneinheitlichkeit vieler Kollektive und insbesondere der Nationen läßt sich mit Hilfe dieses Modells ein Fundament der Gemeinsamkeit freilegen. Es hilft uns auch, für die moderne, pluralistische und atomistisch zersplitterte Gesellschaft das zu retten, was Herder großspurig Einheit nannte, was aber bescheidener als Kohäsion oder Kitt anzusetzen ist. Der gordische Knoten der Kulturdefinition ist damit durchschlagen. Nicht das konkrete Verhalten der Individuen, nicht das Denken und Fühlen von Mehrheiten oder Minderheiten macht Kultur und Kollektivität aus, sondern die überindividuellen, der individuellen Umsetzung vorausliegenden Verhaltensangebote, die sozusagen unsichtbar in der Luft liegen. In Realisierung ihrer Freiheit bedienen sich die Individuen aus diesem identischen Angebot und erzeugen so die sichtbare Divergenz. Es ist die dialektische Leistung des Modells, daß es zum einen Verschiedenheit auf Identität zurückführt und daß es zum anderen individuelle Freiheit und kulturelle Prägung ineinssetzt.

★ ★ ★

Der Einfluß der Nationalität ist aber noch auf andere Weise spürbar. Abgesehen von ihrem Deutschtum waren die Personen meiner Szene unterschiedlichen Gruppierungen bzw. kleineren Kollektiven zugeordnet. Sie gehörten einem Geschlecht und einer Generation an, übten einen Beruf aus, orientierten sich an einem bestimmten *lifestyle* und waren

Mitglieder von Freizeitkollektiven. Diese Gruppierungen scheinen jedoch nichts spezifisch Deutsches zu sein, da sie in allen westlichen Ländern zu finden sind. Überall gibt es Ärzte, Gebildete, Katzenliebhaber und Tennisspieler. Doch diese Annahme bestätigt sich nicht. Der deutsche Tennisspieler lernt seinen Sport in einem Club, der amerikanische an der *high school*. Zwar bestehen zwischen einem deutschen und einem amerikanischen Professor einige Gemeinsamkeiten, doch es fragt sich, ob sie größer sind als die zwischen einem deutschen Professor und einem deutschen Elektriker. Sicherlich üben die Professoren denselben Beruf aus, doch da die Einrichtung Universität in beiden Ländern äußerst verschieden ist, überwiegt das Trennende. Provokant verkürzt, ließe es sich auf die Formel bringen: Der deutsche Professor ist ein Forscher mit Studentenbehinderung; der amerikanische ein Studienrat mit Forschungshobbies. Wenn aber schon beruflich Unterschiede bestehen, wie werden diese erst zunehmen, wenn man die beiden Professoren im Privatleben beobachtet. Beim Frühstück beispielsweise wird der Amerikaner *pancakes with maple syrup* verzehren, wodurch sein deutscher Kollege sofort an seinen Nachbarn, den Elektriker heranrückt, da beide Brötchen mit Marmelade bestreichen.

Mit wenigen Ausnahmen sind die meisten Gruppierungen keinesfalls überkulturell oder international, selbst die nach Alter und Geschlecht nicht. Die amerikanische Frau, deren Emanzipation weiter fortgeschritten ist als die der deutschen, denkt über vieles anders – vor allem über das Hausfrauendasein – als ihre europäische Geschlechtsgenossin. Während schichtenunabhängig für die Amerikanerin die Berufsausübung im Vordergrund steht und das Kochen, Waschen und Bügeln zweitrangig ist, ziehen viele deutsche Frauen immer noch, wenn es finanziell machbar ist, den Dienst an der Familie vor. Im Vergleich zur Zahnärztin steht die Romanistin, die sich der Frauenemanzipation verschrieben hat, zwar der amerikanischen Frau näher, aber dennoch bleibt auch sie durch das deutsche Umfeld geprägt. Sie vertritt einen deutschen Feminismus, der, da er nicht so etabliert ist wie der amerikanische, weniger militant als trotzig auftritt.

Das Gleiche gilt für die politischen Gruppierungen. In Frankreich sind die Grünen anders als bei uns; in Amerika sind sie als Partei nicht existent. Zwar werden in allen Ländern die politischen Parteien über den Leisten des Rechts-Links-Schemas geschlagen, aber die dadurch suggerierte Übereinstimmung ist falsch. Die Konservativen in England sind anders als die CDU, und die amerikanischen *democrats* unterscheiden sich maßgeblich von der deutschen SPD, wie ja überhaupt die Konzeption der Partei in

Amerika eine völlig andere ist. Auch der Manager meines Beispiel ist eindeutig deutschen Geblüts, denn er besitzt ein größeres Qualitätsbewußtsein als sein amerikanischer Kollege, ist in eine andere Art von Betriebshierarchie eingegliedert und pflegt einen anderen Verhandlungsstil. Schon seine Kleidung, über welche sich der Kollege aus den USA als *fancy dress* mokieren würde, verrät sein Deutschtum.

Wir sehen, daß unterhalb der Nation die meisten Kollektive in einer nationalspezifischen Form vorkommen. Die Nationalkultur prägt also nicht nur die Individuen, sondern auch die Gruppierungen oder Unterkollektive, zu denen sie sich zusammenschließen. Die Kultur dieser Gruppierung ist von vielen Faktoren abhängig. Bestimmte, für sie relevante soziale Rahmenbedingungen spielen eine Rolle ebenso wie nationaltypische Institutionen oder Standardisierungen. Aus beiden können sich dann spezifische Gewohnheiten ergeben, die nur innerhalb der Gruppierung gelten. Für die schwäbische Zahnärztin resultieren viele Voraussetzungen ihres Berufes aus dem deutschen Gesundheitswesen und der verpflichtend gemachten Krankenversicherung mit ihrem System des Krankenscheins oder neuerdings der Chipkarte und der Überweisung. Demgegenüber herrschen in den USA, wo die Versicherung freiwillig ist und für Unversicherte nur kärgliche Hilfsprogramme zur Verfügung stehen, weniger reglementierte Strukturen, die dem amerikanischen Arzt aber auch die Gewissensfrage stellen, ob er zahlungsunfähige Patienten behandeln will. Diese soziale Voraussetzung wird sich auf das Standesethos in irgendeiner Form auswirken.

Mein bayerischer Schreinermeister bezieht einen Teil seiner Identität aus einem deutschen Handwerksethos, das man in Italien oder Spanien vergeblich suchen würde. Bei ihm wirkt der Ständestaat mit seinen Gilden nach, deren Tradition eine erstaunliche Resistenz bewies. Nicht nur die Arbeitsauffassung ist seit Jahrhunderten dieselbe geblieben, sondern auch die vorgeschriebene Laufbahn, die mit dem Lehrling beginnt und über den Gesellenstatus zum Meister führt. Nur der Meister kann sich selbständig machen, worüber eine allmächtige Handwerkskammer wacht, die als wohltuend erratischer und anachronistischer Block aus der Landschaft der freien Marktwirtschaft, des schnellen Konsums und der schlampig gefertigten Produkte herausragt. Das deutsche Handwerk ist höchstens noch dem Engländer verständlich, sonst aber ruft es in der ganzen Welt Kopfschütteln hervor. In den USA ist das Handwerk ein *job* wie jeder andere, und vielleicht wird es deshalb auch freudloser und weniger effektiv ausgeübt.

Nach diesen Überlegungen müßte Klarheit darüber bestehen, daß auch die Mehrzahl der Unterkollektive Teile der Nationalkultur sind, d.h. daß zwischen ihnen ein dialektisches und interkausales Verhältnis besteht. Das Großkollektiv prägt die kleineren Formierungen, und sie prägen es. Für unser Hauptproblem, wie wirkt sich Nationalität auf die Individuen aus, können wir damit ein weiteres erstaunliches Ergebnis formulieren. Wenn bestimmte Gleichartigkeiten des Verhaltens und Denkens meiner Akteure in ihrem Deutschtum begründet waren, ist das auch bei ihren Unterschiedlichkeiten der Fall. Sie verhielten sich gleich, indem sie die Vorstellungen der deutschen Sprache benutzten und auf die deutsche Geschichte reagierten. Doch auch bestimmte Unterschiede zwischen meinen Akteuren waren nationaltypisch. Es waren jene, wie sie zwischen einem deutschen Arzt und einem deutschen Handwerker und einer deutschen Hochschulassistentin bestehen. Im Bereich der Politik waren es jene Unterschiede der politischen Auffassung, wie sie nur in Deutschland anzutreffen sind. Wenn die Romanistin mit dem Schreiner politisierte, wirkten sich nicht die internationalen Unterschiede zwischen grob rechts und grob links aus, sondern jene zwischen einer deutschen Grünen und einem bayerisch-deutschen CSU-Wähler. Damit kommen wir zu dem Schluß, daß viele Gruppierungen unterhalb der nationalen Großformation einerseits durch sie geprägt werden, durch ihre Geschichte, durch ihre Mentalität, durch ihre besonderen Institutionen und nicht zuletzt durch ihre Sprache, andererseits aber prägend auf sie zurückwirken. Die Wirkung der Unterkollektive auf die Individuen ist dabei jener der Nation vergleichbar, so wie es oben beschrieben wurde.

Der Status von Volk und Nation

Wir sind auf der Suche nach den Grundlagen ethnischer Einheit. Unser Ausgangspunkt war dabei die Überlegung, ob sie mehr umfaßt als nur Kulturelles. Die aus unserem Intermezzo entwickelte Antwort schien das nicht zu bestätigen. Doch da so viele an das Ethnische glauben, dürfen wir nicht zu früh aufgeben. Wenden wir uns also der traditionellen Frage zu, die schon viele Generationen von Politikern und Politologen umtrieb, was den, vorsichtig formuliert, Status von Großkollektiven wie Volk und Nation ausmacht. Genaugenommen sind es zwei Fragen. Die erste lautete: Worin besteht Ethnizität? Aus dieser folgt die zweite, ob es, wie die Begriffe Volk und Nation nahelegen, unterschiedliche ethnische Formationen gibt oder ob nur das Volk eine ethnische Einheit bildet, die Nation aber nicht.

Werfen wir zunächst einen Blick auf die Entstehung des Volksbegriffs. Wie schon mehrfach erwähnt, geht er auf den deutschen Philosophen Johann Gottfried Herder zurück. Seine Idee des Volkes war es, die der modernen Vorstellung von Kultur zum Durchbruch verhalf. Davor pflegte man einen normativen Kulturbegriff, der nicht dem Verständnis, sondern der Ausgrenzung des Fremden oder des sozial Anderen diente. Sicherlich erkannte schon die Antike, daß die Völker verschiedene Lebensstile pflegen, doch indem Griechen und Römer Kultur für sich selbst reservierten, bewerteten sie das Andersartige als Barbarei. Ähnlich normativ ging das Mittelalter vor, das allerdings nicht Völker voneinander schied, sondern durch sie hindurch eine Grenze zwischen Adel und Nicht-Adel verlaufen ließ. Kultiviert war nur der Adel, und zwar quer durch alle Königreiche europaweit, während das einfache Volk als kulturlos galt. Von jeder ethnischen Formation, von Volk, Region oder Königreich unabhängig, war Kultur somit ein Kennzeichen des obersten gesellschaftlichen Standes, und überall war es dieselbe Kultur, die von einem tonangebenden Hof bestimmt wurde. Auch das Christentum zog eine normative Grenze, die zwischen Christen und Heiden, und auch sie konnte, wenn nötig, quer zu den ethnischen Einheiten verlaufen. Seit Kolumbus und den Erkundungen in Übersee stellte sich das Problem insofern dringlicher, als man laufend neue Völker entdeckte und bei jedem andere Gewohnheiten feststellte. In dieser Zeit entstand eine differenziertere Vorstellung, die der kulturellen Entwicklung, welche, ohne die europäische Hegemonie aufgeben zu müssen, den Wilden zumindest eine Vorstufe der Kultur einräumte. Den Unterschied zwischen den wilden Völkern in Übersee und den zivilisierten Europas erklärte man jetzt aus Entwicklungsstufen. Die Wilden sollten sich in einer Art Anfangs- oder Jugendstadium befinden, während die Europäer den Zustand kultureller Blüte schon erreicht hätten.

Diesen Versuchen stellte Herder seine Idee des Volkes als Kulturträger entgegen, wodurch sich der Kulturbegriff in vielen Aspekten entscheidend veränderte. Nicht länger kennzeichnet er normativ einen bestimmten und internationalen Standard wie die christlichen Tugenden oder das adlige *savoir vivre*, sondern nun wird er an das Kollektiv des Volks gebunden. Wie auch heute noch vorherrschend, ist der Kulturbegriff jetzt ethnischer Natur. Aus der einen, allumfassenden Kultur sind damit die vielen völkischen Kulturen geworden, die, das ist eine weitere Konsequenz, als gleichberechtigte Varianten nebeneinander bestehen. Wie schon der Gegenaufklärer Rousseau und sein Vorläufer Montaigne verzichtet Herder auf die europäische Überlegenheit und verkündet einen radikalen Kulturrelativismus. Mit gleicher Radikalität, auch das ist eine logische Konsequenz des Begriffswandels, spricht Herder auch dem einfachen Volk Kultur zu, die er sogar, da sie näher bei den ethnischen Ursprüngen liegt, derjenigen des Adels vorzieht. Dabei war ihm die Doppelbedeutung des deutschen Wortes Volk willkommen, das sowohl ein ethnisches Kollektiv bezeichnet als auch innerhalb dieses Kollektivs die Ungebildeten von den Gebildeten scheidet. Wenn Herder Kultur und Volk zusammenfügt, dann just in dieser Doppelbedeutung, d.h. er hat nicht nur das nationale Gebilde im Sinn, sondern ebenfalls das einfache Volk. Mit dieser letzten Neubewertung stand er nicht allein, wurde vielmehr von den Romantikern, insbesondere den Brüdern Grimm, die Volkslieder und Volksmärchen sammelten, und auch von Goethe, der die Volkspoesie schätzte und nachahmte, unterstützt. Norbert Elias hat dieses Bestreben der Weimarer Geistesfürsten aus einer Frontstellung gegen den französischen Absolutismus erklärt, der in deutschen Adelskreisen den Ton angab.[5]

Zwar wirkt die von Herder geschmiedete Verbindung zwischen Volk und Kultur bis heute nach, ihre Entstehung aus dem Zeitgeist des 18. Jahrhunderts kann sie aber dennoch nicht leugnen. Herder und die Seinen bezeichnen Kultur als „Lebensform von Völkern" – wobei man hinzufügen könnte, daß es gewachsene, sozusagen organische Lebensformen sind – oder als „völkisches Wesen", das insbesondere im Voranschreiten der Künste zur Blüte kommt. Dieses Wesen oder dieser „Volksgeist" ist aber substantieller Natur und wurzelt in der Metaphysik der damaligen Zeit. Die substantielle Konzeption wird allerdings differenziert eingesetzt, damit sie bestimmte Argumentationen trägt. Wir zitieren einen späten Nachfolger, den Pädagogen Walter Hübner, der in seiner Fremdsprachendidaktik von 1933 schreibt:

> Völkische Besonderheiten sind individuelle Ausprägungen des Allgemein-Menschlichen und führen in ihren letzten Betrachtungen zu der Erkenntnis der Gleichberechtigung aller Ausprägungen der Verkörperung des Allgemein-Menschlichen, also zu Toleranz und Humanität.[6]

---

[5] Elias, Bd. I, S. 1-42.
[6] Walter Hübner, *Didaktik der neueren Sprachen* (Frankfurt am Main 1933), S. 5.

Wie Platon die Ideen für real hielt, wie die Religion Gott als existierend ansieht oder Hegel die Vernunft, betrachtete Herder nicht nur das Allgemein-Menschliche, sondern auch das Völkische als ontologische Realität. Diese Prämisse wird aber durch das bereits erwähnte, bei Leibniz und Spinoza zu findende Modell von Substanz und Manifestation differenziert.[7] Im Kapitel über die Sprache hatten wir darauf hingewiesen, daß Spinoza es verwendete, um ein ganz spezielles Verhältnis zwischen Gott und Natur festzuschreiben. Gott galt ihm als Substanz, d.h als eine körperlose, unphysikalische, aber doch reale Gegebenheit, die sich in der Natur manifestiere, also in ihr körperhaft und zu einem physikalischem Tatbestand werde. Herder bringt das Modell in eine Abfolge von zwei Stufen. Die Substanz des Allgemein-Menschlichen, so sagt Hübner zu recht, manifestiere sich in den Völkern, und das Völkische, eine Art Untersubstanz, sei in den einzelnen Volksgenossen verkörpert.

Herder gilt als der Theoretiker des Volkes, doch im Titel seiner beiden Hauptwerke sucht man diesen Zentralbegriff vergeblich. An seiner Stelle findet man den Terminus „Menschheit", der dem Volksbegriff stets bei- und übergeordnet ist. Dieser Terminus markiert die Grenze, wo Herders Radikalität an seine Zeitgenossenschaft stößt. Hätte er die Völker, deren Kulturen verschieden sind und in völliger Beliebigkeit nebeneinander existieren, als allerletzte Größe stehen lassen, so wäre ihm die Menschheit rettungslos zerfallen. Um das zu vermeiden, benutzt er das Modell von Substanz und Manifestation, das von den Philosophen immer dann bemüht wird, wenn die logische Unmöglichkeit zu vollbringen ist, Divergenz und Einheit nebeneinander bestehen zu lassen. Spinoza wollte Gott in die Welt verfügen, ohne ihm aber die Unterschiedlichkeit zu dieser Welt zu nehmen. Herder wollte einerseits die Divergenz der Völker betonen, andererseits aber eine Gemeinsamkeit des Menschlichen retten. Insofern erklärte er die Völker zu variierenden Manifestationen einer identischen Substanz, die er Menschheit nannte. Mit dem Individuum trieb er das gleiche Spiel, indem er es als Manifestation des Völkischen erscheinen ließ. Da im Völkischen die Substanz des Menschlichen wirkt, ist die Teilhabe des Individuum an der Menschlichkeit gleich mitgesichert.

Besonders in Deutschland blieb Herders Ansatz lange Zeit fruchtbar, und insbesondere erlebte er durch die „Völkerpsychologie" Wilhelm Wundts gegen Ende des 19. Jahrhunderts eine Renaissance. Die angel-

---

[7] Vgl. Klaus P. Hansen, *Die retrospektive Mentalität: Europäische Kulturkritik und amerikanische Kultur* (Tübingen 1984), Teil: „Die Logik von Substanz und Manifestation", S. 50-53.

sächsische Ethnologie ging jedoch bald andere Wege. Ohne die Verbindung von Volk und Kultur aufzugeben, versuchte sie, was dem Szientismus im letzten Drittel des 19. Jahrhunderts entsprach, den Volksbegriff auf eine eher physikalische Basis zu stellen. Man wollte keinen substantiellen, wohl aber einen verdinglichten Volksbegriff, d.h. man wollte die Existenz des Phänomens Volk an einer handfesten und notwendigen Faktizität festmachen. Die von der Weltgeschichte her naheliegendere Erklärung, die für Veblen selbstverständlich war, daß Völker machtpolitisch zustandegekommene Gebilde sind und sonst nichts, wurde gar nicht erst erwogen. Ethnische Formationen, hier wirkte die Tradition Herders nach, sollten jenseits aller historischen Zufälle bestehen und aus menschlich unverrückbaren Gegebenheiten zu begründen sein. Franz Boas[8], der die angelsächsische Konzeption schon 1914 kritisch durchleuchtete, nennt als die drei wichtigsten dieser Gegebenheiten: den geographischen Lebensraum, die Rasse und die Sprache. Diese drei Faktoren oder Komponenten, die sozusagen vor den Menschen da waren oder ihnen zumindest logisch vorgeordnet sind, bildeten, so will es der Ansatz, eine festgeschmiedete Einheit und konstituierten miteinander den Volkscharakter. Gehen wir die Faktoren der Reihe nach durch, wobei in vielen Punkten die Kritik von Boas immer noch zutreffend ist.

Klima und Topographie galten als prägende Elemente des Volkscharakters. Noch heute stellen wir uns ein Bergvolk, das in einem rauhen Klima lebt, als verschlossen und freudlos vor. Boas zeigte jedoch, daß in identischen Klimazonen und identischen Landschaften die verschiedensten Volkscharaktere anzutreffen sind und daß es nicht nur verschlossene, sondern auch fröhliche und herzliche Bergvölker gibt. Er hätte auch auf seine Heimat Deutschland hinweisen können, dessen geographischer Raum, der sich von der Nordsee bis zu den Alpen erstreckt, die verschiedensten Klimazonen und Landschaften umfaßt. Wie sollte man aus den windigen Küstenlandstrichen, der feuchten Wärme der rheinischen Tiefebene und der trockenen Kälte des bayerischen Waldes ethnische Einheitlichkeit ableiten? Die skeptischen Überlegungen von Boas nehmen die Einsicht der späteren Kulturgeographie[9] vorweg, deren Methode es zunächst war, Phänomene wie Siedlungsformen und Häuserbau aus der Topographie und dem Klima zu begründen. Dieser Rückschluß, so

---

[8] F. Boas, *Kultur und Rasse* (Leipzig 1914); auszugweise wiederabgedruckt in C.A. Schmitz, hg., *Kultur* (Frankfurt am Main 1963), S. 65-74.

[9] Vgl. Herbert Popp, „Kulturgeographie ohne Kultur?", in: Hansen, *Kulturbegriff und Methode*, S. 115-132.

merkte man nach einiger Zeit, nachdem man in der Wüste ähnliche Siedlungsformen wie im Gebirge gefunden hatte, war jedoch nicht tragfähig.

Damit zum Faktor Rasse. Ohne daß er über unsere genetischen Kenntnisse verfügte, läßt sich Boas von der Pseudonaturwissenschaftlichkeit der zu seiner Zeit in Blüte stehenden Rassenlehre nicht blenden. Seine Argumente sind dabei, daß erstens keinerlei Einigkeit bestünde, wieviel Rassen überhaupt existierten, und daß zweitens – von den am Rande des Planeten lebenden Eskimos abgesehen – kaum ein Volk rassisch rein sein könnte, da auf allen Kontinenten Völkerwanderungen stattgefunden hätten. Die rassische Mischung der meisten Völker, die Boas anhand der zu seiner Zeit gültigen Studien aufzeigt, widerspreche aber der behaupteten ethnischen Einheit. Was er damit meint, läßt sich an einem einfachen Beispiel verdeutlichen. Man stelle sich einen Franzosen vor, der sich morphologisch als mediterraner Typ zu erkennen gibt, und konfrontiere ihn mit einem zweiten Franzosen nordischen Typs. Beide sind in Paris geboren, also in derselben Klimazone, beide sprechen französisch und geben sich als Franzosen. Gleiche ethnische Merkmale stehen ungleichen rassischen Merkmalen gegenüber, was für Boas die Irrelevanz der Kausalität Rasse/Volk beweist. Da inzwischen, wie bereits mehrfach erwähnt, die Rassenlehre auch naturwissenschaftlich widerlegt ist, brauchen wir das Thema nicht weiter zu verfolgen.

Damit bleibt noch der Faktor Sprache. Während Boas für Geographie und Rasse einen konstitutiven Einfluß auf den Volkscharakter bezweifelt, muß er ihn für die Sprache jedoch anerkennen. Deshalb beschränkt sich seine Kritik darauf, den Zusammenhang bzw. die Einheitlichkeit der drei Faktoren, die ja fester Bestandteil des behaupteten Volksbegriffs war, zu widerlegen. An Beispielen führt er vor, daß oft genug verschiedene Rassen, die in verschiedenen Geographien leben, dieselbe Sprache sprechen. Doch Boas hätte grundsätzlicher argumentieren und die Frage stellen können, ob die Nationalsprachen in der Tat echte ethnische Faktoren sind, die, das war ja die Prämisse, von Politik und Geschichte nicht abhängen.

Im Deutschland des Mittelalters gab es nur Dialekte, die im Norden dem Englischen und im Westen dem Französischen ähnelten. Sie waren so verschieden, daß eine Verständigung zwischen den Regionen schwer war. Die Gebildeten umgingen dieses Problem, indem sie sich des Lateinischen bedienten. Selbst nachdem eine erste volkssprachige Hochkultur entstanden war, wurde die Literatur keinesfalls im sogenannten Mittelhochdeutsch verfaßt und niedergeschrieben, sondern im Dialekt des

Verfassers oder bei Abschriften dem des Schreibers. Eine gemeinsame Hochsprache gab es nicht, und das Mittelhochdeutsch, das Germanistikstudenten lernen, ist eine Konstruktion der Philologen. Erst im 16. Jahrhundert begann sich eine deutsche Hochsprache zu entwickeln. Von entscheidender Bedeutung war dabei die Prager Kanzleisprache, in der viele Verwaltungsdokumente vorlagen, und die Bibelübersetzung Luthers, die eine weite Verbreitung hatte. Als Standardaussprache dieser zunächst schriftlich entstehenden Verkehrssprache setzte sich der niedersächsische Dialekt durch.

Obwohl der Laie meint, daß Dialekte degenerierte Formen der Hochsprachen sind, ist das Verhältnis genau andersherum. Zunächst existieren nur Dialekte, und eine Hochsprache entwickelt sich erst, wenn aus politischen Gründen ein Bedarf für sie da ist. Erst wenn verschiedensprachige Regionen und Stämme zu einem Reich oder einer sonstigen Einheit zusammengezwungen werden, braucht man aus verwaltungstechnischer Notwendigkeit eine gemeinsame Verkehrssprache. In Afrika ist das bis zum heutigen Tage zu beobachten. Die Genese einer solchen zunächst Amts- und dann Hochsprache ist dabei von den verschiedensten Zufällen abhängig.

Die Behauptung, im Anfang war der Dialekt, legt allerdings die Schlußfolgerung nahe, daß die ursprünglich vorhandenen Sprachen eines Gebiets miteinander verwandt waren und einen gemeinsamen Kern besaßen. Aus diesem Kern, so ließe sich weiter schließen, entstand dann die Hochsprache. Das muß aber, wenn man es radikal kulturwissenschaftlich und antibiologistisch zu Ende denkt, nicht so gewesen sein. Wahrscheinlich ist bereits der Begriff Dialekt und seine Suggestion einer gemeinsamen Grundlage unangemessen. Am Urbeginn menschlicher Kommunikation könnten Clan- oder Stammessprachen gestanden haben, die keinerlei Ähnlichkeit miteinander aufwiesen. Der Einflußbereich eines Stammes und seiner Sprache, so ließe sich weiter spekulieren, war zunächst durch geographische Gegebenheiten, durch einen Berg oder einen Fluß oder durch fehlende Transportmöglichkeiten begrenzt. Erst durch Kontakte zwischen den Stämmen, womit die ethnische Argumentation verlassen wird, gleichen sich die Stammessprachen einander an. Der nächste Schritt auf dem Wege zur Hochsprache wäre ein politischer. Die Machtgier eines Herrschers zwingt einzelne Stämme zu einer staatlichen Einheit zusammen. Jetzt bedarf es einer gemeinsamen Verkehrssprache, die sowohl spontan heranwächst als auch durch staatliche Initiativen gefördert wird. Die Art der entstehenden Hochsprache ist dabei natürlich von der Art und

Anzahl der Stämme abhängig, die das Reich umfaßt. Wenn zur Zeit der Entstehung des Hochdeutschen Deutschland andere politische Grenzen gehabt hätte, wenn vielleicht noch das Territorium des damaligen Rußlands dazu gehört hätte, würden wir wahrscheinlich anders sprechen. Wenn Prag damals nicht zu Deutschland gehört hätte oder wenn Luther in Genf geboren wäre, sähe das, was wir so selbstverständlich für die deutsche Sprache halten, anders aus.

Diese Theorie der Sprachgenese ist genauso spekulativ wie die Behauptungen des genetisch-biologischen Ursprungs der Nationalsprachen. Da der Zeitraum der Sprachentstehung weit vor der Schriftlichkeit liegt und folglich keine Dokumente analysiert werden können, wird man bei diesem Problem immer auf Spekulationen angewiesen bleiben. Für die hier anstehende Fragestellung muß man sich aber nicht weit vorwagen. Wir wissen nachweislich, daß, wie oben am Beispiel Deutschlands gezeigt, die meisten der zentralen Nationalsprachen nicht ethnischen, sondern historischen und politischen Ursprungs sind. Dadurch aber sind sie für einen Volksbegriff, der bewußt alle historischen und vom Menschen geschaffenen Momente ausklammern möchte, ohne Relevanz. Um ein Volk zu bilden, das wäre ein weiteres Argument, erscheint eine gemeinsame Sprache auch gar nicht vonnöten. Die Schweizer erscheinen den anderen und fühlen sich selbst als Volk, obwohl sie weder nur eine Hochsprache noch miteinander verwandte Dialekte besitzen. Diese Dialekte widerlegen übrigens die These von einem gemeinsamen Kern. Wenn man im Engadin das Rätoromanisch des einen und das Ladinisch des anderen Dorfes hört, kann man nicht sagen, ob das eher ein italienischer, deutscher oder französischer Dialekt ist. Daß diese drei Sprachen immer schon für sich bestehende Einheiten gewesen sein sollen, erscheint in diesem Landstrich nicht so recht glaubwürdig.

Gehen wir, um die Idee der Ethnizität endgültig zu Fall zu bringen, noch einige Beispiele durch. Nehmen wir an, ein gebürtiger Franzose, ein Germanist, wurde zur Zeit der Weimarer Republik an eine deutsche Universität berufen. Er wurde Professor in Freiburg und befreundete sich mit dem dort lebenden Philosophen Heidegger, der ihn zu einer Unterstützung der Nationalsozialisten veranlaßte. Geistig half der Franzose also mit, daß Hitler an die Macht kam. Wie muß er sich nach 1945 fühlen, wenn er, inzwischen nach Frankreich zurückgekehrt, einem Juden gegenübertritt? Müßte er nicht, obwohl er gebürtiger Franzose ist und kein deutsches Blut in seinen Adern fließt, dieselbe Beklommenheit in sich spüren wie ein Deutscher?

Ein weiteres, aktuelleres Beispiel. Ein Kind türkischer Eltern wird in Berlin-Kreuzberg geboren und wächst dort in einer deutschen Nachbarschaft auf. Der Junge spricht wie ein waschechter Berliner, liebt Eisbein mit Sauerkraut, trinkt Berliner Weiße, ißt morgens Schrippen und haßt Kebab. Er ist Fan von Bayern München und bayerischer Blasmusik. Wenn er nicht den türkischen Namen hätte und so schwarze Augen, wäre er von seinen deutschen Klassenkameraden ununterscheidbar. In seinem Verhalten und Denken ist er Deutscher, auch wenn er nicht als solcher geboren wurde und die deutsche Staatsbürgerschaft nicht beantragte. Volkszugehörigkeit, das sehen wir daran, ist nicht angeboren. Deutsch sein oder Franzose sein, ist etwas anderes als Fisch oder Vogel sein. Ein Sperling brütet aus seinen Eiern stets Sperlinge aus, die fliegen können und die man sofort als solche erkennt. Eine deutsche Mutter könnte aber eine Tochter zur Welt bringen, die nach Amerika auswandert und sich bald wie eine Amerikanerin fühlt und benimmt. Wir sehen also, daß sich Volkszugehörigkeit nicht über die Bande des Blutes realisiert, sondern mit Hilfe der bewußt und vor allem unbewußt übernommenen Kollektivität zustande kommt. Ihr anzugehören, ist in keiner Weise, nicht einmal als notwendige Bedingung, vom Zufall der Geburt abhängig. Das deutsche Ausländerrecht, das den Erwerb der Staatsbürgerschaft immer noch daran koppelt, ist insofern nicht auf der Höhe der wissenschaftlichen Erkenntnis.

* * *

Nach der von Boas begonnenen und von anderen fortgeführten kritschen Durchleuchtung dürfte der ethnisch argumentierende Volksbegriff seine wissenschaftliche Reputation verloren haben, was aber Nationalisten wie etwa den Soziologen Bernard Willms[10] nicht davon abhält, noch 1982 an ihn zu glauben. Willms geht immer noch von einem vorprogrammierten Volkstum aus, das den Zufälligkeiten der Geschichte als unabhängige Gegenständlichkeit vorgelagert sei. Von solchen Ausnahmen abgesehen, die interessanterweise hauptsächlich in Deutschland vorkommen, wandte sich die *scientific community* vom Konzept der Ethnizität ab und ersetzte es durch andere Definitionsversuche, die allerdings, wie bei gebrannten Kindern üblich, übervorsichtig und äußerst desillusioniert zu Werke gehen. Diese Versuche, die in erster Linie aus den angelsächsischen

---

[10] Bernard Willms, *Die deutsche Nation* (Frankfurt am Main 1982); Willms spricht zwar von Nation, benutzt den Begriff aber fast wie den alten substantiellen Volksbegriff Herders.

Ländern kommen, wollen wir kurz betrachten. Hugh Seton-Watson, der Verfasser des angelsächsischen Standardwerks, legt den Trend der Neubesinnung mit der resignierenden Einsicht fest: „Thus I am driven to the conclusion that no ‚scientific definition' of the nation can be devised; yet the phenomenon had existed and exists."[11] Von solcher Mutlosigkeit angesteckt, versucht Benedict Anderson, aus dem Konzept Volk, sozusagen als letzte Zuflucht, ein reines Bewußtseinsphänomen zu machen. Völker sind für ihn, wie es im Titel seines Buches heißt, „imagined communities", also Produkte der Einbildungskraft.[12] Man ist insofern ein Volk, als sich die Mehrheit dafür hält. Mit dieser Extremposition schließt sich Anderson letztendlich der Meinung Nootebooms an, der nur Einzelmenschen Realität zuspricht, nicht aber Kollektiven. Das stimmt jedoch keinesfalls. Zum einen muß man einräumen, daß sich Völker durch mehr zu erkennen geben als durch Solidarität und Gemeinschaftsgefühl, als durch Nationalstolz und Patriotismus, kurz, durch die bloße Einbildung, ein Volk zu sein. Unsere Tennisclubszene hatte genügend Hinweise geliefert, worin Volkhaftigkeit besteht. Zum anderen aber, das zeigte die Romanistin, kann man auch ohne Bewußtsein und sogar wider Willen, also sozusagen gegen die *imagination* volkhaft oder nationaltypisch sein. Indem sie wie alle anderen die Rechnung kontrollierte und indem sie in ihrem Engagement für die Umwelt deutsche Gründlichkeit an den Tag legte, gab sie sich, ohne es selbst zu ahnen oder zu wollen, als Deutsche zu erkennen. Obwohl sie sich ihrer Volkszugehörigkeit schämte und von einer multikulturellen Zukunft träumte, waren einige ihrer Denk- und Verhaltensweisen genauso deutsch wie die eines beliebigen Nationalisten. Wir sehen also, daß ein Volk kein reines Bewußtseinsphänomen ist, und hegen deshalb im Unterschied zu Seton-Watson die Hoffnung, daß seine besondere Art der Gegenständlichkeit beschreibbar sein müßte.

Beherzter argumentiert Anthony D. Smith, der für das, was er französisch *ethnie* nennt – das Wort *people* besitzt im Englischen eine andere Bedeutung als das Wort Volk im Deutschen - einen konkreten Kriterienkatalog vorlegt.[13] Er vereint darin, um seine Kapitelüberschriften zusammenzufassen, folgende Merkmale: „a collective name, a common myth of descent, an association with a specific territory, a shared history,

---

[11] Hugh Seton-Watson, *An Enquiry into the Origin of Nations and the Politics of Nationalism* (Boulder, Col. 1977), S. 5.
[12] Benedict Anderson, *Imagined Communities: Reflections on the Origin and Spread of Nationalism* (London/New York 1983).
[13] Anthony D. Smith, *The Ethnic Origin of Nations* (New York 1987).

a distinctive shared culture and a sense of solidarity". In ihrer pragmatischen Schlichtheit ist diese Liste beeindruckend, doch zum einen ist sie zu kurz, und zum anderen, obwohl man es zunächst begrüßt, stört ihr Listencharakter. Als Vorarbeit zu ihrer Erweiterung wollen wir, was sprachlich nur das Deutsche tut, zwischen Nation und Volk einen begrifflichen Unterschied machen. Während der Volksbegriff meist einheitlich benutzt wird, ist das beim Nationenbegriff nicht der Fall. In und außerhalb der Wissenschaft wird er auf dreifache Weise verwendet. Die erste macht keinen Unterschied zwischen Volk und Nation, wie es beispielsweise der oben genannte Bernard Willms tut. Die zweite Verwendungsart setzt Nation mit Nationalstaat gleich, konzentriert sich also auf eine bestimmte staatliche Organisationsform, die im 19. Jahrhundert entstand und die das davor übliche Königreich ablöste. Diese Verwendung ist für kulturwissenschaftliche Belange nicht relevant. Im Gegensatz zur ersten sieht die dritte Verwendung Volk und Nation als voneinander zu trennende Kollektivarten. Eine Nation wird als rein politisches Gebilde betrachtet, das sich allein den Zufällen der Geschichte verdankt, wohingegen ein Volk, hier kommt das Konzept der Ethnizität zum Tragen, mehr als nur einen politischen Zusammenhalt aufweise. Dieser dritten Begriffsverwendung wollen wir uns, inhaltlich allerdings abgewandelt, im folgenden anschließen.

Betrachten wir zwei Beispiele der jüngeren Vergangenheit. Vor der Öffnung des Ostens waren die Sowjetunion und Jugoslawien Nationen, die sich aus verschiedenen Völkern zusammensetzten. Der Zerfall dieser Großreiche demonstriert nachhaltig, daß sie machtpolitisch geschaffen und militärisch zusammengehalten wurden. Es waren Kollektive ohne innere Kohäsion, die in ihre völkischen Bestandteile auseinanderdrifteten, sobald der militärische Druck nachließ. Diese Bestandteile allerdings, also die Völker wie die Serben oder die Georgier, besitzen etwas, das sie auch ohne äußeren politischen Zwang von innen her zusammenhält. Dieses Etwas ist nicht ethnischer Natur, wie man am Gegenbeispiel der *United States of America* erkennt, die, obwohl sie ethnisch einen Schmelztiegel bilden, es auch besitzen. Die Nation Amerika ist so gesehen, wenn man konsequent beim vorgeschlagenen Begriffsgebrauch bleibt, ein Volk. Genau wie die Serben oder die Georgier besitzt es eine belastbare innere Kohäsion. Die Begriffstrennung und die genannten Beispiele haben vielleicht zu einer Verschärfung der jetzt zu behandelnden Problematik beigetragen. Wenn gesagt wurde, eine Nation ist ein politisches Gebilde ohne inneren Zusammenhang, ein Volk hingegen ein auch von innen her stabiles Kollektiv, so lautet die Frage nun, worin, wenn man nicht mehr an

Ethnizität glaubt, dieser innere Zusammenhalt besteht und was seine Bedingungen sind.

Eine dieser Bedingungen ist schnell erkannt. Ein Volk, das fehlt bei Smith, entsteht immer als politisches Gebilde, entweder als freiwilliger Zusammenschluß von einzelnen Clans oder Stämmen, die sich davon Vorteile erhoffen, oder aus den willkürlichen Gelüsten eines Indianerhäuptlings, Clan-Ältesten oder eines Königs. Am Anfang der Menschheitsgeschichte wird die Überlebensnotwendigkeit Zusammenschlüsse diktiert haben, zu Zeiten der vormodernen Jahrhunderte aber, in die sich die Mehrzahl der westlichen Völker zurückdatiert, kam Machtpolitik zum Tragen, welche die Horden, die sich bis dahin formiert hatten, zu größeren Einheiten zusammenfaßte. Trotz anders lautender Entstehungsmythen geht die Mehrzahl der Völker, die wir auf der Erde verteilt sehen, auf das Steckenpferd der Mächtigen zurück, das Veblen „state making" nennt. Am Anfang der Volksgenese steht also ein Akt menschlicher Willkür. Nur wenn man sich das rückhaltlos eingesteht, ist man vor den Legenden und Ideologien gefeit, die auf diesem Gebiet ins Kraut schießen. Von der Kontingenz und Willkür der Entstehung her läßt sich kein Unterschied zwischen Volk und Nation erkennen. Die Genese der Georgier war keineswegs anders als die der Sowjetunion.

Doch die Georgier bilden schon länger ein Kollektiv. Das serbische Volk ist erheblich älter als die auseinander gebrochene Nation Jugoslawien. Ein Volk, so sehen wir, gründet auf Dauer von Jahrhunderten, die junge Nation hingegen nicht. Es ist, damit haben wir die wichtigste Bedingung erkannt, ganz einfach der Faktor Zeit, der den Unterschied macht. Er allein sorgt für die Voraussetzung, daß sich Kollektivität und Kohäsion entfalten können. Das läßt sich bei vielen Kollektiven beobachten. Wenn in ein größeres Mietshaus Parteien einziehen, werden nach einer gewissen Zeitspanne, meist spontan und planlos, ungeschriebene Regeln des Miteinanderumgehens entstehen, die sich zu Gewohnheiten verfestigen. Es ergeben sich Strategien, wie man das morgendliche Duschen arrangiert, damit der Wasserdruck nicht aufgibt, oder wie man gegen den Besitzer bei Mieterhöhungen zusammensteht. Wenn man sich nicht mag, werden auch Verfahren der Kontaktvermeidung oder Kontaktverkürzung dazugehören. Nach zwanzig Jahren ist aus der unfreiwilligen Zusammenwürfelung von vereinzelten Bewohnern ein Kollektiv geworden, das mehr ist als die Summe seiner Mitglieder. Dieses Mehr besteht in den gemeinsamen, kommunikativ entwickelten Verhaltensweisen. Ob sie harmonisierend oder eher konfliktverschärfend wirken, ob sie Haß oder pragmatische

Solidarität oder gar ein Gemeinschaftsgefühl erzeugen, ist dabei unerheblich, da Kollektivität in der Hauptsache darin besteht, dem einzelnen Verhaltensangebote zu unterbreiten.

Die Entstehung der Kollektivität eines Volkes vollzieht sich nicht anders. Das aus Not oder Zwang entstandene Horden-Gebilde wandelt sich, wenn keine unüberwindlichen Hindernisse entgegenstehen, zu einer völkischen Gemeinschaft. Diese Wandlung vollzieht sich in einem unendlich langen, langsamen und ungeheuer komplexen, nie abgeschlossenen Prozeß, der immer wieder anders ausfällt und von dem wir nur wissen, daß er kommunikativer Natur ist. Er bildet Gemeinsamkeiten heraus, eine gemeinsame Sprache, Rituale, Bräuche, Umgangsformen; des weiteren eine gemeinsame Religion, eine gemeinsame Kunst, gemeinsame Diskurse und Mentalitäten, so daß schließlich eine eigenständige Lebenswirklichkeit vorhanden ist. Einflüsse von außen kommen hinzu. Oft genug unfreiwillig erlebt man eine Geschichte, die sich aber im Rückblick als verbindender Schatz gemeinsamer Erinnerung herausstellt. Mit den Erinnerungen formt sich das kulturelle Gedächtnis, das die Voraussetzung bildet für die angebliche Krönung des Ganzen, die Volksidentität. Sie ist das äußere Anzeichen der inneren Kohäsion und verweist darauf, daß aus dem ehemaligen Zwangsverbund eine zunächst hingenommene und dann durch Solidaritätsgefühl akzeptierte Gemeinschaft wurde, auf die man schließlich stolz ist. Mit ihm reift ein Selbstbild heran, das sich an Fremdbildern schärft. Es wird ein Mythos der Volksgründung ersonnen, und die Geschichte wird auf die gefundene Identität hin umgeschrieben. Ohne daß es zwangsläufig sein müßte, überschreitet diese Entwicklung gern die Grenze zum Ethnozentrismus und zur Überheblichkeit. Aus dem Selbstbild kann die Überzeugung der eigenen Besonderheit erwachsen und sich zum Glauben an eine Weltmission steigern. Als Kulturbote kann man sich gebärden wie die Griechen oder sich für das auserwählte Volk Gottes halten, wie es fast alle europäischen Völker zeitweilig taten, oder man kann als Heilsbringer der Demokratie paradieren wie die USA.

Wir halten fest, es ist die innere Kohärenz, die Volk und Nation unterscheidet, und diese ist nicht ohne den Faktor Zeit denkbar. Er fehlte in der Liste von Smith. All die Gemeinsamkeiten, die sie aufzählt, müssen erst durch diesen Faktor gehärtet sein, ehe sie die innere Kohärenz stiften können, die ein Volk ausmacht. Die Liste, um damit zu einem weiteren Kritikpunkt zu kommen, nennt ausschließlich Gemeinsamkeiten, hinter denen sich stillschweigend die Prämisse der Homogenität eines Volkes verbergen könnte. Daß zu ihm vor allem auch, wie wir an unserem

Intermezzo sahen, Diversität gehört, kommt nicht in den Blick. Es ist aber gerade dieses Kriterium des komplizierten Miteinanders von Homogenität und Diversität, welches das Kollektiv Volk allen anderen Kollektiven voraushat. Was Smith aufzählt, kommt auch anderen Kollektivarten wie etwa einem Tennisclub zu. Auch er besitzt einen Namen, ein Gelände, eventuell einen Entstehungsmythos, auf jeden Fall eine Stunde Null der Gründung und seitdem eine Geschichte, die ein chronikversessenes Mitglied in Versform zu Papier bringen könnte; auch er besitzt „a distinctive shared culture", also Bräuche und Sitten. Die Bewußtseinsdimension *(imagination)* fehlt ebenfalls nicht, obwohl Selbstbild und Gemeinschaftsgefühl beim Tennissport nicht so ausgeprägt sind. Im Bereich Fußball allerdings ähneln sich Vaterlandsliebe und Vereinssolidarität außerordentlich, da auch Fußballfans unter Absingen von Liedern in die Schlacht ziehen und sich mit identisch strukturierten, ebenfalls singenden Kollektiven Schlägereien liefern.

Man könnte das Spielchen der Unterschiedssuche weiter treiben und würde lange nicht fündig werden. Selbst das Kriterium, das zuerst in den Sinn kommt, daß ein Volk nicht nur aus Kultur bestehe, sondern auch aus Gesellschaft und Politik, und daß es über eine weitreichende verwaltungstechnische und juristische Organisation verfüge, ist nicht stichhaltig. Auch der *Michael-Jackson-Fanclub Dinkelsbühl e.V.* überlagert seine kulturelle Ebene durch eine organisatorische (Satzung, Mitgliederversammlung, Vorsitzender und Kassenwart), und es läßt sich auch eine soziale entdecken, da es eine Hierarchie gibt und bestimmte Rollen. Man mag anführen, was man will, auf die hinreichende Bedingung des Kollektivs Volk stößt man erst, wenn man die Frage der Homogenität ins Auge faßt. Ein Tennisclub und eine Fan-Vereinigung unterstehen einem konkreten Zweck und präsentieren ein funktionales Gebilde, das auf ihn ausgerichtet ist. Auf das Kollektiv und seine Belange bezogen, sind die Interessen der Individuen und ihre Wertvorstellungen dieselben, so daß, von Nuancen abgesehen, ein weitgehendes Gleichverhalten resultiert. Das aber ist bei der Kollektivart Volk anders.

Wir kommen damit auf die Schlußfolgerungen zurück, die wir aus der Tennisclubszene zogen. Als Clubmitglieder hatten sich meine Akteure relativ konform verhalten, beim Gespräch danach aber, als sie nur noch durch das Dachkollektiv Deutschland verbunden waren, wurden erhebliche Unterschiede, also Diversität sichtbar. Wenn aber auch für dieses Dach Kollektivität beansprucht werden soll, wenn es mehr sein soll als *imagination*, steht man vor dem Problem, wie Kollektivität und Diversität zusammenpassen. Die Lösung haben wir bereits erarbeitet. Das Dachkollektiv, so hatten wir gesagt, setzt sich aus Unterkollektiven zusammen, die für das Ungleichverhalten der Individuen mitverantwortlich sind. Trotz dieses Umstandes konnte gezeigt werden, daß die Unterkollektive zu großen Teilen von ihrem völkischen Dachverband abhängen, daß sie, wie wir sagten, in nationalspezifischer Form vorkamen (eine typisch deutsche Ärztin, ein deutscher Handwerker). Daraus hatte sich der paradoxe Befund ergeben, daß die Verschiedenheit zwischen Ärztin und Handwerker in ihrer beider Deutschsein aufgehoben ist. Abgesehen von den Untergruppierungen, hatten wir des weiteren, auf das Ganze bezogen, den Angebotscharakter von Kultur betont und, darauf aufbauend, das einfache, aber eminent hilfreiche Modell von verschiedener Reaktion und identischer Reaktionsgrundlage entwickelt. Wenn man das zur Definition des Kollektivs Volk heranzieht, dann ist zu sagen, daß seine Kollektivität hauptsächlich in Angeboten oder Verhaltensvorgaben gründet, die zwar für alle identisch sind, in ihrer individuellen Auswahl und Umsetzung aber zur Diversität führen.

Man könnte die Sprache, um sie herauszugreifen, als ein Lagerhaus der verschiedensten Vorstellungen und Wirklichkeitsdeutungen bezeichnen. Für alle Sprecher der Gemeinschaft hält sie die unterschiedlichsten Weltanschauungsbausteine bereit. In diesem Lagerhaus bedienen sich alle Volksgenossen, wobei sie aus den Offerten äußerst verschiedene Sinnkonstellationen zusammenstellen. Das ist die Seite der Diversität, doch es gibt noch eine andere. Alle Bausteine und die gesamte Palette des Angebots sind jedem hinreichend bekannt. Man ist nicht nur mit dem persönlich zusammengestellten Warensortiment vertraut, sondern auch mit dem, was man nicht wählte. Jedem Einkäufer sind alle Winkel des Lagerhauses bekannt, auch jene, aus denen man noch nie etwas fortschleppte. Der Deutsche kennt die üblichen deutschen Ansichten, auch wenn er die wenigsten davon teilt. Bis in alle Nuancen weiß der deutsche Konservative um die Vorstellungen des deutschen Grünen, des deutschen Sozialdemokraten, des deutschen Autonomen. Sie sind ihm so geläufig, wie er sie ablehnt und bekämpft. Verwundert wäre er aber über gewisse Vorstellungen ideologisch Gleichgesinnter außerhalb seines Kulturraums. Der amerikanische Republikaner beispielsweise würde ihn mit der Meinung überraschen, daß Handfeuerwaffen frei verkäuflich sein sollten. Solche Überraschungen gibt es für den Deutschen in Deutschland nicht, denn das Prinzip der Standardisierung sorgt für Bekanntheit und Vertrautheit.

Die Meinungen der Deutschen zu ihrer Geschichte sind höchst kontrovers, doch das Spektrum ist begrenzt, und was nicht darüber hinausgeht, ist weithin bekannt. Man erkennt sofort die verklausulierte Art des deutschen Nationalisten wieder, der sich nicht so keck zu seiner Position bekennt wie der amerikanische Patriot. Man weiß um die Vehemenz des deutschen Antifaschisten, die größer ist als anderswo, und man kann den Pazifismus des fundamentalen Grünen jederzeit vorhersagen. Wir kennen diese Standpunkte, und wenn wir sie hören, wissen wir, daß wir zu Hause sind. Das gilt nicht nur für politische Meinungen, sondern für alle Standardisierungsarten, die wir beleuchtet haben. So viele es gibt und so divergierend sie sind, fügen sie sich dennoch in einen Rahmen des Üblichen. Das Individuum mag sie noch so mischen, wir erkennen sie doch. Wenn das Kollektiv Tennisclub Gleichverhalten erzeugt und darüber Kohäsion schafft, gelingt dem Kollektiv Volk diese Kohäsion über die Bekanntheit des Ungleichverhaltens.

Um diese Art der Kohäsion anschaulich zu machen, möchte ich einen Vergleich wagen. Vier Schreiner arbeiten in einer Werkstatt. Sie benutzen die Werkzeuge, die dort zur Verfügung stehen und das nebenan lagernde Rohholz. Jeder arbeitet aber an einem ganz anderen Werkstück. Der eine, übrigens ein begeisterter Leser von *comic strips*, klebt aus Sperrholzteilen eine Miniaturburg für den Sohn zusammen; der zweite, dessen Hobby das Reiten ist, fertigt eine schwere Treppe aus Buchenholz; der dritte, nach Feierabend Taubenzüchter, ist mit einer Büroeinrichtung aus Spanplatten beschäftigt, und der vierte, der ansonsten nur fernsieht, haut eilig eine Ausstellungsattrappe zusammen, die nur eine Woche halten muß. Was die Inhalte oder Ziele ihrer Tätigkeiten betrifft, fehlt meinen Schreinerindividuen jede Gemeinsamkeit, wie auch ihre Freizeitinteressen auseinandergehen. Von den Voraussetzungen ihrer unterschiedlichen Tätigkeiten her zeigen sie dennoch Homogenität. Sie beherrschen dasselbe Handwerk, arbeiten in derselben Werkstatt und benutzen dieselben Geräte und ähnliche Materialien. Insofern bilden sie ein Kollektiv mit Kohärenz, die sich sofort zeigen würde, wenn ein Installateur den Raum beträte.

Das Bild der vier Schreiner erklärt metaphorisch, worin die Besonderheit einer Nationalkultur besteht und was das Dachkollektiv Volk von seinen Unterkollektiven unterscheidet. Die Kollektivität eines Volkes besteht in seinen gemeinsamen geistigen Ressourcen. Diese Gemeinsamkeit der Ressourcen schmiedet aus den dazugehörenden Individuen, unbeschadet ihrer Rasse oder ethnischen Herkunft, unbeschadet ihrer Schicht oder ihres Geschlechts und unbeschadet ihrer Individualität einen festen Verband. Ihm liegt weder eine Gemeinsamkeit identischer Zielvorstellungen noch eine Gemeinsamkeit des Aufeinanderabgestimmtseins zugrunde, wie ältere, noch zu diskutierende Modelle behaupteten. Es ist auch nicht die Gemeinsamkeit einer austarierten Stabilität. Die unterschiedlichen Werkstücke meines Vergleichs, an denen die Schreiner hantierten, verwiesen auf die unterschiedlichen Lebenswirklichkeiten der Gruppen und Individuen. Da divergent, tendieren diese Lebenswirklichkeiten eher zu Feindschaft und Zerfall als zu Harmonie und Zusammenhalt. Der Kitt, der sie trotzdem zur Kohäsion bringt, ist die Vertrautheit der Verschiedenheit oder, anders formuliert, ihre Normalität. In ihr ist die Diversität aufgehoben. Eine Nationalkultur, das ist ihr wesentlichstes Kriterium und ihre wirkungsvollste und tiefste Leistung, definiert Normalität, und diese Normalität wirkt auf ihre Art ebenso bindend und verbindlich wie soziale[14] und politische Strukturen.

---

[14] Vgl. John Elster, *The Cement of Society: A Study of Social Order* (New York 1989).

V Aufgaben einer zukünftigen Kulturwissenschaft

Seit einiger Zeit erlebt das Phänomen Kultur eine erstaunliche Renaissance. In den verschiedensten Wissenschaftsdisziplinen, in der Praxis des Universitätsbetriebs, wo neue, mit dem Begriff Kultur geschmückte Studiengänge entstehen, ja sogar in der Wirtschaft ist eine Rück- bzw. Neubesinnung zu beobachten. Der Anlaß dazu ist in den einzelnen Bereichen verschieden; zum einen sind es theoretische, meist wissenschaftsinterne Gründe, zum anderen spielen aber auch praktische und sogar handfeste Interessen eine Rolle.

Beginnen wir mit dem Handfesten. Der Expansionsdrang der Wirtschaft und die Vernetzung der großen Weltfirmen hat schon seit längerem einen solch globalen Umfang erreicht, daß die Grenzen zwischen den Völkern zu stören beginnen. Sollte Europa vereinigt werden, was man zur Zeit gerade probt, dann vor allem durch das Drängen der Wirtschaft, dem die Politik hinterherhinkt. Ein Nebeneffekt dieser Globalisierung ist das zunehmende Interesse der Manager an Kultur. Zollschranken kann man einfach beseitigen, doch dem Freihandelsparadies steht dann immer noch die Unterschiedlichkeit der Kulturen im Wege, die kostenträchtig und absatzerschwerend zu Buche schlägt. Der Italiener, so muß der international operierende Lebensmittelkonzern zur Kenntnis nehmen, mag seinen Joghurt fest, der Ire hingegen cremig. Zwar tragen beide inzwischen die gleichen Tennisschuhe und T-Shirts, doch manchen Gewohnheiten ist auch mit ausgeklügelter Werbung nicht beizukommen. Insofern bleibt keine andere Wahl, als sie hinzunehmen und ihnen Aufmerksamkeit zu widmen. Das geschieht äußerst pragmatisch, indem Marktanalysen durchgeführt, die Akzeptanz der Produkte vor Ort getestet und die Werbung regionalen Spezialisten überlassen wird.

Weitere Anlässe, die Führungskräfte mit der Nase auf Kultur stoßen, sind die interkulturellen Kommunikationsschwierigkeiten, die sich zum einen bei Verhandlungen zwischen Partnern verschiedener Nationalität ergeben und die zum anderen beim Einsatz von ausländischem Personal auftreten. Auch darauf reagierte man pragmatisch und schnell. Bereits seit längerer Zeit bieten in den USA clevere Unternehmensberater interkulturelle Trainingsprogramme an, die sofort gute Resonanz fanden. Eine entsprechende Literatur steht ihnen seit kurzem zur Seite.[1] Durch beides lernt der amerikanische *sales manager*, wie er seinen japanischen Verhandlungspartner zu begrüßen und welche Finten er von ihm zu erwarten hat. Ob ein solches Wissen hilfreich ist, bleibt selbst für die eingeengte Kommunikation einer geschäftlichen Verhandlung zu bezweifeln, den Weg zu einer wirklichen Verständigung ebnet es aber keinesfalls. Man stelle sich nur folgende Situation vor, welche die angebliche Pragmatik solcher Programme schlaglichtartig widerlegt: Ein interkulturell geschulter Amerikaner trifft auf einen ebenfalls geschulten Japaner; im Verlauf der Verhandlungen wird der Amerikaner mühsam versuchen, sich japanisch zu verhalten, und der Japaner wird sich ebenso mühsam amerikanisch geben. Beide wissen zwar um die Besonderheiten des anderen und versuchen sogar, sie zu imitieren, ihren Grund kennen die Verhandlungspartner aber nicht. Die das Verhalten tragenden Wirklichkeitsdeutungen bleiben ihnen verborgen, und daher kann ein Verstehen im Sinne eines Nachvollzugs von Motivationen und Interpretationen nicht stattfinden.

Doch das derzeitige Interesse an Kultur ist nicht auf die Wirtschaft beschränkt. Allen Übergriffen gegen Ausländer, zum Trotz leben wir, wie sich an Studenten beobachten läßt, in einer geistig offenen Zeit, die keine Berührungsängste kennt. Zeittypisch ist aber auch die Amüsierwut unserer Gegenwart, die Gerhard Schulze in den Begriff der „Erlebnisgesellschaft" faßt.[2] Beide Tendenzen, die sich ineinander verschränken, wecken Neugierde auf das Fremde. Die Begegnung mit ihm fällt aber, je nachdem, was gewollt ist, ob Wissensbegierde oder Erlebnishunger im Vordergrund steht, höchst unterschiedlich aus. Läuft sie touristisch organisiert ab, überwiegt meistens der Unterhaltungswert. Betreibt man es aber gründlicher, studiert man beispielsweise Landeskunde in einem der neuen Studiengänge und intensiviert das Gelernte durch eigene Anschauung vor Ort, so kann es zu einer intensiven Begegnung kommen. Im besten Falle wird ihr höchstes Ziel erreicht: der Verlust der Fraglosigkeit der gewohnten Normalität.

Ein ganz anderer Anlaß der Besinnung auf Kultur tritt uns in den USA entgegen. Seit einigen Jahren ist unter progressiven Intellektuellen und vor allem im Hochschulmilieu ein in seiner Heftigkeit und Verbreitung erstaunlicher *multi-culturalism* festzustellen. Einerseits findet er als Bildungs-

---

[1] Aus der angewachsenen Literatur vgl. etwa D. Landis and R. Brislin, *Handbook of Intercultural Training*, 3 Bände (New York 1983).

[2] Gerhard Schulze, *Die Erlebnisgesellschaft: Kultursoziologie der Gegenwart* (Frankfurt am Main 1992).

debatte statt, andererseits liefert er eine wissenschaftliche Betrachtungsperspektive, die darauf aus ist, die Dominanz der *WASP culture* [*white anglo-saxon protestant*] oder des *eurocentric white male* als ungerechtfertigt zu entlarven. Diese breite Strömung hat sowohl den Feminismus in sich aufgesogen als auch das *civil rights movement*, so daß alles bekämpft wird, was weiß, männlich und intellektuell machtvoll ist. In gut amerikanischer Tradition sind in dieser Strömung wirtschaftliche Macht und Umverteilung kein Thema. Als Therapie, die an einigen *colleges* schon probiert wird, schlägt man vor, statt Shakespeare unbekannte weibliche oder schwarze Autoren zu lesen und statt der europäischen Musik die afrikanische oder kubanische zu studieren. Natürlich weckt diese Debatte ein Bewußtsein für Kultur, wobei ein moderner Begriff von ihr zum Tragen kommt, der ihr geistige Gestaltungskraft und die Festlegung gesellschaftlicher Chancen konzediert. Ob der *multi-culturalism* die ebenfalls in den USA zu beobachtenden theoretischen Überlegungen motivierte, läßt sich schwer sagen. Ein Anthropologe - in europäischer Terminologie ein Kulturphilosoph - wie Clifford Geertz kann dadurch angeregt worden sein, kann aber auch die in der Anthropologie nie abgerissene Diskussion nur fortgesetzt haben.

Die bisher aufgezählten Tendenzen bewirkten zwar ein Wiederaufleben des Interesses an Kultur im weiteren Sinne, das in der Mitte des 20. Jahrhunderts verlorengegangen war, doch ob sie auch die Kulturtheorie befruchteten, bleibt fraglich. Eindeutig läßt sich dieses allerdings vom Wissenschaftsparadigma des Konstruktivismus behaupten, das sich zur Zeit international und interdisziplinär formiert.[3] Kulturtheorie, jedenfalls diejenige, die hier vorgestellt wurde, und konstruktivistisches Paradigma sind Manifestationen derselben grundsätzlichen Prämisse. Sie wurde bereits im Kapitel über die Sprache und die Standardisierungen vorgestellt. Auf den einfachsten Nenner gebracht, besagt sie, daß wir unsere Lebenswirklichkeit selbstherrlich und imaginativ erzeugen. Diese Grundannahme markiert eine kopernikanische Wende des menschlichen Denkens. Alle Epochen zuvor führten die zur Erklärung anstehenden Phänomene auf Monokausalitäten zurück, die dem Menschen zeitlich und ontologisch vorauslagen und von ihm nicht beeinflußbar waren: auf Gott, auf eine substantielle Vernunft, auf eine ebenfalls substantielle und später dann

---

[3] Für eine erste Information über den Konstruktivismus empfehlen sich die beiden von Siegfried S. Schmidt herausgegebenen Anthologien: *Der Diskurs des radikalen Konstruktivismus* (Frankfurt am Main 1987) und *Kognition und Gesellschaft: Der Diskurs des radikalen Konstruktivismus 2* (Frankfurt am Main 1992).

biologistische Natur. Entweder existierten diese Mächte außerhalb, d.h. jenseits der Realität auf einer metaphysischen Ebene, oder man definierte sie als unrevidierbare Bestimmungen der Menschennatur, um also stets von festliegenden Größen auszugehen, von kosmischen Zwecken, biologischen Bedürfnissen oder von geistig unabdingbaren moralischen Imperativen. Erinnern wir uns an ein Beispiel des letzten Kapitels. Herder idealisierte das Kollektiv Volk und schuf dadurch eine dem Einzelindividuum ontologisch vorgeordnete Substanz. Durch sie war alles determiniert und durch den Rekurs auf sie alles zu verstehen. Zwar wurden mit Beginn der Moderne die Substanzen beseitigt, die Vorordnung aber, die jetzt biologisch war, blieb bestehen. Otto Weininger erklärte individuelles weibliches Verhalten aus der biologisch vorprogrammierten weiblichen Geschlechtlichkeit; Chomsky erklärte die Einzelgrammatiken der Sprachen aus einer ihnen vorausliegenden Universalgrammatik. Immer spulte sich eine mechanische Regulierung ab, oder es stand ein geistiges Muß im Raum, dem sich der Mensch zu beugen hatte.

Im Unterschied zu dieser ehrwürdigen Tradition betont die konstruktivistische Prämisse die Freiheit und Selbständigkeit des Menschen. Jetzt wird er als ein Wesen eingestuft, das sich im Rahmen seiner Möglichkeiten selbst entwirft und das seinem Leben einen selbst gesetzten Sinn voranstellt. Die Eigenverantwortung nimmt zu. Bisher mußte er Aufgaben erfüllen, die eine höhere Macht gestellt hatte, und konnte nur bezüglich der Erfüllung dieser Aufgaben zur Rechenschaft gezogen werden. Zum Sinnschöpfer aufgerückt, formuliert er jetzt auch die Aufgaben selbst und muß für ihre Zweckdienlichkeit, woran immer man sie bemißt, geradestehen. Die lange überfällige Beförderung des Menschen ins Management der Welt und ins Management seiner selbst ist damit vollzogen. Wie jede Beförderung hat auch diese ihre Tücken. Die selbst gestellten Aufgaben, die auf jeden Fall den äußeren Umständen und der eigenen Disposition abgerungen werden müssen, können sich als falsch oder unpragmatisch erweisen. Mit dem Fortfall der Kontrollinstanzen, die zwar nie existierten, die aber, da man an sie glaubte, dennoch wirkungsvoll waren, droht Selbstherrlichkeit; mit dem Wissen um die Freiheit steigt auch der Übermut, sie zu mißbrauchen. Wie falsch die eigenverantwortlichen Sinnschöpfungen sein können, sehen wir an unserem Umgang mit der Umwelt, der in kurzsichtiger Hybris die eigenen Grundlagen zerstört. Wir sehen es an der Zunahme von Orientierungslosigkeit und Gewalt. Für die Wissenschaft brechen ebenfalls schwierigere Zeiten an. Sie kann nicht mehr alle Menschen über denselben Leisten schlagen, denn statt der

Reduktion auf das Vorgeordnete ist nun am Einzelfall ausgerichtete „dichte Beschreibung" gefordert.

Der tragenden Prämisse des Konstruktivismus, das müßte klar geworden sein, kommt kein Gegenstandsbereich so entgegen wie derjenige der Kultur. Schon in den traditionellen Ansätzen wurde ihr, die sie aus Phänomenen wie Mythos, Religion und Brauchtum bestehen sollte, eine imaginative und schöpferisch konstruierende Tätigkeit zugesprochen. Um so mehr trifft das auf ein modernes Kulturverständnis zu, das sich bis zum Kriterium einer von keiner Notwendigkeit getrübten Freiheit und Willkür vorwagt. Insofern wird das Paradigma des Konstruktivismus zwangsläufig die Beschäftigung mit Kultur anregen, soweit das nicht schon geschehen ist, wobei ebenso zwangsläufig, da es philosophische Grundfragen aufwirft, die Kulturtheorie mit einbezogen wird. Diese Anregung wird aber, wie wir bereits ahnen, nicht sofort zu neuen Antworten führen, sondern mit einem frustrierenden Arbeitspensum an offenen Fragen beginnen. Sie wollen wir in diesem letzten Kapitel in einer Art Arbeitsprogramm kurz umreißen. Seine Schwerpunkte liegen in folgenden Problembereichen: 1. Abgrenzung von Natur und Kultur sowie die genauere Bestimmung kulturtheoretischer Grundbegriffe; 2. Interkulturalität; 3. die Funktionsbestimmung von Kultur.

Natur versus Kultur, Kollektiv und Standardisierung

Die in diesem Buch präsentierte Kulturtheorie, das wurde mehrfach betont, wahrt einen hohen Allgemeinheitsgrad und vollzieht ihre Überlegungen auf hohem Abstraktionsniveau. Für eine erste Orientierung ist das nicht nur statthaft, sondern auch nötig. Wie der Architekt zunächst mit dickem Bleistift und groben Strichen die Umrisse des in Auftrag gegebenen Gebäudes zu Papier bringt, wurde unter Verwendung eines zeitgemäßen Paradigmas versucht, die Konturen des Wirklichkeitssegments Kultur aufzuzeichnen. Der Sinn einer solchen Grobzeichnung besteht zum einen in einer ersten grundsätzlichen Klärung, die zum anderen die Sicht auf neue Phänomene frei gibt, über die man jetzt gerne Genaueres wüßte. Welche Phänomene das sind, müßte bei der Lektüre der Kapitel zwei bis vier bemerkt worden sein. Wir wollen sie noch einmal Revue passieren lassen.

Spätestens seit der Aufklärung und ihrem Interesse an Findelkindern wird die Frage diskutiert, wem das Zwitterwesen Mensch zu allererst untertan sei, der Natur oder der Kultur. Trotz des hohen Alters dieser

Diskussion, das versuchte das zweite Kapitel vor Augen zu führen, ist ein anspruchsvolles Niveau noch nicht erreicht. Selbst 1994 ist die Mehrheit der Forscher auf diesem Gebiet noch keinen Schritt weiter als Darwin oder weiter als die ersten Gehversuche der Verhaltensforschung, wie an *Wider die Mißtrauensgesellschaft* von Eibl-Eibesfeldt[4] wieder einmal deutlich wird. Noch immer regiert eisern die Prämisse, daß der Motor allen Lebens die Weitergabe der eigenen Gene sei und daß dies gattungsgeschichtlich durch immer perfektere Anpassung optimiert werde. Die Demonstrationen des Gegenteils, die Indikatoren einer unvernünftigen und selbstzerstörerischen Natur, die Freud zur Annahme eines Todestriebs veranlaßten, werden mit Hilfe umständlicher Argumentationen der Konvention gefügig gemacht. Dem Sonderfall Mensch wird zwar Kultur konzediert, doch sie bleibt auf jenen Raum beschränkt, den die genetische Organisation übrigläßt. Vor lauter Tierexperimenten übersah diese Sicht der Dinge, die aus dem letzten Drittel des 19. Jahrhunderts stammt, die immense Freiheit des Menschen, die sich bis zur unnatürlichen und widerbiologischen Kontraproduktivität erstreckt. Gegen diese Blindheit schrieb Illies schon 1975:

> [Der Mensch] kann sich einschalten in den vorprogrammierten Ablauf der Natur, er kann, aus welchen Gründen auch immer, ‚nein' sagen. In solcher Eingriffsmöglichkeit, vor allem im unbiologischen, von der Natur her gesehenen unzweckmäßigen ‚Nein', zeigt sich ein über aller Natur stehender Kern.[5]

Dieses Nein, diesen Triumph der Kultur, so unvernünftig er sein mag, führt uns jeder Drachenflieger, jeder Motorradfahrer oder Raucher vor Augen, die alle ihr Leben aufs Spiel setzen und auch noch Spaß daran haben.

Doch wir wollen die Problematik nicht wieder aufrollen. Es soll nur erwähnt sein, daß sie weiterhin ungelöst ist und zu den dringenden Zukunftsaufgaben gehört. Sie ist von höchstem philosophischem wie zivilisatorischem Interesse und tangiert das Fundament jeder Kulturwissenschaft, der Psychologie und wahrscheinlich auch der Medizin. Zwar läßt sich absehen, wie die Lösung den äußeren Umrissen nach ausfallen wird, konkrete Modelle aber liegen noch nicht vor. Die im zweiten Kapitel benutzte Metapher von Material und Form, die Natur und Kultur nicht als konkurrierende Räume gegeneinander abgrenzte, sondern sie in ein

---

[4] Irenäus Eibl-Eibesfeldt, *Wider die Mißtrauensgesellschaft: Streitschrift für eine bessere Zukunft* (München 1994).
[5] Joachim Illies, *Nicht Tier, nicht Engel: Der Mensch zwischen Natur und Kultur* (Zürich 1975), S. 22/23.

Verhältnis der Interaktion setzte, zeigte den Weg, der beschritten werden muß. Eine Metapher ersetzt aber kein zur Detaillierung fähiges Modell. Ein solches kann nur an konkreten Einzelproblemen entwickelt und dann auf seine Verallgemeinerungsfähigkeit überprüft werden. Vielleicht ist ja die derzeitige Hirnforschung mit ihrer Theorie der neuronalen Netze auf dem Wege dorthin.[6]

Die Begriffe, aus denen das Gebäude der hier vorgelegten Kulturtheorie errichtet wurde - wozu auch der Naturbegriff gehörte - stützen sich gegenseitig und zeigen darin ihre Relevanz. Vereinzelt und für sich genommen, sind sie allerdings noch nicht tragfähig. Als Einzelkonzepte formulieren Kollektiv, Gewohnheit, Standardisierung, Individuum und schließlich Kultur in erster Linie Forschungsaufgaben. Was macht ein Kollektiv aus? Sind es nur gemeinsame Gewohnheiten? Wieviele Mitglieder müssen an solcher Gemeinsamkeit beteiligt sein, damit sie sich als solche konstituiert? Welche verschiedenen Arten von Kollektiven gibt es? Ist ein Tennisclub prinzipiell dasselbe wie ein Volk, oder besteht ein Unterschied zwischen ihnen? Bei all diesen Problemen muß an Durckheim und Ludwig Fleck angeknüpft werden, die bereits das Wesen der Solidarität zu ergründen suchten und sich die Frage stellten, wie es bei Gruppen zu gemeinsamem Handeln kommt. Mary Douglas, die unter falschem Titel (*Wie Institutionen denken*) ein Buch über die Grundlagen der Kollektivität verfaßte, versucht das, wobei ihr allerdings einerseits eine leichte Ontologisierung des Institutionenbegriffs unterläuft und sie andererseits zuviel Nachdruck auf die traditionelle Handlungstheorie und ihre Betonung der Rationalität legt.[7]

Durch den Konstruktivismus gewinnt gerade das Problem der Kollektivität an Dringlichkeit. Wenn substantielle Vorgaben wegfallen und biologische in ihrer Auswirkung reduziert werden, gewinnt jene Ebene an Wichtigkeit, die dem Individuum als einzige noch übergeordnet ist, eben die der Kollektivität. Damit ergibt sich als nächste Frage, was diese Überordnung konkret bedeutet. Die metaphysikfreien Kulturphilosophen der Weimarer Zeit, die verstanden hatten, daß keine kosmisch vorprogrammierte Harmonie des Zusammenlebens existiert, neigten dazu, dem Kollektiv die Aufgabe der Zähmung des Individuums und der Verhinderung von Chaos und Anarchie zu übertragen. Gehlen beispiels-

---

[6] Vgl. Ernst Pöppel, „Auf der Suche nach neuer Orientierung: Hirnforschung als Leitwissenschaft?", in: Fedrowitz/Matejovski/Kaiser, hg., *Kultur und Technik im 21. Jahrhundert* (Frankfurt am Main 1993), S. 91-101.

[7] Mary Douglas, *Wie Institutionen denken* (Frankfurt am Main 1991).

weise ist dieser Ansicht, der er allerdings eine bestimmte Definition des Individuums voraussckickte. Seine Überlegungen wie auch die des Zeitgenossen Max Scheler beginnen bei der anthropologischen Grundprämisse, daß der Mensch im Laufe seiner Entwicklungsgeschichte eine „Instinktreduktion"[8] durchmachte, d.h. daß die gattungsspezifischen Regelungsmechanismen der Natur degenerierten. Dadurch stellt sich das Problem der Überlebensfähigkeit sowohl des einzelnen wie der Gemeinschaft. Die Hilfe soll von der Kultur und ihren Institutionen gekommen sein, die für Ordnung sorgten und den Krieg aller gegen alle verhinderten. Für Gehlen fungiert Kultur als Naturersatz, denn das durch sie bewirkte „Gewohnheitsverhalten stehe beim Menschen an der Stelle, wo wir beim Tier die Instinktreaktion finden."[9]

Abgesehen davon, daß Verhaltensforscher wie Eibl-Eibesfeldt nicht von der Instinktreduktion überzeugt sind und eher glauben, daß die Instinkte die kulturellen Normen durchkreuzen, verkennt ein solcher Ansatz sowohl die Leistungen der Kultur als auch die Dialektik von Individuum und Kollektiv. Wenn Gehlen Kultur und Kollektivität als Instinktersatz begreift, leugnet er ihre eigentliche Bestimmung, sich über die Natur zu erheben und Kreatürlichkeit in Menschlichkeit zu wandeln. Zwar spricht er von Funktionen wie der Schaffung einer „überpersönlichen Ordnung" oder der Stiftung von „Selbstwert im Dasein"[10], doch hinter diesen Humanität suggerierenden Begriffen verbirgt sich das plumpe, nur negativ zu erfassende Ziel der Vermeidung von Chaos. Doch es ist zu bezweifeln, ob Kultur, sollte ihre Aufgabe wirklich darin bestehen, das überhaupt kann. Der Nationalsozialismus, der sich vor Gehlens Augen abspielte, hätte ihn unsicher machen müssen. Erreichte diese nicht nur politische, sondern auch kulturelle Diktatur etwa Stabilität, indem sie die bösen Individuen im Zaum hielt? War sie nicht eher selbst das Chaos, das den einzelnen blutrünstiger machte, als er zuvor war? Nicht nur diese Epoche, sondern die ganze Geschichte hätte Gehlen darauf stoßen können, daß nicht Individuen Kriege führen, sondern Kollektive. Was Gehlen in seiner zu engen Sicht als die Vorzüge der Kollektivität beschreibt, sind gerade ihre Gefahren.

Schuld daran ist die Verkennung der Dialektik von Individuum und Kollektiv, die Verkennung des Zwitterstatus, daß die Individuen einerseits die Bausteine oder Verursacher des Kollektivs sind, andererseits aber durch

---

[8] Gehlen, S. 21.
[9] Gehlen, S. 23.
[10] Gehlen, S. 59.

es geprägt werden. Gehlen sieht nur das zweite, sieht die Stifter des Kollektivs nur als seine Opfer. Die Bestimmung dieser Dialektik, welche die Betrachtung des einen nicht ohne das andere erlaubt, wäre eine weitere Zukunftsaufgabe. Die Individuen bilden das Kollektiv, und es formt die Individuen, die ihre Identitäten in Reaktion auf kollektive Vorgaben gewinnen. Doch auch diese Dialektik harrt der genaueren Analyse.

Eine weitere umfassende Forschungsaufgabe verbirgt sich hinter dem scheinbar einfachen Begriff Standardisierung. Wenn man ihn mit dem älteren des Stereotyps vergleicht, erkennt man, wie er mit der soeben skizzierten Problematik zusammenhängt. Das Wort Stereotyp besitzt einen abwertenden Unterton, von dem es sich auch bei seiner wissenschaftlichen Verwendung nicht befreien konnte. Als Prämisse schwingt nämlich stets mit, daß Menschen, die ihr Leben nach Stereotypen ausrichten, niveaulose Herdentiere sind, denen Individualität fehlt. Kein moderner Mensch, der sich für pluralistisch, kreativ und tolerant hält, möchte das auf sich sitzen lassen. Diese Prämisse ontologisiert aber das Individuum bezüglich seiner Identität wie Individualität und mißversteht die Dialektik von Individuum und Kollektiv. Der Mensch ist jedoch, wie schon Aristoteles betonte, ein soziales Wesen, das als solches, egal wie man es formuliert, Kollektivität und Konformität braucht. Ohne Stereotypen, Standardisierungen oder Gewohnheiten wäre das nicht möglich. Ohne sie gäbe es weder Kollektive noch Kommunikation, und die Individuen würden einander wie fensterlose und wahrscheinlich auch leblose Monaden gegenüber stehen. Man muß sich also vom falsch verstandenen Wert des Individualismus befreien und erkennen, daß dem Herrn der Erde kein Stein aus der Krone fällt, wenn er sein Leben nach Stereotypen ausrichtet.

Was kann Individualität denn sinnvoller Weise meinen? Doch nicht völlige Andersartigkeit, die, falls sie praktisch überhaupt möglich ist, den Verlust der Gemeinschaftsfähigkeit nach sich zöge und zur Vereinsamung führte. Die Gewinnung von Identität, die keinen Zustand bildet, sondern als permanenter Prozeß anzusehen ist, vollzieht sich vielmehr innerhalb und mit Hilfe der vielen Kollektive, zu denen das jeweilige Individuum gehört. Sie stellen die Denk-, Empfindungs- und Verhaltensangebote bereit, aus denen es - teils bewußt, teils unbewußt - die einmalige Mischung seines Soseins rekrutiert. Schon durch die Mitgliedschaft in verschiedenen Kollektiven und die daraus resultierende Kombination von Standardisierungen ist also die Einmaligkeit des einzelnen gesichert. Da sie für alle Individuen zwangsläufig gilt, müßte der Begriff der Individualität sinnvollerweise mehr umfassen. Schon gar nicht dürfte sie auf den krampfhaften, aus bloßer Negation bestehenden Individualismus, der vor allem von zweitklassigen Künstlern praktiziert wird, beschränkt sein. Denn die Negation der Vorgaben, so hatten wir gesagt, bestätigt diese eigentlich nur. Insofern könnte Individualität nur den bewußten und durchdachten Umgang mit Konventionen meinen, wodurch die höchste Stufe der Freiheit und Mündigkeit erreicht würde. Aber auch schon unterhalb dieser Stufe bleibt Innovation, also eine Durchbrechung der Standardisierungen möglich. Sie ergibt sich bereits aus der Vielfalt der sich durchkreuzenden und überlappenden Kollektive, wodurch es zu ungewöhnlichen Kombinationen kommt, die dann Schule machen können.

Über diese und andere Fragen, die sich um das Phänomen der Standardisierung ranken, wüßte man gerne genauer Bescheid. So handlich und vertraut das Konzept zunächst erscheint, so schwierig wird es, wenn man tiefer eindringt. Das bereits angesprochene Problem seiner Differenzierung, die wohl wissenschaftspragmatisch zu arrangieren ist, gehört dabei zu den einfacheren. Es wird zwar zu keinem Konsens führen, wohl aber zu einer Koexistenz verschiedener, mit Stärken und Schwächen behafteter Modelle. Der hier verfolgte Weg, darauf sei erneut verwiesen, stellt nur eine Möglichkeit von vielen dar. Ebenso wichtig erscheint die ebenfalls bereits angedeutete Unterteilung nach Graden der Etabliertheit der Standardisierungen und ihrer Überwachung durch das Kollektiv. Auch das erscheint nicht allzu schwierig, und wahrscheinlich gewänne man so einen Ansatz, um gesellschaftliche und politische Wirksamkeit von kultureller zu scheiden. Der Aspekt der Wirksamkeit führt jedoch ins Zentrum der eigentlichen Problematik, zu deren Lösung man in die Abgründe der menschlichen Psyche hinabsteigen muß. Es beginnt mit der Frage, warum die Individuen nicht alle Standardisierungen erfüllen, sondern nur einige. Der eine feiert Weihnachten, aber keinen Geburtstag, der nächste macht es umgekehrt. Wenn auf den Standardisierungen ein sozialer Druck lastet, warum besitzen sie nicht dieselbe Verbindlichkeit? Warum nehmen wir Sanktionen auf uns, um diese Gewohnheit zu verweigern, und nehmen Strapazen auf uns, um jene zu erfüllen? Wenn man den Blick nur auf das Individuum lenkt, mag das aus der jeweiligen Identität und den persönlichen Vorlieben zu begründen sein. Für die Standardisierung jedoch stellt sich die Frage um so dringender, wie es um ihre Wirksamkeit bestellt ist. Wodurch erreicht sie ihre Befolgung, wenn es auf der anderen Seite selbst Gesetzen mit Strafandrohung nicht gelingt, Gehorsam zu erzwingen. Zu jeder Art von Vorschrift, sei es ein Gesetz, das die Todesstrafe androht, sei es ein soziales Tabu oder ein moralisches Gebot, gehört, wie die Empirie tagtäglich zeigt, die Verweigerung. Nach Auskunft von James Clifford dachten bereits in den zwanziger Jahren die französischen Ethnologen Mauss und Bataille darüber nach, und Mauss, der die Provokation und den Dadaismus liebte, soll sich in einer Vorlesung zu der Aussage verstiegen haben: „Taboos are made to be violated." Clifford zieht daraus den etwas abgemilderten Schluß: „Cultural order includes both the rule and the transgression."[11] Das ist sowohl eine empirische Tatsache als auch eine kulturtheoretische Notwendigkeit, denn ohne Mißachtung der Normen gäbe es keine Veränderung. Dieser Fragenkomplex ist kompliziert genug, um mehrere Wissenschaftlergenerationen in Atem zu halten.

Interkulturalität

Das Thema der Interkulturalität, d.h. das der Verständigung der Nationalkulturen untereinander, was ihr gegenseitiges Verstehen voraussetzt, blieb bisher unerwähnt. Unausgesprochen stand es aber immer im Hintergrund, da alle entwickelten Grundvoraussetzungen, vor allen Dingen die konstruktivistische Prämisse, immer schon in seine Richtung wiesen. Wenn unterschiedliche Lebenswirklichkeiten von den Kollektiven geschaffen werden, dann ergibt sich an ihren Rändern ein Verstehens- und Kommunikationsproblem. Wie kann der Angehörige des einen den Angehörigen des anderen Kollektivs verstehen? Diese Frage stellt sich allerdings nicht nur außerhalb, sondern bereits innerhalb der Nationalkulturen. Sie ist schon akut, wenn innerhalb deutscher Grenzen ein wandernder und Hausmusik liebender Akademiker auf einen fußballspielenden Schreiner oder dieser auf einen in Laserkunst vernarrten Computer-Freak trifft. Schon Golf- und Tennisspieler können die Vorliebe des anderen nicht so recht nachvollziehen.

Für eine Verständigung über politische und kulturelle Grenzen hinweg, die ohne den Kitt der gemeinsamen Sprache, der gemeinsamen Geschichte, der gemeinsamen Standardisierungen und gesellschaftlichen Organisation auskommen muß, stellt sich die Frage allerdings um so dringlicher. Durch den Begriff der Normalität wird sie auf den Punkt

---

[11] James Clifford, *The Predicament of Culture: Twentieth-Century Ethnography, Literature, and Art* (Cambridge, Mass./London 1988), S. 126.

gebracht. Wenn Kollektive und insbesondere Nationalkulturen Normalitäten festlegen, d.h. definieren, was für „allgemein menschlich" gehalten wird, dann ist die Konfrontation mit einer anderen Version dieses allgemein Menschlichen zwangsläufig problematisch. Die häufigste Äußerungsform dieser Problematik ist im Deutschen das Wort *komisch*. Der Deutsche findet komisch, wie der Engländer Erbsen mit nach unten zeigender Gabel zum Munde führt. Er schüttelt den Kopf darüber, daß in Frankreich Gemüse und Fleisch nicht gleichzeitig gegessen werden.

Eine Theorie der Interkulturalität muß sich insofern weniger einer Problematik des Erkennens widmen - die Erkenntnis, wie die Erbsen gegessen werden, ist wohl nicht schwer - als vielmehr der eines Verstehens oder eines Nachvollzugs. Daher ist der Begriff des interkulturellen Fremdverstehens wohl der passendste. Eine Theorie des Fremdverstehens muß dieses Problem natürlich abstrakt und idealtypisch behandeln, obwohl es, abhängig von den Fremdheitsgraden, in der Praxis äußerst nuancenreich verläuft. Auf der Basis des gemeinsamen Berufs werden ein amerikanischer und ein deutscher Arzt, die sich über die Unterschiedlichkeiten ihrer Gesundheitssysteme unterhalten könnten, weniger Kommunikationsschwierigkeiten haben als ein amerikanischer GI und ein deutscher Pazifist.

Der höchst wichtigen und durch die Globalisierung immer dringlicher werdenden Problematik des Fremdverstehens wurde deshalb kein eigenes Kapitel gewidmet, weil meiner Meinung nach noch nicht genügend Vorarbeiten existieren, die sich als tragfähiges Fundament benutzen ließen. Weder verfügen wir über eine abgeschlossene und akzeptierte Vorstellung, wie Interkulturalität oder Fremdverstehen funktionieren könnte, noch besitzen wir genügend konkrete Forschungsergebnisse über erfolgreiche oder erfolglose Verständigungen dieser Art. Zwar ist seit den fünfziger Jahren in und außerhalb der Wissenschaft ein deutliches Engagement zur Völkerverständigung festzustellen, doch innerhalb der Wissenschaften führte es kaum zu Neubesinnungen und vor allem nicht zu neuen begriffsscharfen Konzepten. Sehen wir uns kurz die Positionen der in Frage kommenden Disziplinen an.

Die Befürworter interkultureller Toleranz, die, wie an der Studentenschaft zu beobachten, ständig zunehmen, benutzen gerne den Begriff des Vorurteils, der auch in pädagogischen und didaktischen Arbeiten zu finden ist. In den siebziger Jahren machten sich beispielsweise die Fachdidaktiken daran, die fremdsprachlichen Lehrbücher auf Vorurteile hin zu durchleuchten. Sobald, um ein wenig zu übertreiben, im Französischbuch ein Strichmännchen mit Baguette und Baskenmütze auftauchte, das außerdem noch Monsieur Dupont hieß, meldete man Bedenken an. Ob sie, angesichts der Tatsache, daß solche Menschen in Frankreich tatsächlich vorkommen, berechtigt sind, bleibt zu bezweifeln. Doch betrachten wir den Begriff genauer.

Ein Vorurteil ist entweder ein vorschnelles Urteil oder ein solches, das bloßer Emotionalität bzw. Antipathie entspringt.[12] Daß es solche Urteile gibt, die natürlich Fehlurteile sind, und daß sie namhaft gemacht werden müssen, versteht sich von selbst. Des weiteren ist unstrittig, daß sie in allen Bereichen vorkommen und insbesondere auf internationaler Ebene die Kommunikation erschweren. Aus diesen Gründen muß man sich ihnen widmen, wobei jedoch ihre Reduktion, wie es Psychologen und Anthropologen zu tun lieben, auf eine grundsätzliche Angst vor dem Fremden weder empirisch haltbar noch praktisch hilfreich ist. Doch was beschreibt der Begriff Voruteil eigentlich? Worauf zielt er methodisch ab? Er beschreibt eine Blockade normal funktionierender Erkenntnis und Kommunikation. Damit suggeriert er, daß nach Überwindung dieser Blockade die Erkenntnis reibungslos funktioniere. Auf das Problem der Interkulturalität bezogen, steht aber eine weitere Suggestion im Raum. Manche Arbeiten lesen sich so, als sei ausnahmslos jede Äußerung über eine andere Nation ein Vorurteil. Diese letztere Position wäre die des zitierten Nooteboom, der sagte, „Es gibt keine Nationen, sondern nur Individuen". Der Begriff Vorurteil kann also entweder eine Erkenntnisbarriere meinen, nach deren Abbau die Erkenntnis der anderen Nationalität möglich und wünschenswert wäre, oder aber er lehnt die Existenz nationaler Kollektivitäten grundsätzlich ab und weist alle Urteile darüber als unzulässige Verallgemeinerungen zurück. Im ersten Fall übersieht man dabei, daß schon die normale, nicht von Antipathien getrübte Erkenntnis problematisch ist, und im zweiten wird das Wesen des auf Kollektivität angewiesenen Menschen verkannt.

Nehmen wir an, daß ein deutscher Teenager, der noch nie die USA bereiste, die Meinung hegt, man könne dort an jeder Ecke Maschinengewehre kaufen. Dieses Fehlurteil wäre insofern ein Vorurteil, als der junge Mensch den zu beurteilenden Gegenstand nicht kennt. Durch die Teilnahme an einem Austauschprogramm und durch Beobachtungen vor Ort wird dieser Mangel behoben und das Vorurteil korrigiert. Der junge Deutsche bemerkt, daß in einigen Staaten Waffenverkäufe verboten und in anderen mit Auflagen versehen sind und daß Maschinengewehre

---

[12] Die umfassendste Studie zum Vorurteil stammt von Gordon W. Allport, *The Nature of Prejudice* (Reading, Mass. 1954).

überhaupt nicht legal erworben werden können. Wenn er später zu Hause erzählen wird, daß man sich in den USA relativ einfach Handfeuerwaffen besorgen kann, so wandelte sich das Vor- und Fehlurteil in ein fundiertes Urteil. Damit ist zwar das Erkenntnisproblem gelöst, nicht aber das des interkulturellen Fremdverstehens. Der junge Deutsche kann nämlich immer noch nicht nachvollziehen, daß eine zivilisierte Nation, die extrem viele Tötungsdelikte zu beklagen hat, seinen Bürgern Waffenbesitz erlaubt. Dieses - verständliche - Unverständnis, dem wir schwerlich fehlende Toleranz vorwerfen können, wird die Kommunikation zwischen dem Deutschen und seinen neu gewonnenen amerikanischen Freunden nicht gerade erleichtern. An dieser Stelle erst entsteht die eigentliche Problematik des Fremdverstehens, an die der Begriff Vorurteil nicht herankommt.

Der 1922 von Walter Lippmann in die Debatte eingeführte Begriff Stereotyp zeigt eine ähnliche Stoßrichtung.[13] Er wurde von der Politologie, d.h. ihrer Sektion Internationale Politik aufgegriffen und in die Zwillingsbegriffe Autostereotype und Heterostereotype aufgeteilt. Unter dem ersteren versteht man Bilder, die Nationen von sich selbst haben; unter dem letzteren Bilder, die sich eine Nation von einer anderen macht.[14] Ihrem Gegenstand gemäß ist die Politologie aber weniger an einer Theorie solcher Probleme interessiert als an den praktischen politischen Auswirkungen. Knud Krakau, der einen kurzen Überblick über die diesbezügliche Methode der Internationalen Politik gibt, führt folgendes Beispiel an:

> Die berühmte Studie von Ole Holsti[15] zu John Foster Dulles zeigte, daß Dulles, von der Prämisse einer inhärent feindseligen Sowjetunion ausgehend, auch das Nachlassen feindseliger Aktionen nicht anders denn als bloßes Atemholen vor einem neuen Aggressionsschub werten konnte; er sah infolgedessen keinen Anlaß für friedlichere Avancen seitens der USA... .[16]

So lehrreich solche Einzelfälle sind, so einfach und vertraut ist die dahinterstehende Erkenntnistheorie. Wie jeder andere Mythos bewirken

---

[13] Walter Lippmann, *Public Opinion* (New York 1922).
[14] Die Vergleichende Literaturwissenschaft hatte mit ähnlichen Konzepten gearbeitet, dabei aber eine andere Terminologie verwendet und von *imago* oder Mythen gesprochen.
[15] Ole R. Olsti, „The Belief System and National Images: A Case Study", *Journal of Conflict Resolution* 6 (1962), S. 244-252.
[16] Knud Krakau, „Einführende Überlegungen zur Entstehung und Wirkung von Bildern, die sich Nationen von sich und anderen machen."; in: Willi Paul Adams/ Krakau, *Deutschland und Amerika: Perzeption und historische Realität* (Berlin 1985), S. 9-18.

Stereotype eine Verzerrung der Wirklichkeit, die nach dem Mechanismus der *self-fulfilling prophecy* das erkennende Subjekt mit hermetischer Blindheit schlägt. Die Begriffe Vorurteil und Stereotyp beschreiben somit denselben Sachverhalt einer Erkenntnisbarriere, wobei der letztere aber die Standardisierung dieser Barriere stärker betont. Stereotyp meint nicht irgendein Vorurteil, sondern das übliche und gewöhnliche, welches in einem Kollektiv über ein anderes besteht. In Folge dieser Überlegung ergab sich die Differenzierung von Autostereotyp und Heterostereotyp, die einen weiteren Fortschritt bedeutete. Dabei wurde jedoch nicht genügend beachtet, daß zwischen diesen beiden Stereotypen ein Zusammenhang bestehen könnte, was vielleicht die Einsicht in die erkenntnistheoretische Besonderheit des Fremdverstehens gefördert hätte.

Durch diese Unterlassung blieb es bei der einfachen Erkenntnistheorie, die sich schon in den ebenfalls verwendeten Begriffen „Perzeption" und „Realität" ankündigt. Perzeption, das zeigt das von Krakau angeführte Beispiel, bezeichnet die entstellende Sichtweise, die nicht aus der Eigenart des zu Erkennenden begründet wird, sondern aus Ungenauigkeiten des Erkenntnisvorgangs. Eine solche Perzeption wirkt als Erkenntnisbarriere, die ein Vordringen zur Realität erschwert, was ohne diese Barriere aber für problemlos gehalten wird. Für außenpolitische Mißverständnisse mag dieses Modell zutreffend sein, es hilft aber nicht, das Problem des deutschen Schülers zu erfassen, der die amerikanische Waffeneuphorie nicht nachvollziehen kann.

Die bisher vorgestellten Ansätze, das müßte deutlich geworden sein, sind zwar für Einzelaspekte des Fremdverstehens hilfreich, nicht aber für seine grundsätzliche Problematik. Um ihr gerecht zu werden, bedarf es einer Anknüpfung an die Hermeneutik, die sich seit Schleiermacher um eine Theorie geistigen Verstehens bemüht. Dabei dachten die Hermeneutiker zwar nicht an fremde Kulturen, sondern an Texte, an andere Menschen und an vergangene Epochen, betonten dabei aber stets, daß Subjekt und Objekt durch Fremdheit getrennt seien. Lothar Bredella hat diese umfangreiche Disziplin und ihre aktuelleren Anwendungsversuche innerhalb der Fremdsprachendidaktik aufgearbeitet und den Bezug zum interkulturellen Fremdverstehen hergestellt.[17] Er erkennt folgende

---

[17] Lothar Bredella, „Towards a Pedagogy of Intercultural Understanding", *Amerika Studien/American Studies* 37 (1992), S. 559-594; und ders. „How is Intercultural Understanding Possible?", in: Bredella/Dietmar Haack, ed., *Perceptions and Misperceptions: The US and Germany; Studies in Intercultural Understanding* (Tübingen 1988), S. 1-26.

Extrempositionen: Die eine hält Fremdverstehen entweder für erkenntnistheoretisch unmöglich oder aber aus pragmatischen Gründen für nicht wünschenswert, da die Gefahr eines geistigen oder materiellen Imperialismus nicht auszuschließen sei. Die andere machte aus der Not eine Tugend, indem Distanz zur Bedingung von Verstehen erklärt wird, so daß sich aus der Fremdheit der anderen Kultur ihre Verstehbarkeit fast zwangsläufig ergibt. Aus der Erkenntniserschwernis wird so eine Erkenntnisvoraussetzung. Von diesen Extremen setzt Bredella ein mittleres Feld ab, in welchem Dialogizität oder Dialektik betont wird; d.h. man geht davon aus, daß sich der jeweilige Standpunkt des Betrachters im Verstehensprozeß mit auswirkt. Verstehen fördert also keine Objektivität zutage, an der das erkennende Subjekt keinen Anteil hätte, sondern schafft eine neue Relation zwischen Subjekt und Objekt. Sie wirkt sich dahingehend aus, daß der eigene Standpunkt relativiert wird, d.h. aufhört, der einzig normale zu sein, und daß eine umfassendere Sicht entsteht, in die der Standpunkt des anderen eingegangen ist. Die Unmöglichkeit von Objektivität wird nicht beklagt, sondern wird als nicht wünschenswert erkannt, da sie kein dialogisches Verstehen eröffnet. Wie bereits der amerikanische Pragmatismus (William James, Charles Saunders Peirce) zeigte, bildet die angebliche Subjektivität der Erkenntnisresultate die Bedingung dafür, daß sie praktisch nutzbar gemacht werden können. Verstehen ist dialogisch, so folgert Gadamer, damit bei einer Kommunikation beide Parteien Vorteile davon haben. Im Dialog zwischen ihnen entstehe das Neue, das vor diesem Dialog weder Subjekt noch Objekt zu eigen war.

In diesem mittleren Feld siedelt sich Bredella selbst an, wobei er das Paradox des interkulturellen Verstehens noch schärfer zu fassen versucht. Um seine Überlegungen zu konkretisieren, greifen wir auf das Beispiel der Magie zurück, das auch Bredella benutzt. Der Ethnolge, der die unangenehme Situation des angeklagten Zuñi verstehen möchte, kann sich natürlich nicht dergestalt in ihn hineinversetzen, daß er die Gedanken des Angeklagten dächte und seine Gefühle sozusagen als die eigenen empfände. So weit hätte die Extremposition recht, die behauptet, Verstehen sei unmöglich, jedenfalls wenn man das Auslöschen der eigenen Identität als Verstehen ansieht. Andererseits aber kann der Begriff Verstehen wohl kaum ein solches Hineinversetzen, ein völliges Aufgehen im anderen meinen, was einem Identitätswechsel gleichkäme. Wenn ein Katholik aus seiner Kirche austritt und evangelisch wird, sprechen wir nicht von Verstehen. Insofern gilt die Prämisse der anderen Extremposition, die Fremdheit und ihre Bewahrung zur Verstehensbedingung erklärt. Zwischen diesen beiden Polen eröffnet sich nun der Rahmen, in dem Fremdverstehen stattfindet. Wie tief der Ethnologe auch in die Magie eindringt, er wird sie anders erleben als der Zuñi, der sie praktiziert und der sie für normal hält. Zum Verstehen benutzt der Ethnologe ein dem Zuñi verschlossenes modernes Wissen (selektive Wahrnehmung, Autosuggestion), das aber gerade die Empfindung der Normalität verhindert. Intellektuell besitzt der Ethnologe zwar mehr, emotional aber weniger, wobei das eine vom anderen abhängt. Sobald Magie nämlich erklärt und durchschaut ist, verliert sie ihre Vitalität, verliert sie das Normalitäts- und Wirklichkeitsgefühl, mit dem sie für den Zuñi umgeben ist. Dieser Rest des Unverstehbaren wird aber dadurch aufgewogen, daß der Ethnologe in seiner eigenen Normalität magiehafte Phänomene entdecken und relativieren kann, wodurch dann ein Dialog stattgefunden hätte.

Ein weiteres Problem, für das eventuell die Hermeneutik ebenfalls hilfreich sein könnte, ist das der Methode oder Vorgehensweise, der sich das Fremdverstehen bedienen sollte. Zwar haben wir gerade einen Rahmen der Verstehensgrenzen und Verstehensmöglichkeiten abgesteckt, doch dieser enthält keine Hinweise, wie methodisch vorzugehen sei, um die Möglichkeiten auch auszuschöpfen. Auskunft darüber ist neben der Hermeneutik auch von der Ethnologie zu erwarten, die äußerst unmittelbar mit dieser Fragestellung konfrontiert ist. Der besondere Gegenstand dieses Faches - die sogenannten primitiven Völker, deren Sprache man noch nicht einmal kennt - ist durch extreme Fremdheit gekennzeichnet, so daß die Problematik, wie man sich verstehend zu nähern hätte, zwangsläufig im Vordergrund steht. Daher verwundert es nicht, daß die Ethnologie regelmäßig Nabelschau betreibt, wobei die methodischen Postulate ebenso regelmäßig wechseln.

Ab 1890 hatten sich die Ethnologen dadurch unter Erfolgszwang gesetzt, daß sie sich als „academically trained natural scientists"[18] von Missionaren und anderen Reisenden, die ebenfalls exotische Völker beschrieben, abheben wollten. Sie behaupteten, daß ihre Beschreibungen wissenschaftlich und daher zuverlässiger seien. Diese Behauptung verlangte aber nach Systematik und Methode, die in den Anfängen allerdings recht anspruchslos ausfielen. Es reichte ein einzelner Informant, der von seinem Volk erzählte und den man befragte, und ein Dolmetscher, der die Auskünfte in die Sprache des Ethnologen übersetzte. Für Forschungen dieser Art brauchte man sein Büro nicht zu verlassen. Bald tauchte jedoch

---

[18] James Clifford, S. 28.

die Forderung auf, der Ethnologe müsse die Landessprache ein wenig beherrschen, da den selbsternannten Dolmetschern nicht zu trauen sei. Wie weit diese Sprachbeherrschung gehen müßte, darüber gingen die Meinungen allerdings auseinander. Erst seit Malinowski wurde der professionelle Standard des „participant observation" festgeschrieben, der heute noch gilt. Jetzt wurde vom *fieldworker* erwartet, gute Sprachkenntnisse zu besitzen und sich eine längere Zeitspanne vor Ort aufzuhalten. Statt der Mittelsmänner, Informand und Dolmetscher, von denen immer eine subjektive Trübung der Optik zu befürchten war, setzte man nun auf die unmittelbare eigene Erfahrung.

In den achtziger Jahren bezweifelte James Clifford die Zuverlässigkeit solcher eigenen Erfahrungen. Brillant analysierte er die Geschichte seines Faches, um den naiven Anspruch auf Objektivität zu revidieren. Er zeigte, wie der Zeitgeist und die jeweilige Kulturtheorie, ja wie sogar die Biographie des Forschers die Ergebnisse beeinflussen. Er zeigte des weiteren, wie der Akt der Niederschrift die Beobachtungen idealtypisch abrundete und systematisierte. Die Homogenität des beschriebenen Volksstammes, dieser Verdacht steht zwischen den Zeilen, ist daher eventuell eine Folgeerscheinung der Vertextung. Insgesamt bricht sich in diesen Überlegungen die hermeneutische Einsicht Bahn, daß Erkenntnisse dialogisch sind, d.h. daß sie von den Bedingungen, die der Betrachter mitbringt, abhängen.[19]

Clifford beseitigt zwar den allzu naiven Glauben an die Zuverlässigkeit eigener Erfahrung, aber eine Auskunft, wie es methodisch besser zu machen sei, gibt er nicht. Dabei böten sich sofort Konsequenzen an, die gezogen werden müßten. Greifen wir eine besonders naheliegende heraus. Wenn Fremdverstehen dialogisch ist, wobei beide Partner, Subjekt wie Objekt, den Dialog bestimmen, dann ist zu bezweifeln, ob es die schlechthin gültige Studie über einen Volksstamm oder eine einzelne Nationalkultur überhaupt geben kann. Müßte der chinesische Ethnologe, wenn er die Zuñis beobachtet, nicht zu anderen Ergebnissen kommen als der portugiesische? Clifford weist zwar auf Unterschiede zwischen der angelsächsischen und französischen Ethnologie hin, erweitert das aber nicht ins Grundsätzliche. Für die Ethnologie, bei der sich meistens abendländisch Zivilisierte und, von diesem Abendland her gesehen, Unzivilisierte gegenüberstehen, mag die Problematik einer adressatenspezifischen Gültigkeit der Ergebnisse nicht so nachhaltig durchschlagen, für

---

[19] Zu ähnlichen Ergebnissen gelangt Clifford Geertz in seiner Essaysammlung *Die künstlichen Wilden: Der Anthropologe als Schriftsteller* (Frankfurt am Main 1993).

die Landeskunden indes müßte sie von zentraler Bedeutung sein. Bei ihnen fragt es sich in der Tat, ob es ein Buch über die USA geben kann, das für eine italienische Leserschaft genauso lehrreich wäre wie für eine skandinavische. Wenn ein Deutscher es verfaßte, würde darin ein Kapitel über die Diszipliniertheit des Amerikaners beim Schlangestehen vorkommen und natürlich ein noch ausführlicheres über die Segnungen oder Ungereimtheiten der Geschwindigkeitsbegrenzung. So interessant diese Kapitel für den deutschen Leser wären, so langweilig würden sie dem Engländer vorkommen, der sich beim Schlangestehen ähnlich verhält und dem die Geschwindigkeitsbegrenzung ebenfalls vertraut ist. Oder wären diese Kapitel die interessantesten für ihn, weil er hier etwas über sich selbst erfährt und ihm ein Teil seiner Normalität bewußt gemacht wird? Wie dem auch sei, wenn Fremdverstehen als Dialog bestimmt wird, müßte man diese Grundsatzfrage diskutieren.

Im Unterschied zu James Clifford versucht Clifford Geertz[20] jedoch die Kritik an der traditionellen Ethnologie für eine methodische Neubesinnung fruchtbar zu machen. Er greift auf Diltheys hermeneutischen Zirkel zurück, der besagt, daß die Teile das Ganze erklären und das Ganze wiederum die Teile. Zum Verstehen von abgeschlossenen Texten, worauf Dilthey sein Modell bezieht, leuchtet ein solches Verfahren ein; für eine einzelne Standardisierung der fremden Kultur mag es ebenfalls noch taugen, doch wenn mehr verstanden werden soll als eine Einzelheit, ergeben sich Probleme. Oder reicht es aus, wenn man nur die einzelnen Standardisierungen betrachtet und deren Einzelverständnis nebeneinander stellt? Sucht man nicht doch nach dem Geist der fremden Kultur insgesamt? Dann aber erhebt sich die Frage, was denn das Ganze sein soll. Als moderner Wissenschaftler verwirft Geertz natürlich Herders Idee der Ganzheit und definiert Kultur statt dessen als einen „Kontext". Aus welchen Teilen dieses Kontextes soll dann aber die zum hermeneutischen Verfahren benötigte größere Einheit zusammengesetzt werden? Um dieses Problem drückt sich der Vorschlag von Geertz herum und bleibt die Antwort schuldig, ob Standardisierungen aus sich heraus verständlich sind oder ob sie aus dem Zusammenspiel mit anderen betrachtet werden müssen. Wie Geertz neigt man dem letzteren zu, wüßte aber gerne wie und warum.

Um den Problembereich der Methode, diese Zwischenbilanz ist zu ziehen, ist es fast schlechter bestellt als um den der spezifischen Erkennt-

---

[20] „From the Native's Point of View: On the Nature of Anthropological Understanding", in: Keith A. Basso and Henry A. Selby, ed., *Meaning in Anthropology* (Albuquerque 1976).

nistheorie. Oft läßt sich einem solchen Defizit allerdings dadurch abhelfen, daß man an gelungenen Beispielen praktischer Forschung die dort verwendete Methode studiert. Wo aber findet man vorbildliche Forschungen für den Problembereich der Interkulturalität? Die heutigen Ansprüchen genügenden Leistungen der Ethnologie wie etwa die Analyse des balinesischen Hahnenkampfes von Geertz[21] gehören nur bedingt dazu. Die Welten, in die solche Arbeiten eintauchen, sind allzu fremd und ihre Symbole schwer zu entziffern, so daß der analytische Schwerpunkt mehr auf dem Erkennen als dem Verstehen liegt. Besser wären solche Dialogansätze geeignet, die sich um Zusammenarbeit zwischen geistig benachbarten Völkern bemühen.

Äußerst praktisch orientiert sind die bereits erwähnten Bemühungen der Wirtschaft um „cultural competency" durch „intercultural training". Sie kümmern sich erst gar nicht um eventuelle Erkenntnisbarrieren, sondern stürzen sich darauf, „cross cultural frictions", die im internationalen wirtschaftlichen Alltag auftreten, zu beseitigen. Gegenüber der Wissenschaft besitzen diese Ansätze den Vorteil eines exakt definierten Ziels. Stets geht es um eine Optimierung der Zusammenarbeit zwischen Mitgliedern verschiedener Nationalkulturen, von der Kostensenkung und Umsatzsteigerung erwartet wird. Um dieses Ziel zu erreichen, klärt man über die Eigenarten des jeweils anderen auf und überläßt es dann den Aufgeklärten, wie sie mit ihrem Wissen umgehen. So lernt der Amerikaner, daß sein deutscher Kollege methodischer vorgeht und nur nach langem Überlegen Schlüsse zieht, wohingegen er selbst spontane und intuitive Folgerungen bevorzugt, wie es schon das Idiom *to jump* [= springen] *to conclusions* zum Ausdruck bringt. Die zur Zusammenarbeit Verdammten sollen nun, darauf legen die meisten Trainingsprogramme wert, die Eigenart des anderen „vorurteilsfrei" annehmen und sollen selbständig ausprobieren, wie man kooperieren oder aber die Arbeit verteilen kann. So könnte ein internationaler Konzern die Produktion den methodischen Deutschen überlassen, den Verkauf aber den dynamischeren Amerikanern. Bei Verhandlungen würden die Amerikaner mehr Geduld mit den vorsichtigen Deutschen aufbringen, und die Deutschen würden sich allmählich an die Schnellschüsse ihrer Kollegen aus den USA gewöhnen. Da die Parteien ja guten Willens sind und vor allem weil ihnen ja auch der Leistungszwang im Nacken sitzt, wird sich irgendein *status quo* ergeben.

---

[21] „Deep Play: Bemerkungen zum balinesischen Hahnenkampf", in: *Dichte Beschreibung*, S. 202-260.

Zusammenarbeit impliziert aber nicht zwangsläufig Verstehen und schon gar nicht Fremdverstehen. Zwar nimmt man hin, daß der andere anders ist, kann dies aber weiterhin stillschweigend komisch finden oder sogar ablehnen. Man lernt zwar, wie sich der andere verhalten könnte, doch eventuell läßt dieses Wissen dem Fremden seine Fremdheit, ohne Neugierde zu wecken, tiefer in es einzudringen. Als größten Erfolg können diese Aktivitäten Toleranz verbuchen, doch selbst das ist dem Fremdverstehen zu wenig. Es will mehr als Toleranz.

Nachdem sich diese Art von Praxis für die Methodensuche als untauglich erweist, setzt man seine Hoffnung auf die Landeskunden. Zwar sind diese Fächer immer noch Stiefkinder der deutschen Universität, was aber dadurch kompensiert wird, daß man sich von anderen Disziplinen aus, etwa von der Literaturwissenschaft oder der Didaktik, auf landeskundliches Terrain vorwagt. Durch diesen Umstand wird es für den Kulturwissenschaftler allerdings erschwert, die Forschungen zur Kenntnis zu nehmen und in ihrer Gesamtheit zu überblicken. Dennoch wird man guten Gewissens behaupten können, daß seit dem Zweiten Weltkrieg und insbesondere in Deutschland landeskundliche Aktivitäten ein merkwürdiges Bild bieten. Vor dem Krieg bestand kaum ein Unterschied zwischen der Ethnologie, der Orientalistik, der Asienkunde und jenen Fächern, die westliche Völker zum Gegenstand hatten. Alle betrieben sie, wie es seit Wilhelm Wundt hieß, „Völkerpsychologie", und alle beschrieben „Nationalcharaktere". Dabei standen jedoch je nach Gegenstand rassistische, vorurteilsbeladene und hetzerische Absichten im Vordergrund. Das hauptsächliche Opfer solcher Pseudowissenschaft war bekannterweise das Judentum, doch auch andere Völker wurden rüden und naiven Ethnozentrismen ausgesetzt.

Nachdem sich der Völkerhaß, dem die damaligen „Auslandswissenschaften" Vorschub leisteten, im Krieg entladen und nachdem durch dessen Schrecken ein Sinneswandel stattgefunden hatte, kehrte bei bestimmten Landeskunden, allen voran den auf abendländische Nationen bezogenen, äußerste Zurückhaltung ein. Dem zugrunde lag weder ein fachinterner Bruch noch ein übergeordneter Paradigmenwechsel. Ethnologie, Orientalistik und Sinologie verfuhren vielmehr weiter wie bisher, während jene Fächer, deren moralische Verfehlung offenkundig geworden war, den Boden unter den Füßen verloren. Als Gegenreaktion auf diese Verfehlungen setzte die bereits erwähnte Vorurteilsforschung ein, welche einerseits die dringend nötige Vergangenheitsbewältigung vorantrieb, andererseits aber die Lähmung weiter verstärkte.

Die sich aus diesen Tendenzen ergebende Situation, an der sich bis heute nur wenig geändert hat, ist durch eine Paradoxie gekennzeichnet: Seitdem eine gute Völkerverständigung erstrebt wird, die ja eigentlich gegenseitige Kenntnis voraussetzt, finden landeskundliche Forschungsbemühungen kaum noch statt. Niemand, der eine wissenschaftliche Reputation zu besitzen meint, wagt es mehr, nationale Besonderheiten kultureller Art zu erforschen. Vor allem würde niemand mehr eine Gesamtdarstellung einer Nationalkultur in Angriff nehmen. Ein so lesenswertes Buch wie das des Engländers Gorer, *The American People* von 1948, das vor dem Krieg begonnen wurde, würde inzwischen nicht mehr geschrieben. Wenn man sich landeskundlich äußert, dann entweder zu historischen Einzelaspekten, die keinen Aktualitätsbezug mehr besitzen, oder zu Themen, die sich problemlos empirisch oder gar statistisch erhärten lassen. Das erkennt man schon an der einzig noch erlaubten Form der Gesamtdarstellung, an den Einführungen in die Landeskunden.[22] Sie zeichnen sich dadurch aus, daß sie bestimmte Standardthematiken aufbereiten, die meist ausschließlich politischer oder historischer Natur sind. Das politische System wird ausführlich erläutert; die Vergangenheit wird skizziert; man erfährt Wichtiges über die Wirtschaft und die Gesellschaftsstruktur. Der *way of life* jedoch, der den Alltag des Landes ausmacht, kommt nur am Rande in den Blick. Die *mainstream culture*, mit welcher der Reisende seine Probleme hat, wird ausgespart.

Diese verängstigte Zurückhaltung läßt sich, wie bereits mehrfach betont, auf äußerst ehrenwerte Gründe moralischer wie intellektueller Art zurückführen. Zum einen schämt man sich der unsäglichen Auslandswissenschaften, wie sie durch den Nationalsozialismus gefördert wurden, und zum anderen zeigt sich ein begrüßenswerter Verlust wissenschaftlicher Naivität. Doch diese Verängstigung ist so verständlich wie falsch. Weil die Altvorderen sündigten, tabuisierte man einen ganzen Forschungsbereich und schüttete das Kind mit dem Bade aus. Anstatt Völkerpsychologie und Nationalcharakter durch bessere Konzepte zu ersetzen, verzichtete man lieber ganz. Man verzichtete damit, um es in aller Deutlichkeit zu sagen, auf die Möglichkeit der Professionalisierung des Fremdverstehens und überließ den Laien das Feld. Denn außerhalb der Wissenschaft ist man weniger zimperlich. Über die näheren und weiteren Nachbarländer

---

[22] Z.B. Ernst Ulrich Große/Heinz-Helmut Lüger, *Frankreich verstehen: Eine Einführung mit Vergleichen zu Deutschland* (Darmstadt 1993) oder Malcolm Bradbury/ Howard Temperley, *Introduction to American Studies* (London/New York 1981); Heinrich Händel/ Daniel A. Gossel, *Großbritannien* (München 1994).

existiert eine Fülle von Büchern, deren Verfasser Journalisten sind. Sie versammeln darin ihre bereits in Rundfunk oder Fernsehen ausgestrahlten Reportagen und runden sie mit den noch nicht verwerteten Erfahrungen als Auslandskorrespondent ab. Die Themen sind hauptsächlich politisch, werden aber aus Gründen der Unterhaltung mit Exotischem und Anekdotischem gewürzt. In diesen Büchern scheinen zwei Tendenzen auf. Entweder mißt man mit ungebrochener Naivität das Fremde an den eigenen Erwartungen, oder man erhebt es, oft völlig unkritisch, zum Vorbild.

Wenn ansonsten über nationale Gewohnheiten geschrieben wird, dann außerhalb jeder wissenschaftlichen Disziplin und vorsichtshalber feuilletonistisch bzw. humoristisch.[23] Eine Ausnahme, welche die Regel bestätigt, ist das Buch von Nigel Barley, *Traurige Insulaner*.[24] Der Autor ist Ethnologe und gebürtiger Engländer, der, als *fieldworker* heimgekehrt, seine Landsleute einer zünftig ethnologischen Analyse unterzieht. Ihm selbst macht dieses Verfahren Angst, so daß er im Untertitel vorsichtshalber die Karten auf den Tisch legt: *Als Ethnologe bei den Engländern*. In wiederholten Thematisierungen spielt er die Tabuverletzung, mit Europäern zu verfahren wie mit Wilden im Busch, humoristisch herunter, obwohl sich die präsentierten Erkenntnisse nicht zu verstecken brauchen. Wohl kein Indiz kennzeichnet die derzeitige Lage der landeskundlichen Forschung besser als dieses Buch. Barleys vorbauende Selbstironie läßt sich als Mischung aus alter europäischer Arroganz und neuem gutem Willen entlarven. Einerseits erscheint es ihm wissenschaftlich fragwürdig, mit einer Kulturnation ethnologisch umzuspringen; andererseits fürchtet er, wenn er nationale Gewohnheiten analysiert, den Vorwurf des Vorurteils und der unstatthaften Verallgemeinerung.

Nach den berechtigten, um Wiedergutmachung bemühten Berührungsängsten ist es allerdings höchste Zeit, wieder Mut zu fassen und die Probleme, die ja jeder inzwischen für wichtig hält, mit wissenschaftlicher Professionalität anzugehen. Der gute Wille zur Völkerverständigung, der oft genug nicht weiß, was er konkret tun sollte, reicht nicht aus. Genaugenommen brauchen wir zwei Arten von Mut. Zum einen Mut, Theorien zu entwickeln, was wir bereits tun, und, was wir noch nicht tun, praktische Forschungsarbeit zu leisten; zum anderen wäre aber jener Mut vonnöten, der sich vor Urteilen nicht scheut. Von internationalen Begegnungen, wie

---

[23] Peter Collett, *Der Europäer als solcher ... ist unterschiedlich: Verhalten, Körpersprache, Etikette* (Hamburg 1994).
[24] Nigel Barley, *Traurige Insulaner: Als Ethnologe bei den Engländern* (Stuttgart 1993).

das Schlagwort heißt, erwartet man mit einem anderen Schlagwort Horizonterweiterung. Darunter versteht man die Relativierung, wenn nicht gar Zurückweisung eigener Standardisierungen. Das sind in der Tat wichtige Effekte, die wahrscheinlich zu einer Eindämmung von Chauvinismus und Nationalismus führen. Bestehen aber nicht noch weitere Möglichkeiten der Horizonterweiterung? Betrachten wir noch einmal unseren Schüler, der sich mit der amerikanischen Einstellung zum Waffenbesitz auseinandersetzt. Welche Relativierung seiner deutschen Normalität könnte unser Protagonist dabei befördern? Daß wir Deutschen zu ängstlich sind und uns zu sehr auf den Staat verlassen? Wäre das Ziel der Horizonterweiterung erreicht, wenn der Heimkehrende versuchte, eine Waffe mit nach Hause zu bringen? Dann hätte doch wohl ein Austausch der Horizonte stattgefunden, aber keine Erweiterung.

Unser Beispiel führt uns an einen heiklen Punkt, der in der Diskussion um eine Theorie des Fremdverstehens gerne ausgespart wird. Wir debattieren Fremdverstehen, nicht aber die Beurteilung des Fremden. Weil mit ihr Schindluder getrieben wurde, fehlt uns dazu sowohl der moralische als auch, da wir uns pluralistisch und tolerant geben, der intellektuelle Mut. Unser Schüler könnte eine Horizonterweiterung nur dadurch erreichen, daß er das Verstehen mit einer Beurteilung, die in diesem Fall eine Kritik sein müßte, paarte. Durch Einblick in bestimmte Standardisierungen des Denkens, die historisch zu erklären sind, würde der Deutsche das amerikanische Verhältnis zur Waffe verstehen lernen. Verstehen in dem Sinne, daß er die Existenz von gewichtigen Gründen zur Kenntnis nimmt. Bevor er Amerika besuchte, konnte er sich keinen Reim auf die scheinbare Blutrünstigkeit machen, jetzt aber weiß er, daß es eine nachvollziehbare Erklärung gibt. Soll dieser erfolgreiche Akt des Fremdverstehens aber die Abstinenz eines eigenen Urteils einschließen? Könnte der Schüler nicht, vorausgesetzt er ist der Differenzierung fähig, die amerikanische Standardisierung aus ihrem Kontext heraus verstehen, sie für sich genommen aber als atavistisch ablehnen? Wenn Amerika selbst *gun control* diskutiert, warum sollte der Deutsche, nur weil er nicht dazugehört, nicht daran teilnehmen dürfen?

Die meisten Schriften zur Interkulturalität und insbesondere alle Bekenntnisse zum *multi-culturalism* vermeiden das Thema des Urteils und signalisieren damit, das Fremde müßte stets anerkannt und für gleichwertig gehalten werden. Ohne weiter darüber nachzudenken, erklärt man die andere Kultur, insbesondere wenn es sich um eine unterdrückte handelt, für sakrosankt. In der Praxis des stillen Kämmerleins hält sich wahrscheinlich niemand daran, und es fragt sich ja auch, ob eine solche Tabuisierung von Urteil und Kritik theoretisch gerechtfertigt ist. Wäre es nicht Heuchelei, wenn der Ethnologe die Magie seiner modernen Wissenschaftlichkeit gleichsetzte? Wäre es nicht eine Art freiwilliger Entmündigung, wenn der amerikanische Besucher die deutsche Raserei auf den Autobahnen fremdverstehend guthieße? Ins Allgemeine gewendet, laufen diese Beispiele auf die Frage hinaus, ob es nicht doch Maßstäbe gibt, die den Kulturen überzuordnen sind. Das dürfen nicht viele sein und sie sind bedachtsam, vor allem unter Vermeidung von Ethnozentrismus auszuwählen. Vielleicht reichen schon die Menschenrechte, vielleicht müßten sie um eine weitere Dimension der Humanität aufgestockt werden. In der Praxis verfahren wir längst so und stellen einen Vater, der aus religiösen Gründen sein Kind nicht ärztlich behandeln läßt, vor Gericht; nur in der Theorie fehlt uns dazu der Mut.

Standardisierungen, so wurde immer wieder betont, sind willkürlich. Muß Willkür aber nicht überprüft werden? Der Raum, den diese Willkür füllen kann, ist groß genug, doch es existieren Grenzen. Für bestimmte Einzelfälle kann die Entscheidung dabei schwer sein. Ob man auf der rechten oder linken Straßenseite Auto fährt, verläuft weit innerhalb dieser Grenzen. Was aber ist mit dem spanischen Stierkampf? Ist er Tierquälerei, wenn nicht gar Sadismus? Zu solchen nicht eindeutigen Fällen schweigt man lieber. Bei den menschenverachtenden Praktiken der chinesischen Führung fällt das Urteil der Grenzüberschreitung allerdings nicht schwer. Interessanterweise haben sich die Diktatoren mit dem Hinweis auf die chinesische Kultur zu rechtfertigen versucht. Äußerst geschickt, nutzen sie dabei den modernen Hang zur Urteilsabstinenz bei kulturellen Phänomenen. Diese Unverfrorenheit sollte uns aber die Augen öffnen, wohin eine solche Abstinenz führt. Urteilsabstinenz und konsequenter Kulturrelativismus müssen sich die Frage gefallen lassen, ob mit ihrer Hilfe das Ziel der Horizonterweiterung überhaupt erreicht werden kann.

Funktionsbestimmung von Kultur

Die Beurteilung von Standardisierungen oder größeren kulturellen Einheiten hängt nicht nur von den jeweils übergeordneten Maßstäben ab, sondern auch davon, welche Funktion der Kultur, unbewußt oder explizit, zugesprochen wird. Der Biologe beispielsweise, um unseren idealtypischen Antagonisten noch einmal zu bemühen, wird zwangsläufig milder urteilen bzw. das zu bewertende Problem nicht für so entscheidend halten, da er der Kultur sowieso keine großen Gestaltungsmöglichkeiten einräumt. Doch nicht nur für die Beurteilung von Kultur ist ihre Funktionsbestimmung wichtig, sondern für die Kulturtheorie überhaupt, deren tragendes Fundament sie bildet. Deshalb muß sich auch eine Einführung dieser komplexen, höchst abstrakten und natürlich auch philosophischen Materie zuwenden.

Was heißt Funktionsbestimmung von Kultur? Spontan möchte man antworten, welchen Zweck sie für den Menschen erfüllt. Dabei würde man allerdings Widerspruch von mehreren Seiten erfahren. An erster Stelle würden die Biologisten protestieren, die menschliches Leben durch die Körperchemie geregelt sehen und Kultur höchstens als schmückenden, aber funktionslosen Schnörkel zur Kenntnis nehmen. Vielleicht könnten sich Anhänger dieses Ansatzes noch am ehesten mit den radikalen Idealisten verständigen, die ebenfalls von der Zweckfreiheit der Kultur ausgehen, darin aber eine Auszeichnung erblicken, die sie über die Niederungen der Kreatürlichkeit erhebt. Diese gerade in Deutschland beheimateten Idealisten betonen das Spielerische und Schöpferische, beschränken das aber meistens auf den Bereich des engeren Kulturbegriffs. Sie meinen eher die Kunst in ihren hehren und profanen Formen, nicht aber den bodenständig trivialen *way of life*. Beide Denkansätze, in denen noch der alte Konflikt zwischen Materialismus und Idealismus nachwirkt, beinhalten ein allzu einseitiges Menschenbild und können daher übergangen werden.

Widerspruch anmelden, sobald von kulturellen Funktionen die Rede ist, würden aber auch die Anhänger Herders. Wenn er Kulturen für Erscheinungsformen des Menschlichen oder der Menschheit hält, geht er folglich von substantiellen, d.h. solchen Gegebenheiten aus, die nicht auf irgend etwas anderes zurückgeführt werden können. Wie es sinnlos wäre, nach der Funktion unseres Körpers zu fragen, käme Herder nicht auf die Idee, nach dem Zweck der Kultur zu forschen. Das Beispiel mit dem Körper mag uns die prinzipielle Voraussetzung einer jeden Funktionsbestimmung vor Augen führen. Für die Niere, das Bein oder alle sonstigen Teile des Körpers ist die Frage nach der Funktion angemessen und beantwortbar; nicht aber die nach dem Ganzen des Körpers. Für die Teile ist eine Funktionsbestimmung deshalb möglich, weil sie aus dem Bezug auf das Ganze deduziert werden kann. Die Niere ist zur Entgiftung da und somit letztendlich dazu, daß Ganze am Leben zu halten. Die Bestimmung einer Funktion setzt folglich einen Bezugspunkt, d.h. eine übergeordnete Größe voraus, von der Ableitungen vorgenommen werden können. Für unsere Problematik ergibt sich damit folgende Alternative. Entweder ist Kultur auf eine übergeordnete Größe bezogen, so daß eine Funktion aufscheint, oder, wie Herder es tut, sie wird selbst zu einer übergeordneten Größe erklärt. Im ersten Fall können wir von Funktion sprechen, im zweiten jedoch nicht, für den wir das altmodische Wort Wesen benutzen wollen. Genaugenommen, um das letztere integrieren zu können, müßte dieses Kapitel daher die Überschrift tragen: Wesensbestimmung versus Funktionsbestimmung.

Damit ist eine grundsätzliche Taxonomie der Annäherung an das Problem entwickelt, die von zwei Kategorien ausgeht, die wir im folgenden als substantielle und instrumentelle Kulturvorstellung auseinanderhalten werden. Ihnen wird sich noch eine dritte hinzugesellen, die semiotische Kulturvorstellung, welche die zur Zeit gültige ist. Sie gibt sich als eine Art dialektische Vermittlung zwischen den beiden anderen zu erkennen, obwohl sie allerdings auf unterschiedlichen Prämissen ruht. Wir beginnen mit der instrumentellen Kulturvorstellung, die hauptsächlich in zwei Varianten anzutreffen ist. Die erste ist die des Kulturevolutionismus.

Der instrumentelle Kulturbegriff

Der bereits zitierte Anthropologe Marvin Harris geht von einer speziellen Kulturdefinition aus, die sich mit der hier verwendeten nicht deckt. Er unterscheidet natürliches Verhalten, das durch Triebe, Instinkte und Reflexe gesteuert sei, von kulturellem, das, biologisch nicht vorgegeben, erlernt werden müsse. Äußerst wirkungsvoll setzt Harris diese Kulturauffassung gegen den Vererbungsbiologismus ein und demonstriert an einer Fülle überzeugender Beispiele, wie sich das Menschengeschlecht vor allem mit Hilfe erlernter Fähigkeiten entwickelte. Die Bindung des Kulturbegriffs an das alleinige Kriterium der Erlernbarkeit, was eine Ausweitung und Nivellierung bedeutet, hat allerdings zur Folge, daß auch lernfähige Tiere Kultur beanspruchen können. So berichtet Harris von Schimpansen in einer bestimmten Region Afrikas, die, unabhängig von ihrer Triebausstattung, die Technik entwickelten, mit Hilfe von Werkzeugen, d.h. von Gräsern, Zweigen oder Wurzeln Termiten zu fangen. Die Zweige werden in den Termitenbau gehalten, dessen Bewohner ihrer Eigenart gemäß sofort über den Eindringling herfallen, um ihn zu bekämpfen. Wenn der Schimpanse den Zweig nach kurzer Zeit wieder herauszieht, sitzt er voll von nahrhaften Insekten, die in Ruhe verspeist werden können.[25] Diese Technik, darauf kommt es Harris an, wird nicht über Gene vererbt, sondern von den Jungtieren durch Beobachtung und Nachahmung erlernt. Experimente, die Schimpansenbabies vom Rudel trennten, haben dies bestätigt; die alleine aufwachsenden Tiere entwickelten das *know how* nicht und wären deshalb, hätte man sie in die Freiheit ihrer Herkunftsregion entlassen, nicht lebensfähig gewesen.

Diese Lebensfähigkeit bildet den eigentlichen Fluchtpunkt der von Harris vorgetragenen Anthropologie, die in ihrem Kern darwinistisch bleibt. Diesem Darwinismus wird aber ein neues, nur scheinbar wesensfremdes Element, das der Kultur, aufgepfropft. Die Anpassung an die Umwelt, die als oberster Maßstab bestehen bleibt, läßt sich bei Harris nicht nur durch Mutation des Erbguts erreichen, sondern auch durch das Erfinden, Tradieren und Erlernen von neuen Verhaltensweisen. Die erwähnten Schimpansen wären in ihrer nahrungsarmen Region ausgestorben, wenn nicht irgendein Genie unter ihnen auf die Idee mit dem Zweig gekommen wäre oder wenn nicht irgendein Zufall diesen Gedanken nahegelegt hätte, der dann in gut darwinistischer Manier eine Anpassung an das Nahrungsangebot bewirkte. Harris läßt beides zu, sowohl die genetische Veränderung, die mehr für das Entstehen von neuen Arten verantwortlich ist, als auch die Erfindung von neuen Verhaltensweisen, die bei Wechsel der Umweltbedingungen das weitere Überleben etablierter Arten sichern.

Die Überlebenssicherung mit Hilfe von Kultur sei dabei hauptsächlich die Domäne des Menschen. Vor allem er hätte im Laufe seiner Gattungsgeschichte erlernbare Techniken ersonnen, um sich wechselnden Gegebenheiten anzupassen und der *natural selection* ein Schnippchen zu schlagen. In bestimmten kälteren Regionen sei er beispielsweise auf die Idee verfallen, aus Tierfellen wärmende Kleidung anzufertigen, um den Kalorienverbrauch zu reduzieren oder eventuell sogar dem Erfrierungstod vorzubauen. Durch die Ausweitung des genetisch nicht programmierten Verhaltens habe sich der Mensch zur flexibelsten Gattung gemausert, was sich schon daran zeigt, daß er fast alle Regionen der Erde bevölkert.

Für die Anthropologie bedeutet der kulturevolutionistische Ansatz einen immensen Fortschritt. Endlich sind nicht mehr nur die Gene für die menschliche Entwicklung verantwortlich, sondern die grauen Zellen im Gehirn, die jenseits der Schwerfälligkeit des Kreatürlichen und der Dumpfheit der reinen Körperchemie ihr eigenes Reich errichten. Wenn

---

[25] Marvin Harris, S. 65.

die Bastion des Biologismus fallen sollte, dann am ehesten durch diesen Ansatz, der die Zunft mit ihren eigenen Waffen schlägt. Das Zentralparadigma, der Darwinismus, wird in seinen Grundfesten nicht angetastet, wird vielmehr ohne jeden Reibungsverlust durch eine geistige Dimension, der des Erfindens und des Lernens, angereichert, so daß zwei Überlebensmöglichkeiten vorhanden sind, die natürliche und die kulturelle. Beide, „genetische" und „kulturelle Prägung"[26] laufen zunächst entwicklungsgeschichtlich parallel, um auf den höheren Stufen der menschlichen Entwicklungsgeschichte in den Primat der kulturellen zu münden.

Doch gerade für die höheren Entwicklungsstufen übersieht Harris den entscheidenden Wendepunkt. Er weiß zwar und betont es mehrfach, daß er einen „rudimentären" Kulturbegriff verwendet, der sich auf „ein kleines Repertoire von einfachen Traditionen"[27] bezieht, hält an diesen aber auch für Hochkulturen fest. Es wird nämlich nachdrücklich darauf hingewiesen, daß „der wesentliche Unterschied zwischen rudimentären und voll entwickelten Kulturen ... quantitativer Natur" sei.[28] Das ist allerdings ein Irrtum. Harris sieht Kultur als Instrument der Überlebenssicherung, was aber nur für bestimmte rudimentäre Formen plausibel erscheint. Die Erfindung von Kleidung half sicherlich der Arterhaltung, doch für die Götterverehrung, die ebenfalls sehr früh einsetzte, liegt eine solche Instrumentalität nicht auf der Hand. Hören wir uns ein Beispiel an:

> Wie kommen Kulturen dazu, spezifischen Kombinationen von Nahrungsmitteln und Geschmacksrichtungen den Vorzug zu geben? Sind Vorlieben für bestimmte Nahrungsmittel willkürlich, oder sind sie Resultat einer Auslese, die allgemeinen Prinzipien der Kulturevolution gehorcht? Diese Thematik hat mich weidlich beschäftigt, und ich bin zu der Überzeugung gelangt, daß die Küchen dieser Welt jeweils als praktische Lösungen der Aufgabe angesehen werden können, unter den gegebenen natürlichen und kulturellen Bedingungen ihre Bevölkerungen mit den lebenswichtigen Nährstoffen zu versorgen. Scheinbar willkürliche Unterschiede im Grundbestand traditioneller Ernährungsweisen haben gewöhnlich ernährungspraktische, ökologische oder ökonomische Ursachen. Das Faible für scharfes, gepfeffertes Essen zum Beispiel hängt mit drei Bedingungen zusammen: mit einem warmen Klima, mit einer hauptsächlich vegetarischen Ernährung, bei der Gemüse

---

[26] Harris, S. 65.
[27] Harris, S. 65.
[28] Harris, S. 67.

an die Stelle des Fleisches tritt, und mit einer knapp bemessenen Kalorienaufnahme bei wenig Abwechslung im Speiseplan. Da der Malabar- oder Chilipfeffer nur in frostfreien, warmen, feuchten Klimazonen gedeiht, läßt sich erwarten, daß der Geschmack an scharfem Essen auf die Tropen konzentriert ist. Hinzu kommt, daß Menschen, die ihre lebenswichtigen Nährstoffe primär aus einer Kombination von Hülsenfrüchten und Reis, Mais oder stärkehaltigen Wurzeln beziehen, stark zu Blähungen neigen. Es gibt wissenschaftliche Befunde, die den Volksglauben stützen, daß pfeffrige Soßen hier Abhilfe schaffen. Schließlich erzeugen bei Menschen, deren Speiseplan wenig Abwechslung bietet und die oft hungrig schlafen gehen müssen, scharfe Würzstoffe durch ihre anregende Wirkung auf die Speicheldrüsen ein Völlegefühl, das die Mahlzeit größer und abwechslungsreicher erscheinen läßt, als sie tatsächlich ist. Daß in Nordeuropa und im angelsächsischen Bereich diese Bedingungen fehlen oder nur in geringerem Maß vorhanden sind, läßt plausibel werden, warum dort die Küchen so fad sind.[29]

Mit Hilfe einer höchst komplizierten und teilweise an den Haaren herbeigezogenen Erklärung - ein simuliertes Völlegefühl sichert schließlich nicht das Überleben - wird in dieser Passage das starke Würzen von Speisen zu einer kreatürlichen Notwendigkeit erklärt. Einfacher ließe sich das Phänomen als eine biologisch funktionslose, kollektive Gewohnheit betrachten. Aber von einer funktionslosen und nicht instrumentellen Kultur will der Kulturdarwinist Harris nichts wissen, wodurch er sich immense Probleme einhandelt, da jede noch so wahnwitzige Standardisierung auf Biegen und Brechen eine von der jeweiligen Region abhängige Arterhaltungsfunktion erfüllen muß. Je satter und wohlgenährter die Menschheit wird, um so problematischer wird der kulturevolutionistische Ansatz. Wie will man etwa das kulturelle Phänomen des Drogenkonsums, das es ja schon gehörig lange und in den verschiedensten Weltgegenden gibt, zu einer Maßnahme der Überlebenssicherung erklären? Was macht man mit dem deutschen Autowahn? Oder worin sollte die Instrumentalität der spezifisch britischen Gabelhaltung bestehen, die beim Verzehr von Erbsen kulturell standardisiert ist?

Harris übersieht, daß die Menschheit zwei qualitativ deutlich unterschiedene Formen von Kultur kennt, eine instrumentelle und eine von jeder biologischen Notwendigkeit freie. Möglicherweise treten sie von Anfang an gemeinsam auf, doch die zweite kann besonders dann voll

[29] Harris, S. 149.

erblühen, wenn die erste ihrer Aufgabe gerecht wurde. Erst wenn das Überleben gesichert ist, wenn wir satt und warm sind, gewinnt jenes Reich der Freiheit an Bedeutung, das eine Hochkultur auszeichnet. Doch die so positiv klingende Freiheit impliziert immer auch Willkür.

Das Problem der Funktionsbestimmung von Kultur verlangt zunächst eine begriffliche Differenzierung, die von den meisten Kulturwissenschaftlern nicht vorgenommen wird. Für Hypothesenbildungen zur Urgeschichte der Menschheit bürgerte es sich ein, Natur und Kultur einander gegenüberzustellen. Unter Kultur, die das Geschaffene gegenüber dem Vorgefundenen bezeichnete, subsumierte man dabei sowohl den Ackerbau als auch die Götterverehrung. Um die Urgeschichte zu verstehen, war diese Subsumierung sinnvoll, doch sie behinderte das Verständnis der weiteren, der eigentlich menschlichen Entwicklung. Für sie muß der Kulturbegriff aufgeteilt bzw. es müssen ihm weitere Begriffe zur Seite gestellt werden, und das deshalb, um das materiell Notwendige vom freiheitlich Willkürlichen zu trennen. Der Ackerbau ist zum Überleben notwendig und zu großen Teilen durch die geographischen Gegebenheiten bedingt, der Götterglaube aber nicht. Ohne Abhängigkeiten und Zwänge findet er in einem Freiraum statt, den die menschliche Phantasie ausfüllt. Ohne solche Freiräume und ohne solche Anlässe für Phantasie gäbe es keine Verschiedenheit zwischen den Völkern, Stämmen und Kollektiven. Für diesen Bereich der Unabhängigkeit und Verschiedenheit sollte man den Kulturbegriff reservieren, und das andere Biologie, Gesellschaft, Wirtschaft und Staat nennen, wie wir es umgangssprachlich ja auch tun. Als biologische Wesen, als Staatsbürger, als Rechtssubjekte und Wirtschaftsteilnehmer waren meine Tennisspieler einander ähnlicher denn als Mitglieder kultureller Kollektive.

Auch Arnold Gehlen macht diesen Begriffsunterschied nicht. Jede Art von Kultur steht für ihn, womit wir uns der zweiten Variante des instrumentellen Kulturbegriffs zuwenden, in Diensten der Überlebenssicherung. Seine Ausführungen beginnen bei einer anthropologischen Prämisse, die auch von anderen Zeitgenossen, etwa dem Philosophen Max Scheler, angenommen wurde. Sie besagt, daß der Mensch im Laufe seiner Entwicklungsgeschichte eine, in den Worten Gehlens, „Instinktreduktion"[30] durchmachte, d.h. daß sich sein Verhalten von den gattungsspezifischen Regelungsmechanismen der Natur emanzipierte. Während beim Tier wirkungsvolle Instinkte das Überleben und die Erhaltung der

---

[30] Harris, S. 21.

Art sicherten, sei das beim Menschen der „Spätkultur" verkümmert. Diese Prämisse wird auch heute noch erwogen, obwohl sie selbst bei Anthropologen, die ansonsten den gleichen Ansatz vertreten, auf Widerstand stößt. Eibl-Eibesfeldt beispielsweise diagnostiziert kein Mängelwesen mit degenerierter Naturausstattung, erkennt den Unterschied zum Tier vielmehr darin, daß der Mensch zahlenmäßig mehr Instinkte besitze. Während das Tier Spezialist sei, etwa für das Klettern oder die Hetzjagd, könne der Mensch die Auszeichnung des „Generalisten" beanspruchen, der sowohl klettern als auch ausdauernd laufen könne.[31]

Aus dem Status der mangelhaft funktionierenden Naturausstattung begründete Gehlen die Notwendigkeit von Kultur. Entsprechend lautet die Ausgangsfrage seiner Philosophie der Institutionen: „Wie ist es einem instinktentbundenen, dabei aber antriebsüberschüssigen, umweltbefreiten und weltoffenen Wesen möglich, sein Dasein zu stabilisieren?"[32] Gehen wir die Aufzählung der menschlichen Eigenschaften der Reihe nach durch. Die Instinkte sind verkümmert, so daß sie als Ordnungsfaktoren ausfallen. Weiterhin wirksam bleibt allerdings eine natürliche Energie, die jedoch ohne Instinktregulierung richtungslos und damit „überschüssig" ist. Gleichzeitig fand insbesondere durch die Technik, aber auch durch Kultur im Sinne von Harris eine Befreiung von der Umwelt statt, d.h. der Mensch ist nicht länger von äußeren Gegebenheiten wie Topographie und Klima abhängig. Insgesamt konstatiert Gehlen also eine doppelte Emanzipation: Der Mensch ist sowohl von der in seinem Inneren wirkenden Natur (Instinkte) befreit als auch von der ihn umgebenden äußeren.

Doch in den Augen Gehlens ist diese Freiheit kein Anlaß zu Stolz oder Freude. Sie macht den Menschen vielmehr zum Risikowesen, zu einer Gefahr für sich selbst und die ganze Welt. Die doppelte Naturemanzipation bedeute nämlich den Verlust von Ordnung garantierenden Regulationen, so daß sich der noch übrigbleibende Antriebsüberschuß zerstörerisch auswirken könne. Wenn Gehlen so positiv klingende Begriffe wie Freiheit und Offenheit benutzt, meint er in erster Linie Ordnungsverlust und sieht den Weltuntergang heraufziehen. An die Stelle der verlorengegangenen natürlichen Ordnung, so argumentiert Gehlen weiter, muß daher die Kultur treten, welcher nun die Aufgabe der Regulierung zuwachse. Obwohl Natur und Kultur gemeinhin als Gegensätze gelten, soll Kultur Naturaufgaben übernehmen und sozusagen als Instinktersatz fungieren.

---

[31] Eibl-Eibesfeldt, S. 46.
[32] Eibl-Eibesfeldt, S. 42.

Diese Festlegung auf eine Ersatzfunktion liefert unterschwellig die Definition mit, welche Art der Ordnung und Regulierung gemeint ist. Instinkte regulieren starr, ohne Wandel zuzulassen; sie regulieren deterministisch, ohne den Individuen Freiräume zu gestatten. Zur Gewährleistung einer solchen Regulierung müssen allerdings bestimmte Elemente, die auch zur Kultur gehören, beseitigt werden, denn „[e]ine Kultur wäre chaotisch, in der die konstitutionelle Plastizität der menschlichen Antriebe, die Variabilität der Handlungen und die Unerschöpflichkeit der Dingansichten zur Geltung kämen."[33] Vielfalt, Lebendigkeit und Freiheit, d.h. die hauptsächlichen und wesentlichen Kriterien, welche den Unterschied zur Natur ausmachen, müssen, da Gehlen ja einen Ersatz für sie sucht, eliminiert werden.

Wie das geschehen soll, bleibt unklar. Gehlen nennt die ihm vorschwebende eingefrorene Kultur Institution. Im Unterschied zur Kultur schlechthin besitze die Institution jene Voraussetzung, die sie zum Naturersatz und zum Garanten von Stabilität tauglich mache: Sie erteile dem Individuum eindeutige Anweisungen, was es zu tun, zu denken und zu fühlen habe. Unausgesprochen und ohne sich über ihr Verhältnis zu verbreiten, macht Gehlen einen deutlichen Unterschied zwischen den Begriffen Kultur und Institution und bleibt dabei die Antwort schuldig, wie sich aus der Vielfalt und Lebendigkeit der Kultur die Eindeutigkeit und Starre der Institution herausschält. Ebenso schweigt er sich darüber aus, woher sie ihre normative Kraft bezieht. Doch auch ohne solche Auskünfte liegt die Richtung der Argumentation auf der Hand. Wenn das als entfesseltes Mängelwesen gefürchtete Individuum an die Kandare genommen werden muß, so kann das nur durch eine ihm vorgeordnete Instanz geschehen. Da die Natur als degeneriert ausfällt, bleibt nur das Kollektiv. Ihm wird die Aufgabe übertragen, die einzelnen Mitglieder zu entmündigen und zu disziplinieren. Ob das durch gesellschaftlichen Druck oder politischen Zwang erreicht wird, bleibt für Gehlen solange unerheblich, wie das letztendliche Ziel, die Stabilität des Ganzen, gesichert ist. Da die Freiheit des Individuums keinen Wert, sondern eine Gefahr darstellt, war für Gehlen auch die politische und kulturelle Diktatur des Nationalsozialismus akzeptabel.

Aus Angst vor dem Chaos individueller Anarchie flüchtet Gehlen in das andere Extrem, das einer lebenserstickenden Ordnung, deren exemplarisches Szenario sich vor seinen Augen abspielte. Die überstürzte Flucht und die Unhaltbarkeit ihrer Argumentation speist sich nicht nur aus der

---

[33] Gehlen, S. 21.

Prämisse des Mängelwesens, sondern ebenso aus dem verwendeten instrumentellen Kulturbegriff. Kultur, das sollte die Anhänger dieses Begriffs nachdenklich stimmen, ist für Gehlen nicht grundsätzlich instrumentell, vielmehr wird sie es erst, wenn die Vielfalt reduziert wird und das Übrigbleibende normative Kraft bekommt. Diese Eingriffe verraten jedoch, daß, um die Instrumentalität von Kultur zu gewährleisten, jene Merkmale entfernt werden müssen, die ihr wesentlich sind. Mit anderen Worten, Instrumentalität einerseits, die *per definitionem* starr und permanent auf einen Bezugspunkt gerichtet ist und immer denselben Zweck erfüllt, und Kultur andererseits, die durch ihren Angebotscharakter Flexibilität besitzt und sich stets neu justiert, schließen einander aus. Dieser Widerspruch zeigt erneut die Berechtigung der soeben geforderten Begriffsdifferenzierung.

Jede instrumentelle Betrachtung von Kultur muß einen übergeordneten Bezugspunkt vorweisen. Dieser war bei Harris die gesamte Menschheit bzw. bestimmte Teile von ihr in bestimmten Regionen, wohingegen Gehlen mehr auf ethnische oder politische Großkollektive abzielte, in deren Schoß er den einzelnen geschützt glaubte. Beide Ansätze geraten aber sofort in Widerspruch zur Realität, da es nicht nur arterhaltende oder dem Ganzen förderliche Standardisierungen gibt, sondern auch deren Gegenteil. Man vergißt die traurige Binsenweisheit, daß im Namen von Kultur und Zivilisation oft genug menschliches Leben vernichtet wurde und weiterhin wird. In seinem Buch *Kulturbegründer und Weltzerstörer: Der Mensch im Zwiespalt seiner Möglichkeiten* sagt Hans Peter Thurn dazu:

> Denn Kultur als vom Menschen für Menschen erstellte, in ihrem sozialen Charakter betrachtet: ist sie wirklich, wie Realität und Theorien öfters zu suggerieren scheinen, vorwiegend mit-menschlich ausgerichtet, auf individuelle Produktivität und soziale Harmonie bedacht, Appell und Angebot an alle, für alle? Oder trägt sie nicht ebenso häufig und intensiv kontraproduktive und gegen-menschliche Züge, ist gegen etwas bzw. gegen jemanden gerichtet? Enthält und entwickelt also Kultur, kulturelle Realität nicht gleichermaßen lebensermöglichende und lebensbehindernde, Menschen verbindende und Menschen trennende Kräfte?[34]

Bezogen auf die Gattung, bezogen auf die Völker und sonstigen Großkollektive ist dem zuzustimmen. Es fragt sich aber, ob diese Aussage auch für andere Bezugsgrößen gilt. Allzu automatisch, das wurde bereits erwähnt,

---

[34] Hans-Peter Thurn (Stuttgart 1990), S. 3.

geht man beim Begriff Kultur von übergeordneten Größenordnungen wie Stamm, Volk oder Nation aus, ohne dabei zu bedenken, daß diese größeren Anordnungen aus vielen kleineren zusammengesetzt sind. Könnte es nicht diese Unachtsamkeit sein, die den instrumentellen Kulturbegriff in Argumentationsnöte bringt, die vielleicht sofort beseitigt wären, wenn man ihn auf kleinere Kollektivformen ansetzte? Auf das englische Volk bezogen, läßt sich die Vorschrift der nach unten zu haltenden Gabelzinken nicht funktionalisieren. Wohl aber läßt sich begründen, warum der Oberschichts-Engländer seine Erbsen in der standardisierten Form ißt. Durch die Wahrung dieser Form beansprucht er symbolisch die Zugehörigkeit zu den Kultivierten und diskriminiert jene, die ihre Erbsen nicht so umständlich zum Munde führen. Für das engere Kollektiv der Oberschicht läßt sich die Standardisierung also problemlos instrumentalisieren.

Diese Art der Instrumentalisierung wurde überzeugend von Pierre Bourdieu in seinem Buch *Die feinen Unterschiede* vorgeführt.[35] Er bezieht kulturelle Standardisierungen, insbesondere solche des „Lebensstils" auf gesellschaftliche Schichten und funktionalisiert sie als äußerst wirkungsvolle Waffen eines verdeckten Klassenkampfes. Ein bestimmer Lebenstil schreibt symbolisch die Zugehörigkeit zu bestimmten Eliten fest, worin Bourdieu eine Art „Kapital" erkennt, das sich als soziale und ökonomische Macht materialisieren lasse. Für die Analyse der Wirksamkeit einer Klassenkultur ist der Ansatz Bourdieus äußerst fruchtbar, doch er läßt sich nicht verallgemeinern, selbst wenn die Grenzen des Kollektivs gesellschaftliche Klasse nicht überschritten werden. Bourdieu argumentiert weder mit allen klassenspezifischen Standardisierungen noch berücksichtigt er die negativen Konsequenzen, die es auch gibt. Nehmen wir das Beispiel des Duells, das in Adelskreisen zeitweilig üblich war. Sicherlich besitzt diese Institution symbolischen Wert und symbolisches Kapital, denn der Duellant gibt sich als auf seine Ehre bedacht und mutig zu erkennen und zeigt dadurch an, daß er sich dem Ethos des Adels verpflichtet sieht. Doch was nützen diese Inszenierungen des blauen Blutes, wenn es dabei vergossen wird? Ob der Kapitalgewinn das Lebensrisiko aufwiegt, ist äußerst fraglich. Insofern kann die uneingeschränkte Behauptung von Instrumentalität, selbst wenn sie auf engere Kollektive beschränkt bleibt, nicht überzeugen.

---

[35] Pierre Bourdieu, *Die feinen Unterschiede: Kritik der gesellschaftlichen Urteilskraft* (Frankfurt am Main 1987); vgl. auch Ingo Mörth/Gerhard Fröhlich, hg., *Das symbolische Kapital der Lebensstile: Zur Kultursoziologie der Moderne nach Pierre Bourdieu* (Frankfurt am Main 1994).

Wenn Kultur ein Instrument wäre, müßte sie uns nach Gutdünken zur Verfügung stehen und unserem Willen untertan sein. Das adlige Individuum, so bestätigt unser Beispiel diese These, benutzt die Institution des Duells, um seine Zugehörigkeit zur Elite zu demonstrieren. Das Beispiel rechtfertigt aber auch die gegenteilige Betrachtungsweise. Der einzelne ordnet sich der Institution so weit unter, daß er selbst sein Leben aufs Spiel setzt. Damit stehen wir an einem entscheidenden Punkt. Kultur ist einerseits Lebenshilfe, die zur Lösung von Problemen bereit steht, andererseits aber ist sie es, welche die Mehrheit dieser Probleme verursacht. Die Institution Geburtstag hilft mir zwar bei der Gestaltung dieses Festtags, solche Hilfe hätte ich aber ohne ihn nicht nötig. Kultur ist instrumentell für jene Fragen, die sich ohne sie nicht stellten. Betrachtet man das Verhältnis von Individuum und Kultur aus diesem Blickwinkel, so läßt sich folgendes erkennen: Das Verhältnis erschöpft sich nicht darin, daß das Individuum über die Kultur verfügte, vielmehr verfügt auch die Kultur über das Individuum. Das Verhältnis ist nicht monokausal instrumentell, sondern dialektisch. Diese Dialektik gilt es zu erfassen, wozu der instrumentelle Kulturbegriff nicht in der Lage ist.

Auf dieses Verhältnis befragt, geben Harris und Gehlen gegensätzliche Antworten. Für Harris ist Kultur ein Mittel der Evolution und steht damit der Menschheit als funktionales Werkzeug zur Verfügung. Gehlen hingegen stellt die Kausalität auf den Kopf und macht den Stifter der Kultur zu ihrem Opfer. Die deterministisch eingesetzte Institution soll die Entmündigung des Individuums betreiben, so daß der Schöpfer durch seine Schöpfung kontrolliert wird. Der Unterschied zwischen diesen Arten der Instrumentalität ist aber nur vordergründig, denn in beiden Fällen dient sie der Arterhaltung, die nur auf verschiedene Weise, einmal mit und einmal gegen das Individuum, realisiert werden muß. Egal wie er eingesetzt wird, der instrumentelle Kulturbegriff kann das Verhältnis zwischen Individuum und Kultur nicht erfassen, weil Instrumentalität einen einseitigen Kausalnexus impliziert und keine Dialektik.

Der substantielle Kulturbegriff

Genauso einseitig wie der instrumentelle verabsolutiert der substantielle Kulturbegriff die andere Seite der Dialektik. In seiner älteren Variante geht er offen von der ontologischen Qualität der Kultur aus, während die jüngere die immer noch betriebene Vergegenständlichung hinter dem uneindeutigen Begriff der Eigendynamik versteckt.

Indem er Kultur zur Substanz erhob, gab Herder dem ontologischen Kulturbegriff seine klassische Ausprägung, die lange genug bis hin zu kruden Formen des Ethnozentrismus, die Herders Relativierung ins Gegenteil verkehrten, wirkungsvoll blieb. Substanz, das wurde bereits erörtert, ist dabei als ein real existierendes Programm der gesamten Menschheitsentwicklung zu verstehen oder, was dasselbe ist, als eine Art göttlicher bzw. kosmischer Vernunft, die sich zunächst in den Völkern und dann in den Einzelindividuen manifestiere. Die Art der Manifestation ist jeweils verschieden, doch da die Substanz dieselbe bleibt, kann Herder die Einheit in der Verschiedenheit retten. Das gilt sowohl für die Verschiedenartigkeit der Völker, die als Menschheit eins bleiben, als auch für die Verschiedenheit der Individuen eines Volkes, die sich in einer höheren Homogenität aufgehoben finden. Kultur, um es metaphorisch zu sagen, ist das Holz, aus dem der Mensch geschnitzt ist, so daß weniger ein Herrschaftsverhältnis vorliegt als vielmehr eine tiefe existentielle Einheit.

Spätestens mit dem Beginn des 20. Jahrhunderts gaben die Kulturwissenschaften diesen deutlich ontologischen Kulturbegriff auf. Dadurch ergab sich eine Übergangssituation, in der eigentlich nur klar war, daß man von ontologischen Spekulationen und sonstigen Mystifizierungen abrücken wollte. Über das Ziel hinaus schoß dabei die Schule von Franz Boas, welche die kulturellen Gewohnheiten eines Kollektivs als völlig unzusammenhängend ansah und damit eigentlich den Kulturbegriff aufgab. Die Mehrheit der Ethnologen ging jedoch nicht bis zu diesem extrem positivistischen Standpunkt, sondern versuchte, ohne in die Romantik zurückzufallen, Kultur als Phänomen zu retten. Da es aber nicht an der Kollektivität festgemacht wurde, führten alle neuen Paradigmen doch wieder in die Vergegenständlichung. Das gilt für den Funktionalismus Malinowskis genauso wie für den Strukturalismus von Lévi-Strauss. Am deutlichsten praktizierte der sogenannte *diffusionism* diesen Rückfall, der Kultur im übergeordneten Sinne als feste Größe betrachtete, die der einzelnen Stammes- oder Volkskultur vorausliege und von Volk zu Volk durch Imitation weitergegeben werde.[36] Da diese Richtung aber marginal blieb, können wir auf ihre Darstellung verzichten.

Obwohl er einen gänzlich anderen Diskurs benutzte und andere Detailprobleme ins Zentrum rückte, lag auch dem sogenannten Funktionalismus, dem wichtigsten Neuansatz dieser Zeit, eine substantielle Vorstellung von Kultur zugrunde. Der Ethnologe Malinowski, der als sein

---

[36] Vgl. Karl-Heinz Kohl, „Bronislaw Malinowski", in: Marschall, *Kulturanthropologie*, S. 239.

Erfinder gilt, aber nicht nur er, sondern alle seine Vorläufer und Nachfolger beschrieben Kultur als eine Wirkungseinheit, bei der Einzelteile funktional zusammenspielen.[37] Man ging vom Modell des technischen Systems aus – Leslie A. White[38] wird später den Begriff auch benutzen – und sah die einzelnen Standardisierungen dergestalt miteinander agieren, daß, wenn auch in wechselnden Zuständen, Harmonie, auf jeden Fall aber Stabilität erreicht wird. Trotz der so technisch klingenden Begriffe kommen bei dieser Betrachtungsweise traditionelle Prämissen zu Ehren: Was früher metaphorisch Organismus hieß, kehrt als System wieder; was früher als Einheit oder Homogenität galt, wird nun als Stabilität bezeichnet.

Mechanismen wie ein Uhrwerk und Organismen wie eine Pflanze – jedenfalls wie sie früher verstanden wurden – setzen einen vorherbestimmten Zweck voraus. Das gilt ebenfalls für Systeme – man denke an den Regelkreis einer Heizung – die ja auch zur Erfüllung einer bestimmten Leistung konstruiert werden. Worin aber soll der vorherbestimmte Zweck oder die gewünschte Leistung der Kultur bestehen? Wenn auf diese Frage überhaupt eine Antwort erfolgt, dann die der Harmonie oder Stabilität. Beides bezieht sich aber auf das zuvor beschriebene kulturelle System, dem damit folglich der Zweck zugeschrieben wird, sich selbst am Leben zu erhalten. In dieser tautologischen Sicht erschiene Kultur als Selbstzweck, was die Funktionalisten aber wohl nicht meinen. Harmonie und Stabilität, das bleibt unausgesprochen im Hintergrund, stünden letztendlich in Diensten des Individuums, das vor Anarchie geschützt wird und sein Leben in einer festen Ordnung zubringen kann. Damit aber ist man wieder bei der Kategorie der Instrumentalität angelangt.

White beispielsweise beginnt sein Buch mit einer zutreffenden Widerlegung des instrumentellen Kulturbegriffs, dem er zum einen historische Vorkommnisse kultureller Artgefährdung entgegenhält und dem er zum anderen das Manko ankreidet, die Eigendynamik von Kultur nicht erklären zu können. Er sagt:

> We no longer think of culture as designed to serve the needs of man; culture goes its own way in accordance with laws of its own. Man lives within the embrace of cultural systems, and enjoys or suffers whatever they mete out to him.[39]

---

[37] Vgl. die Darstellung der funktionalistischen Tradition bei White, *The Science of Culture*, S. 132ff.

[38] Leslie A. White, *The Science of Culture: A Study of Man and Civilization* (New York 1949).

[39] White, S. 159.

Dem Anfang des Zitats stimmt man gerne zu, nicht aber der entlarvenden Schlußfolgerung. Sicherlich muß Kultur als eine vom einzelnen Individuum unabhängige Größe betrachtet werden; damit zusammenhängend, ist es sicherlich auch sinnvoll, vielleicht nicht gerade von Gesetzen, wohl aber von kultureller Eigendynamik zu sprechen. Die daraus gezogene Konsequenz einer Herrschaft der Kultur über den Menschen schießt jedoch über das Ziel hinaus.

Die einzelnen kulturellen Phänomene, die miteinander in einem Funktionszusammenhang stehen, nennt White „Vektoren", also Kräfte. An seinen Beispielen, er verweist in erster Linie auf politische Institutionen wie etwa den Regierungsapparat in Washington, erkennt man, daß gesellschaftliche Kräfte gemeint sind. Ihnen wird ein dezidiertes Eigeninteresse zugesprochen, so daß sich die Frage ergibt, wie die Gefahr eines Krieges der verschiedenen Eigeninteressen vermieden werden kann. Um das System zu erhalten, muß ein „mechanism of integrated regulation"[40] greifen, oder es müssen „means" zum Tragen kommen, „whereby the whole could achieve subordination of the parts".[41] Die Mittel, auf welche die Überlegung abzielt, sind jedoch nicht so sehr kultureller als vielmehr politischer Natur. White beginnt seine Argumentation als Ethnologe, wandelt sich bald aber zum Soziologen und Politologen. Die Systemhaftigkeit, die er beschreibt, ist letztendlich nicht die der Kultur, sondern die der Gesellschaft und des Staates.

Ein politischer oder gesellschaftlicher Funktionalismus, dessen Problem der Ausgleich der verschiedenen Eigeninteressen ist, läßt sich einfacher in ein Modell bringen als ein kultureller. Die Bausteine des kulturellen Funktionalismus müßten die Standardisierungen des jeweiligen Kollektivs sein, für die nur sehr schwer und vor allem nicht in jedem Fall nachzuweisen ist, daß sie zueinander passen oder, schwieriger noch, wie sie miteinander eigendynamisch agieren. Wie etwa würde die amerikanische Waffeneuphorie zu der Gesittung beim Autofahren passen? Wie geht die britische Erbsenetikette mit der britischen Vorliebe des *bird watching* zusammen? Andererseits könnte das deutsche Qualitätsbewußtsein zur deutschen Untertanenmentalität passen, da beide die Unterordnung unter Prinzipien zeigen. Insofern, das veranschaulichen diese schnellen Beispiele, erkennt man einerseits Zusammenhänge zwischen einzelnen Standardisierungen, obwohl man andererseits weder ihre Gesamtheit integrieren noch daraus ein System zimmern kann. Peter Lösche beispiels-

---
[40] White, S. 89.
[41] White, S. 97.

weise demonstrierte in einer vorbildlichen Analyse, wie die Diversität Amerikas (ethnische Vielfalt, Autonomie der Einzelstaaten, Autonomie des einzelnen Abgeordneten etc.) durch Standardisierungen des Denkens, d.h. durch bestimmte, ideologische Grundwerte aufgefangen wird, die für die Mehrheit gelten.[42] Lösche bemüht ein Ensemble aus politischen Institutionen und kulturellen Gewohnheiten, doch es bleibt eine Auswahl. Was er beschreibt, ist keinesfalls ein System, sondern nur eine Art Balance, die sich zwischen ausgewählten Einzelheiten ergibt.

Kulturelle Willkür hat viele Gesichter. Kultur verweigert sich überindividuellen Zwecken, ist gelegentlich aber auch willkürlich gegen sich selbst, d.h. sie entwickelt Eigenheiten, die sich nur schwer integrieren lassen. Die Lebenswirklichkeiten, die so entstehen, mögen vielleicht auf eine oder mehrere Tendenzen zulaufen, keinesfalls aber werden sie Maßstäben irgendwelcher Systematiken gerecht. Deshalb sind alle Anleihen bei Naturwissenschaft und Technik zum Scheitern verurteilt. Zwar lassen sich einzelne Funktionseinheiten zusammenstellen, aber selbst solche Ausschnitte fügen sich keinesfalls der Mathematik eines Systems.

Vergegenständlichung funktionalistischer Art betreibt aber auch der in den sechziger Jahren entstehende anthropologische Strukturalismus. Im Kultbuch der Zeit, den *Traurigen Tropen* von Claude Lévi-Strauss, findet sich folgende Passage:

> Die Gesamtheit der Bräuche eines Volkes ist stets durch einen Stil gekennzeichnet; sie bilden Systeme. Ich bin davon überzeugt, daß die Anzahl dieser Systeme begrenzt ist und daß die menschlichen Gesellschaften genau wie die Individuen - in ihren Spielen, ihren Träumen, ihrem Wahn - niemals absolut Neues schaffen, sondern sich darauf beschränken, bestimmte Kombinationen aus einem idealen Repertoire auszuwählen, das sich rekonstruieren ließe. Würde man alle Bräuche inventarisieren, die je beobachtet, in Mythen ersonnen, in den Spielen von Gesunden und Kranken sowie in den Verhaltensweisen von Psychopathen beschworen wurden, dann erhielte man schließlich eine Art periodischer Tafel ähnlich derjenigen der chemischen Elemente, in der sich alle realen oder auch nur möglichen Bräuche zu Familien gruppieren würden, so daß man nur noch herauszufinden brauchte, welche von ihnen die einzelnen Gesellschaften tatsächlich angenommen haben.[43]

---

[42] Peter Lösche, *Amerika in Perspektive: Politik und Gesellschaft der Vereinigten Staaten* (Darmstadt 1989).
[43] Claude Lévi-Strauss, *Traurige Tropen* (Frankfurt am Main 1978), S. 168-69.

Einerseits treffen wir hier den Systemgedanken wieder, andererseits wird ihm eine weitere scheinbar naturwissenschaftliche Komponente hinzugefügt. Kultur erscheint als ein für alle Ewigkeit festliegendes Inventar von Verhaltensweisen, das mit dem der chemischen Elemente verglichen wird. Dieser Vergleich verrät die schwerwiegenden Prämissen, die Lévi-Strauss vorausschickt: Der Bestand an Kultur soll endlich sein. Er soll unabhängig vom Menschen existieren und ihn beherrschen. Wie die Kreatur von ihrer eigenen Chemie abhängt, vom Magensaft, vom Blut und Knochenmark, so lebt nach dieser Sicht der Mensch im Joch der Kultur.

Der semiotische Kulturbegriff

Überwunden wurde das latente Substanzdenken erst durch den semiotischen Kulturbegriff, der seit Mitte der siebziger Jahre eine interdisziplinäre Breitenwirkung entfaltet. Zwei Gewährsleute aus unterschiedlichen Disziplinen wollen wir zu seiner Darstellung in aller Kürze heranziehen, den Ethnologen Clifford Geertz, der sich *expressis verbis* zu einem semiotischen Kulturbegriff bekennt, und den Soziologen Ronald Hitzler, der seinen Ansatz eher wissenssoziologisch versteht. Beide sollen in Zitaten zu Wort kommen.

1973 veröffentlichte Geertz seine vieldiskutierte Essaysammlung *The Interpretation of Cultures*, die unter dem Titel *Dichte Beschreibung* größtenteils in deutscher Übersetzung vorliegt. Auf Schritt und Tritt stößt man in den behutsam abwägenden Essays auf meist metaphorische Umschreibungen des Phänomens Kultur. Bei der Lektüre spürt man schon rein sprachlich, daß eingefahrene und allzu einfache Konzepte vermieden und ein bedachtsamer Neuanfang versucht werden soll. Wenn gelegentlich das Wort System auftaucht, wird es in gänzlich anderer Bedeutung verwendet als bei White. Geertz meint einen „Kontext" semiotischer Art, d.h., wie er in feiner Metaphorik sagt, ein „selbstgesponnenes Bedeutungsgewebe", in das der Mensch „verstrickt" sei.[44] An anderer Stelle nennt er Kultur ein „Universum symbolischen Handelns" bzw. eine „Vorstellungswelt" (im Original: „an imaginative universe").[45] In seinem Essay über den balinesischen Hahnenkampf, der zu Recht als methodisches Musterexemplar der neuen Ethnologie gerühmt wird, umschreibt er Kultur als eine „Montage von Texten"[46] oder als ein „Ensemble von Texten, die ihrerseits wieder

---

[44] Geertz, *Dichte Beschreibung*, S. 9.
[45] Geertz, S. 35 und S. 20.
[46] Geertz, S. 253.

Ensembles sind."[47] Für die Religion, die Geertz als exemplarischen Fall des „imaginative universe" ansieht, wagt er die folgende Definition, deren Einzelheiten ausführlich reflektiert werden. Religion und damit Kultur sei

> ein Symbolsystem, das darauf zielt, starke, umfassende und dauerhafte Stimmungen und Motivationen in den Menschen zu schaffen, indem es Vorstellungen mit einer solchen Aura von Faktizität umgibt, daß die Stimmungen und Motivationen völlig der Wirklichkeit zu entsprechen scheinen.[48]

In seinem Buch *Sinnwelten: Ein Beitrag zum Verstehen von Kultur*, das 1988 erschien, liefert Ronald Hitzler eine zwar anders klingende, andere Schwerpunkte setzende, in der Sache aber durchaus vergleichbare Beschreibung:

> So verstanden ist Kultur also jedem individuellen Lebensvollzug vorgegeben als sozialer Wissensvorrat, insbesondere aber soziale Tatbestände im Sinne Durkheims. Kultur vermittelt sich den in ihr Handelnden als ‚System' objektiver Gewißheiten und Zwänge. Die Mittel sozialen Handelns, die interaktiven Zeichen und Symbole, markieren typischerweise die faktischen Grenzen des praktisch Möglichen. Kulturell tradierte Gewohnheiten dienen dem Einzelnen dazu, sich in dieser vor-geordneten, pragmatisch begrenzten Wirklichkeit mehr oder minder problemlos zurechtzufinden. Kultur steckt die Konturen des Selbstverständlichen ab. Ohne also zu vergessen, daß sie ein menschliches Konstrukt, eine Manifestation letztlich subjektiver Sinnhaftigkeit darstellt, erscheint Kultur generell doch vor allem als kollektive Verbindlichkeit und ist deshalb – zunächst – auch vom sozialen Wissensvorrat einer Gemeinschaft her zu erfassen. Typischerweise bestimmt eben nicht das, was der einzelne denkt, fühlt und tut, die kulturell gültige Wirklichkeit, sondern das, worin sich die individuellen Ansichten treffen. Denn Menschen werden hineingeboren und vor allem hineinerzogen in die je soziohistorisch konkretisierte Kultur der sie umfangenden Gemeinschaft. Ihr soziales – und vielleicht auch ihr individuelles – Überleben sichern sie durch Reduktion der Komplexität prinzipieller Handlungsmöglichkeiten, durch sinnliche Entlastung, durch Übernahme gesellschaftlicher Konventionen. Diese Konventionen

---

[47] Geertz, S. 259.
[48] Das Zitat setzt sich aus einzelnen Kapitelüberschriften des Teils „Religion als kulturelles System" S. 44-95 zusammen.

erscheinen dem wohlsozialisierten Einzelnen mehr oder minder als selbstverständliche Orientierungswerte und Handlungsanweisungen. ‚Seine' Kultur ist dem Menschen in ihrer Gesamtheit normalerweise durchaus keine fragwürdige Angelegenheit. Wirklich ist für ihn zumeist, was konventionell als ‚wirklich' gilt. Handlungsmöglichkeiten jenseits der kulturell definierten Wirklichkeit sind entweder sozial verfemt (und damit ex negativo doch in dieser Wirklichkeit vor-handen), oder sie tauchen allenfalls schemenhaft und unbenennbar am Bewußtseinshorizont auf. D.h., Kultur existiert nicht per se, sondern dadurch, daß sie von den Individuen als soziale Tatsache anerkannt wird. M.a.W.: Wenn auch der Mensch empirisch immer schon in eine je bestimmte Kultur ‚geworfen' ist, so ist logisch Kultur überhaupt die - höchst verwickelte - Sedimentierung individueller Sinngebungen und ihrer beabsichtigten und unbeabsichtigten Aus- und Nebenwirkungen. In sehr beschränktem Maße schafft jeder Mensch im Wechselspiel von Privatheit und Öffentlichkeit auch seine individuelle Kultur, die die sozial vermittelte Kultur prinzipiell, wenn auch zumeist minimal transzendiert.[49]

Beide Definitionen, die von Geertz genauso wie die von Hitzler, stimmen mit der in dieser Einführung versuchten weitgehend überein. Zwar klingen sie zunächst anders, weil die zugrundeliegende Begrifflichkeit verschieden ist und die Prioritäten abweichend verteilt werden, aber im Prinzip gibt sich ein identisches Paradigma zu erkennen. Was bei Hitzler als „sozialer Wissensvorrat" vorkommt, wären in der hier versuchten Systematik die Standardisierungen des Denkens; jene des Handelns bzw. die Institutionen erscheinen im Zitat als „tradierte Gewohnheiten". Hitzlers „Sinnhaftigkeit" steht für das Konzept der Wirklichkeitsdeutung, und seine „kulturell definierte Wirklichkeit" hieß in den vorausliegenden Kapiteln Lebenswirklichkeit oder Normalität. Für Geertz allerdings ist es mit einer bloßen Begriffsübersetzung nicht getan. Terminologisch bleibt er im engeren Bereich der Semiotik, was auch für seine Metaphern gilt, die durch ihre unausgesprochenen Implikationen jedoch diesen Bereich verlassen und weiter ausgreifen. Da Symbole und „Symbolsysteme" Bedeutungen speichern und transportieren, ist der Aspekt des Denkens und Fühlens zwangsläufig mit umschlossen. Da sich Bedeutungen auf Sinnhaftigkeiten beziehen, wird indirekt auch der Perspektive der Lebenswirklichkeit Genüge getan. Um das Handeln, das die Semiotik gerne im

---

[49] Ronald Hitzler, *Sinnwelten: Ein Beitrag zum Verstehen von Kultur* (Opladen 1988), S. 73/74.

Hintergrund hält, sichtbar mit einzubeziehen, prägt Geertz den Begriff „Motivation". Darunter will er überindividuelle Neigungen zu bestimmten Handlungen verstanden wissen, was der hier verwendeten Bezeichnung Standardisierung des Handelns weitgehend entspricht.

Welches sind nun aber die grundsätzlichen Gemeinsamkeiten des aktuellen Paradigmas? Als Basis des semiotischen Kulturbegriffs fungiert die Idee der Kommunikation.[50] Da eine solche aber nur innerhalb einer Gemeinschaft denkbar ist, wird das Phänomen der Kollektivität vorausgesetzt. Auf Kultur bezogen, drückt sich im semiotischen Ansatz eine zweifache Einsicht aus. Durch kollektive Anstrengung, so die erste Einsicht, werden innerhalb einer Gemeinschaft die Mehrheit der Dinge des Lebens gedeutet und mit einer Bedeutung versehen, so daß die bedeutungsindifferente Realität in eine gedeutete Lebenswirklichkeit, in eine „Vorstellungswelt" oder ein „selbstgesponnenes Bedeutungsgewebe"[51] umgewandelt wird. Gleichzeitig und davon nicht zu trennen, das wäre die zweite Einsicht, werden den Bedeutungen sprachliche Zeichen oder sonstige Symbole zugeordnet, mit deren Hilfe zum einen ein geistiger Austausch über die Bedeutungen, also Kommunikation, und zum anderen die Speicherung des „sozialen Wissensvorrats" im „kulturellen Gedächtnis" möglich wird.

Gegenüber Funktionalismus und Strukturalismus ist damit zweierlei erreicht. Zum einen wird die hinter allen Gewohnheiten stehende, die Dinge interpretierende und das Leben deutende Geistigkeit der Kultur sichtbar. Entsprechend besteht ihre Leistung in der Schaffung von Sinnvorgaben, aus denen sich eine Lebenswirklichkeit oder Normalität formt. Zum anderen kann die Eigendynamik von Kultur ohne Rückfall in Substanzvorstellungen und ohne jede Verdinglichung auf den Begriff gebracht werden. Da Kultur jetzt auf den Säulen Kollektivität und Kommunikation ruht, ist sie kein Gegenstand für sich oder ein Phänomen, das ohne den Menschen denkbar wäre, sondern erscheint als das Gemeinschaftliche einer Gemeinschaft. Sie ist „selbstgesponnen", also menschlichen Ursprungs, und insofern liegt sie dem einzelnen Individuum zwar voraus, ist ihm aber nicht prinzipiell übergeordnet, schon gar nicht im Sinne unrevidierbarer Determination. Die gesuchte Dialektik ist damit

---

[50] Manche Theoretiker gehen bei der Bestimmung von Kultur alleine vom Kommunikationsbegriff aus; vgl. Edmund Leach, *Culture and Communication* (Cambridge 1976) oder Richard Münch, *Dialektik der Kommunikationsgesellschaft* (Frankfurt am Main 1991).

[51] Geertz, S. 9.

erreicht: Einerseits wird Kultur von den Einzelindividuen geschaffen, andererseits schafft sie deren Identität. Der Mensch ist somit Subjekt wie Objekt der Kultur.

Sowohl bei Geertz als auch Hitzler, die sich von gewissen instrumentellen Residuen nicht lösen können, kommt diese Dialektik allerdings noch nicht voll zum Tragen. An Gehlen erinnernd, beschreibt Geertz in einem nicht übersetzten Essay den Menschen als „an incomplete unfinished animal" und zieht daraus die bekannte Konsequenz: „Undirected by culture patterns ... man's behavior would be virtually ungovernable, a mere chaos of pointless acts and exploding emotions, his experience virtually shapeless."[52] Immer noch droht also das Chaos, wodurch Kultur - „a control mechanism ... for the governing of behavior"[53] - die auch bei Gehlen beschworene Funktion der Zuchtrute erhält, die das unzuverlässige Mängelwesen im Zaum halten soll. Diese Argumentation, die im semiotischen Kontext der von Geertz angestellten Überlegungen als Fremdkörper auffällt, ist aber, wie bereits diskutiert, weder logisch noch läßt sie sich empirisch belegen. Die Kulturen, um mit dem zweiten zu beginnen, halten sicherlich Beispiele für besänftigende Ordnungsstiftung bereit, belegen aber ebenfalls, daß der Mensch erst durch kulturelle Standardisierungen gefährlich wird. Fehden, Blutrache, Duelle, Martern an Kriegsgefangenen und Feinden sind krasse Formen kulturell institutionalisierter Grausamkeit, denen keinerlei arterhaltende Funktion zugesprochen werden kann. Daneben existieren harmlosere Gewohnheiten wie Mutproben, Beschneidungen oder sonstige die Männlichkeit testende Initiationsriten (die sich heute teilweise aufs und ins Auto verlagert haben), deren angeblich zivilisierender Effekt äußerst fragwürdig ist. Daß die Grausamkeiten gemeinschaftlich, also gleichsam im disziplinierten Gleichschritt begangen werden, wiegt ihr lebengefährdendes Potential nicht auf.

Zu allem Überfluß muß sich die Argumentation auch noch einen logischen Fehler ankreiden lassen. Genau wie Gehlen, der es aber offen zugibt, geht Geertz vom Menschen als Naturwesen aus, das sich auf dieser Ebene als angeblich *incomplete* zu erkennen gibt. Doch um über das Naturwesen Aussagen zu machen, müßte es im Naturzustand belassen und beobachtet werden, in welchem es sich wahrscheinlich weder als unfertig noch als mit degenerierten Instinkten ausgestattet erweisen würde. In Extremsituationen wie Katastrophen oder Kriegen, das sehen wir oft genug in den Nachrichten, erfüllt die biologische Ausstattung meistens

---

[52] Clifford Geertz, *The Interpretation of Cultures* (New York 1973); S. 46.
[53] Geertz, S. 44.

ihren Zweck. Mit Zähnen, Klauen und animalischer Verbissenheit läßt sie die Bedrängten um das nackte Überleben kämpfen. Doch das wäre wiederum ein empirischer Einwand und kein logischer. Der formale Fehler besteht vielmehr darin, daß man das Naturwesen Mensch in den Kulturzustand erhebt und für ihn eine defizitäre Naturausstattung moniert. Man vermischt die Zustände und kreidet der Natur an, daß sie für ein zivilisiertes und humanes Leben nicht tauge. Entwicklungsgeschichtlich korrekt, müßte der Gedankengang so verlaufen: Im Laufe seiner Entwicklung schuf sich der Mensch oberhalb des natürlichen Zustandes einen weiteren, den der Kultur. Der Kulturzustand entstand dabei nicht als Ersatz für eine degenerierte Natur, vielmehr ergab er sich nur deshalb, weil die Bedingungen des Naturzustandes bereits erfüllt waren. Erst nachdem das Überleben der Art langfristig gesichert war, ergab sich ein Freiraum für höhere Aktivitäten. Die gängige, von Geertz allerdings nur am Rande wiederholte Argumentation vermischt die Zustände, anstatt entweder das kulturlose Naturwesen zu betrachten oder das spätere Zwitterwesen, das seiner funktionierenden Natürlichkeit einen kulturellen Überbau hinzufügte.

Auch bei Hitzler, der allerdings in Vermeidung des logischen Fehlers nicht von Triebdegeneration ausgeht und im Raum der Kultur bleibt, finden sich Anklänge allzu einfacher Instrumentalität. Die zitierte Passage erkennt die Existenzberechtigung der Kultur darin, daß sie dem Einzelmenschen Orientierung bereitstelle, mit deren Hilfe er sich „problemlos zurechtfinden" könne. Das „soziale Überleben", so lesen wir weiter, werde „durch Reduktion der Komplexität prinzipieller Handlungsmöglichkeiten" und durch „sinnliche Entlastung" gesichert. Eine solche Betrachtungsweise stimmt aber weder mit der kulturellen Wirklichkeit überein, noch wird sie der oben skizzierten Dialektik gerecht. Hitzlers Formulierungen suggerieren eine entmündigende Kultur, an deren Fäden das Individuum wie eine Marionette hängt. Sobald Kultur aber mehr als nur eine Möglichkeit bereithält („Montage von Texten"), sobald sie Alternativen anbietet – und das tut fast jede Kultur, die moderne sogar im Überfluß – ist die Entscheidung des einzelnen gefragt. Allein er reduziert Komplexität, indem er die eine Option wahrnimmt und die anderen verwirft. Kultur reduziert nicht Komplexität, sondern erzeugt sie erst. Sie stellt nicht Orientierung bereit, sondern zwingt dem Individuum Orientierungsentscheidungen auf. Sie macht sein Leben nicht problemlos, sondern bereitet ihm oft genug große, wenn nicht gar existentielle Probleme, weil es trotz ihrer Willkür den gewählten Normen glaubt folgen zu müssen. Im Grunde schreiben die zitierten Formulierungen die traditionelle Prämisse einer homogenen, einheitlichen Kultur fort, denn nur eine solche nimmt dem einzelnen die Entscheidung ab. Doch diese einheitliche Kultur gab es wahrscheinlich auch in archaischen Gesellschaften nie, und für die modernen, die ihre eigene Unübersichtlichkeit beklagen, trifft sie schon gar nicht zu. Eine vielseitige Kultur jedoch, die Hitzler ebenfalls evoziert, verlangt das freie, selbst entscheidende Individuum, das aus den Offerten seine Wahl trifft.

★ ★ ★

Der dem Konstruktivismus, dem neusten philosophischen Paradigma[54] nahestehende semiotische Kulturbegriff ist entstanden wie eine Wasserstraße, die sich ihren Nebenflüssen verdankt. Sie entsprangen den unterschiedlichsten Disziplinen. Anthropologie und Ethnologie, an die man zuerst denken würde, trugen anfänglich allerdings wenig bei und verschlossen sich allzulange semiotischen Ansätzen. Der erste Beiträger war die moderne Sprachwissenschaft, insbesondere Saussure, der *avant la lettre* eine konstruktivistische Überlegung in die Welt setzte. Zeichen erklärt er zu Erfindungen des menschlichen Geistes, die über kollektive Verabredung funktionierten. Bei der Beschreibung dieses Funktionierens fällt zum ersten Mal das Stichwort Willkür. Zur gleichen Zeit wie Saussure formulierte der interdisziplinär denkende Veblen die Konzepte Mentalität und Institution. Auch ihnen schrieb er das Element der Willkür zu, doch Veblen ist eher ein unfreiwilliger Konstruktivist und Semiotiker, der alles Willkürliche und alles nicht durch Notwendigkeit Gedeckte als Fehlentwicklung, als „cultural retardation" tadelt. Veblen wurde nicht rezipiert und Saussure nicht nachhaltig genug. Insofern werden die eigentlichen Begründer des Konstruktivismus und des semiotischen Kulturbegriffs nicht zu seinen Ahnen gezählt. Wiederum zur gleichen Zeit untersuchten die Soziologen Durkheim, Fleckhaus und Weber das Phänomen der Solidarität. Sie wollten wissen, warum Individuen zwanglos und aus freien Stücken gleich handeln. Durch diese Fragestellung rückten sie das Phänomen der Kollektivität in den Blick.

Eine Generation später gab die Weimarer Kulturphilosophie[55] eine Art Zwischenspiel. Cassirer und Gehlen machten den weiteren Kulturbegriff,

---

[54] Vgl. Siegfried J. Schmidt, hg., *Der Diskurs des Radikalen Konstruktivismus* (Frankfurt am Main a.M. 1987) und ders., hg., *Kognition und Gesellschaft: Der Diskurs des Radikalem Konstruktivismus 2* (Frankfurt am Main 1992).

[55] Vgl. Helmut Brackert/Fritz Wefelmeyer, *Kultur: Bestimmungen im 20. Jahrhundert* (Frankfurt am Main 1990).

also das Konzept des *way of life*, das zuvor nur für primitive Völker gegolten hatte, philosophisch salonfähig. Sie stellten die existentiellen Grundfragen nicht mehr an das Sein, sondern an die alltägliche Wirklichkeit der Kollektivität. Ihre Antworten konnten sich allerdings nicht von allen ontologischen Relikten befreien. Cassirers symbolische Formen, die er vom Sein vorgegeben sieht und die deshalb nicht willkürlich sind, realisieren den semiotischen Ansatz nur halbherzig und den konstruktivistischen überhaupt nicht. Gehlen liefert zwar eine wichtige Beschreibung der kulturellen Standardisierung, kann aber aufgrund seiner biologistischen Setzungen nicht bis zum eigentlichen Wesen der Kultur vordringen. Zur gleichen Zeit entwarf Wilhelm Dilthey eine Hermeneutik, die soeben für das Problem des interkulturellen Fremdverstehens wieder entdeckt wurde. Ebenfalls zur gleichen Zeit führte der Engländer Raymond Williams Marxismus und Kulturbetrachtung zusammen. Er gab die Vorstellung einer homogenen Nationalkultur auf und führte den Nachweis, daß sie ein Konglomerat von Klassenkulturen bildet, in dem einige wenige dominieren und andere unterdrückt werden. In diesem Zusammenhang einer Revision des Marxismus, die der Geistigkeit zu mehr Rechten verhilft, muß natürlich auch der Italiener Antonio Gramsci erwähnt werden. Trotz der Zeitgenossenschaft existierten die genannten Tendenzen für sich, und erst viel später wurde ihr innerer Zusammenhang offenbar.

Roland Barthes und die französische Kultursemiotik trieben die Entwicklung entscheidend voran. Ihre Entdeckung war es, daß unser Alltag überall dort von Zeichen wimmelt, wo sich Gegenstände oder Handlungen aus den Zwängen der Notwendigkeit und Materialität befreiten. Barthes interpretierte die zeichenhaften Gewohnheiten der Franzosen und legte ihre Wirklichkeitsdeutungen frei. Ähnlich wie Williams witterte er allerdings stets die Manipulation der Herrschenden, die mit Hilfe unbewußt wirkender Mythen ihre Vorherrschaft zu sichern versuchten. Bei aller Berechtigung seiner Kritik übersah er, daß er eine Grundlage der Kultur beschrieben hatte. Als Ausdruck einer inneren Verwandtschaft erschien zur selben Zeit das erste vollwertige Dokument des eigentlichen Konstruktivismus. Hauptsächlich am Phänomen der sozialen Rolle zeigten die Wissenssoziologen Berger und Luckmann, wie die Welt willkürlich im Kopf entsteht.[56] Zwanzig Jahre später kommt die

---

[56] Peter L. Berger/Thomas Luckmann, *Die gesellschaftliche Konstruktion der Wirklichkeit: Eine Theorie der Wissenssoziologie* (Frankfurt am Main 1980); englische Erstausgabe 1966.

französische Mentalitätsgeschichte[57] hinzu, welche die Einsichten des vergessenen Veblen neu für sich entdeckte. Sie führte den konstruktivistischen Beweis anhand älterer Standardisierungen des Denkens, die für bestimmte Epochen typisch waren.

All diese Tendenzen, die aus verschiedenen Ländern und verschiedenen wissenschaftlichen Fächern stammten, bestanden zunächst für sich und wurden erst in unseren Tagen zusammengeführt. Eine dieser Zusammenführungen ist der von Geertz, Clifford, Hitzler und anderen beschriebene semiotische Kulturbegriff. Wenn man ihn auf wirklich dialektische Weise verwendet, besitzt er das Zeug, die Kulturwissenschaften paradigmatisch auf ein neues Fundament zu stellen. Er könnte der Ausgangspunkt werden sowohl für weiterführende theoretische Überlegungen als auch - und das insbesondere in den Landeskunden[58] - für eine neue Forschungspraxis. So alt die Kulturwissenschaften sind, sie stehen wieder einmal am Anfang.

---

[57] Vgl. Ulrich Raulff, „Von der Kulturgeschichte zur Geschichtskultur: Eine wissenschaftsgeschichtliche Skizze" in: Hansen, *Kulturbegriff*, S. 133-148.
[58] Vgl. Hansen, „Die Herausforderung der Landeskunde durch die moderne Kulturtheorie", in: Hansen, *Kulturbegriff*, S. 95-114.

Literaturverzeichnis

Allport, Gordon W., *The Nature of Prejudice* (Reading, Mass. 1954).

Anderson, Benedict, *Imagined Communities: Reflections on the Origin and Spread of Nationalism* (London/New York 1983).

Assmann, Aleida, „Zum Problem der Identität aus kulturwissenschaftlicher Sicht", in: Rolf Lindner, hg., *Die Wiederkehr des Regionalen: Über neue Formen kultureller Identität* (Frankfurt am Main/New York 1994), S. 13-35.

Assmann, Jan, „Kollektives Gedächtnis und kulturelle Identität", in: Jan Assmann/Tonio Hölscher, *Kultur und Gedächtnis* (Frankfurt 1988), S. 9-19.

Barley, Nigel, *Traurige Insulaner: Als Ethnologe bei den Engländern* (Stuttgart 1993).

Barthes, Roland, *Mythen des Alltags* (Frankfurt am Main 1964).

Berger, Peter L. u. Luckmann, Thomas, *Die gesellschaftliche Konstruktion der Wirklichkeit: Eine Theorie der Wissenssoziologie* (Frankfurt am Main 1980); englische Erstausgabe 1966.

Boas, F., *Kultur und Rasse* (Leipzig 1914); auszugsweise wiederabgedruckt in C.A. Schmitz, hg., *Kultur* (Frankfurt am Main 1963), S. 65-74.

Bourdieu, Pierre, *Die feinen Unterschiede: Kritik der gesellschaftlichen Urteilskraft* (Frankfurt am Main 1987).

Brackert, Helmut u. Wefelmeyer, Fritz, *Kultur: Bestimmungen im 20. Jahrhundert* (Frankfurt am Main 1990).

Bradbury, Malcolm and Temperley, Howard, *Introduction to American Studies* (London/New York 1981).

Bredella, Lothar, „Towards a Pedagogy of Intercultural Understanding", *Amerika Studien/American Studies* 37 (1992), S. 559-594.

Bredella, Lothar, „How is Intercultural Understanding Possible?", in: Bredella/Dietmar Haack, ed., *Perceptions and Misperceptions: The US and Germany; Studies in Intercultural Understanding* (Tübingen 1988), S. 1-26.

Bruder, Klaus-Jürgen, *Subjektivität und Postmoderne: Der Diskurs der Psychologie* (Frankfurt am Main 1993).

Cavalli-Sforza, Luca und Francesco, *Verschieden und doch gleich: Ein Genetiker entzieht dem Rassismus die Grundlage* (München 1994).

Chomsky, Noam, *Rules and Representatives* (Oxford 1980).

Clifford, James, *The Predicament of Culture: Twentieth-Century Ethnography, Literature, and Art* (Cambridge, Mass./London 1988).

Collett, Peter, *Der Europäer als solcher ... ist unterschiedlich: Verhalten, Körpersprache, Etikette* (Hamburg 1994).
Douglas, Mary, *Wie Institutionen denken* (Frankfurt am Main 1991).
Eibl-Eibesfeldt, Irenäus, *Wider die Mißtrauensgesellschaft: Streitschrift für eine bessere Zukunft* (München 1994).
Elias, Norbert, *Über den Prozeß der Zivilisation* (Frankfurt am Main 1976).
Elster, John, *The Cement of Society: A Study of Social Order* (New York 1989).
Fedrowitz/Matejovski/Kaiser, hg., *Kultur und Technik im 21. Jahrhundert* (Frankfurt am Main 1991).
Freud, Sigmund, *Das Unbehagen in der Kultur* (Frankfurt am Main 1930).
Geertz, Clifford, „From the Native's Point of View: On the Nature of Anthropological Understanding", in: Keith A. Basso and Henry A. Selby, ed., *Meaning in Anthropology* (Albuquerque 1976).
Geertz, Clifford, *The Interpretation of Cultures* (New York 1973).
Geertz, Clifford, *Dichte Beschreibung: Beiträge zum Verstehen kultureller Systeme* (Frankfurt am Main 1983).
Geertz, Clifford, *Die künstlichen Wilden: Der Anthropologe als Schriftsteller* (Frankfurt am Main 1993).
Gehlen, Arnold, *Urmensch und Spätkultur: Philosophische Ergebnisse und Aussagen* (Wiesbaden 1986).
Goffman, Erving, *The Presentation of Self in Everyday Life* (Garden City/ New York 1959).
Gorer, Geoffrey, *Die Amerikaner: Eine völkerpsychologische Studie* (Hamburg 1956).
Große, Ernst Ulrich u. Lüger, Heinz-Helmut, *Frankreich verstehen: Eine Einführung mit Vergleichen zu Deutschland* (Darmstadt 1993).
Halbwachs, M., *La mémoire collective* (Paris 1950).
Händel, Heinrich u. Gossel, Daniel A., *Großbritannien* (München 1994).
Hansen, Klaus P., *Die retrospektive Mentalität: Europäische Kulturkritik und amerikanische Kultur* (Tübingen 1984).
Hansen, Klaus P., *Die Mentalität des Erwerbs: Erfolgsphilosophien amerikanischer Unternehmer* (Frankfurt am Main 1992).
Hansen, Klaus P., hg., *Kulturbegriff und Methode: Der stille Paradigmenwechsel in den Geisteswissenschaften* (Tübingen 1993).
Harré, Ron, *The Social Construction of Emotions* (New York 1986).
Harris, Marvin, *Menschen: Wie wir wurden, was wir sind* (Stuttgart 1991). Originalausgabe: *Our Kind* (New York 1989).
Hitzler, Ronald, *Sinnwelten: Ein Beitrag zum Verstehen von Kultur* (Opladen 1988).
Hübner, Walter, *Didaktik der neueren Sprachen* (Frankfurt am Main 1933).

Illies, Joachim, *Nicht Tier, nicht Engel: Der Mensch zwischen Natur und Kultur* (Zürich 1975).

Keller, Rudi, *Sprachwandel: Von der unsichtbaren Hand in der Sprache* (Tübingen 1990).

Krakau, Knud, „Einführende Überlegungen zur Entstehung und Wirkung von Bildern, die sich Nationen von sich und anderen machen."; in: Willi Paul Adams/Krakau, *Deutschland und Amerika: Perzeption und historische Realität* (Berlin 1985), S. 9-18.

Landis, D. and Brislin, R., *Handbook of Intercultural Training* (New York 1983).

Leach, Edmund, *Culture and Communication* (Cambridge 1976).

Lévi-Strauss, Claude, *Strukturale Anthropologie* (Frankfurt am Main 1978).

Lévi-Strauss, Claude, *Traurige Tropen* (Frankfurt am Main 1978).

Lieberman, Philip, *Uniquely Human: Speech, Thought, and Selfless Behavior* (Cambridge, Mass./London 1993).

Lippmann, Walter, *Public Opinion* (New York 1922).

Lösche, Peter, *Amerika in Perspektive: Politik und Gesellschaft der Vereinigten Staaten* (Darmstadt 1989).

Marschall, Wolfgang, hg., *Klassiker der Kulturanthropologie: Von Montaigne bis Margaret Mead* (München 1990).

Marschall, Wolfgang, „Die zweite Natur des Menschen: Kulturtheoretische Positionen in der Ethnologie", in: Klaus P. Hansen, hg., *Kulturbegriff und Methode*, S. 17-26.

Martin, Berence, *A Sociology of Contemporary Cultural Change* (Oxford 1981).

Mörth, Ingo u. Fröhlich, Gerhard, hg., *Das symbolische Kapital der Lebensstile: Zur Kultursoziologie der Moderne nach Pierre Bourdieu* (Frankfurt am Main 1994).

Münch, Richard, *Dialektik der Kommunikationsgesellschaft* (Frankfurt am Main 1991).

Olsti, Ole R., „The Belief System and National Images: A Case Study", *Journal of Conflict Resolution* 6 (1962), S. 244-252.

Popp, Herbert, „Kulturgeographie ohne Kultur?", in: Hansen, *Kulturbegriff und Methode*, S. 115-132.

Pöppel, Ernst, „Auf der Suche nach neuer Orientierung: Hirnforschung als Leitwissenschaft?", in: Fedrowitz/Matejovski/Kaiser, hg., *Kultur und Technik im 21. Jahrhundert* (Frankfurt am Main 1993), S. 91-101.

Raulff, Ulrich, „Von der Kulturgeschichte zur Geschichtskultur: Eine wissenschaftsgeschichtliche Skizze" in: Hansen, *Kulturbegriff*, S. 133-148.

Sapir, Edward, *Selected Writings of Edward Sapir in Language, Culture and Personality*, D.G. Mandelbaum, ed., (Berkeley 1949).

de Saussure, Ferdinand, *Grundfragen der allgemeinen Sprachwissenschaft* (Berlin 1967).

Schmidt, Siegfried S., hg., *Der Diskurs des radikalen Konstruktivismus* (Frankfurt am Main 1987).

Schmidt, Siegfried S., hg., *Kognition und Gesellschaft: Der Diskurs des radikalen Konstruktivismus 2* (Frankfurt am Main 1992).

Schulze, Gerhard, *Die Erlebnisgesellschaft: Kultursoziologie der Gegenwart* (Frankfurt am Main 1992).

Seton-Watson, Hugh, *An Enquiry into the Origin of Nations and the Politics of Nationalism* (Boulder, Col. 1977).

Smith, Anthony D., *The Ethnic Origin of Nations* (New York 1987).

Tenbruck, Friedrich H., *Die kulturellen Grundlagen der Gesellschaft: Der Fall der Moderne* (Opladen 1989).

Thurn, Hans-Peter, *Kulturbegründer und Weltzerstörer: Der Mensch im Zwiespalt seiner Möglichkeiten* (Stuttgart 1990).

Tylor, Edward B., *Primitive Culture* (London 1871).

White, Leslie A., *The Science of Culture: A Study of Man and Civilization* (New York 1949).

Whorf, Benjamin Lee, *Language, Thought and Reality: Selected Writings of Benjamin Lee Whorf*, J. B. Carroll, ed., (Cambridge, Mass. 1956).

Whorf, Benjamin Lee, *Sprache, Denken, Wirklichkeit: Beiträge zur Metalinguistik und Sprachphilosophie* (Hamburg 1963).

Willms, Bernard, *Die deutsche Nation* (Frankfurt am Main 1982).

Vom selben Autor erschienen:

Klaus P. Hansen (Hrsg.)
Kulturbegriff und Methode
Der stille Paradigmenwechsel in den Geisteswissenschaften

1993, 204 Seiten, DM 38,–/ÖS 297,–/SFr 38,–
ISBN 3-8233-4125-1

Die Systemtheorie und der Konstruktivismus haben zu einer kopernikanischen Wende innerhalb der Geisteswissenschaften geführt. Beide Paradigmen sind in den letzten drei Jahren ausführlich dargestellt worden, allerdings meist in Form abstrakter Methodendiskussion. Dieser Band geht insofern einen anderen Weg, als er zu demonstrieren versucht, daß sich der geforderte Paradigmenwechsel bereits in der Praxis, d.h. der Forschung und Lehre der meisten geisteswissenschaftlichen Fächer abzuzeichnen beginnt oder sogar schon vollzogen ist.

Von zentraler Bedeutung ist dabei der jeweils verwendete Kulturbegriff, der vom 19. Jahrhundert bis heute deutliche Wandlungen erkennen läßt. Er ist das eigentliche Zentrum, von dem aus die Gegenstände und Methoden der Fächer Gestalt gewinnen. Ob Kultur als bloßer Überbau einer determinierenden Natur verstanden oder als eigentlicher Lebensraum des Menschen ernstgenommen wird, bestimmt letztendlich das wissenschaftliche Wechselspiel der Fragen und Antworten.

Aus dem Inhalt:
K.P. Hansen, Einleitung – *W. Marschall*, Die zweite Natur des Menschen. Kulturtheoretische Positionen in der Ethnologie – *B. Dahm*, Kulturelle Identität und Modernisierung in Südostasien – *W. Hartinger*, Volkskunde zwischen Heimatpflege und kritischer Sozialarbeit – *K. Möseneder*, Kulturgeschichte und Kunstwissenschaft – *H.-J. Lüsebrink*, Romanische Landeskunde zwischen Literaturwissenschaft und Mentalitätsgeschichte – *K.P. Hansen*, Die Herausforderung der Landeskunde durch die moderne Kulturtheorie – *H. Popp*, Kulturgeographie ohne Kultur? – *U. Raulff*, Von der Kulturgeschichte zur Geschichtskultur – *K.-J. Bruder*, Psychologie und Kultur – *A. Mintzel*, Kultur und Gesellschaft.

 Gunter Narr Verlag Tübingen

Kulturwissenschaft bei UTB

Dietrich Schwanitz
Englische Kulturgeschichte

Band 1: Die Frühe Neuzeit 1500-1760

UTB 1881, 1995, 296 Seiten,
DM 29,80/ÖS 221,–/SFr 29,80
UTB-ISBN 3-8252-1881-3

Band 2: Die Moderne 1760-1914

UTB 1882, 1995, 324 Seiten,
DM 29,80/ÖS 221,–/SFr 29,80
UTB-ISBN 3-8252-1882-1

Schwanitz bietet uns die englische Kulturgeschichte als "Große Erzählung". Ihr Leitfaden ist der säkulare Prozeß der Modernisierung, in dem England im 17. Jahrhundert die Führung übernimmt und die zugehörigen kulturellen Erfindungen – von der Zivilreligion der Freiheitsrechte bis zur Gewerkschafts- und Genossenschaftsbewegung – aus den eigenen zivilen Resourcen entwickelt. Die Darstellung vermittelt Sozialgeschichte, Religionsgeschichte, Verfassungsgeschichte, Literaturgeschichte und Philosophiegeschichte mit Sittengeschichte und der Geschichte des Alltagslebens, wobei sie zwischen Ereignisgeschichte und strukturaler Erzählung, Biographie und theoretischer Vertiefung wechselt.

Die Gliederung des Stoffes orientiert sich an Epochenschwellen, Krisen, Paradigmenwechseln und kulturellen Erfindungen.

Die Grundkategorien der Darstellung – Zeit, Erzählung, Geschichte, Plot, Ereignis, Handlung, Erfahrung, Erinnerung – werden in ihrer kulturellen Genese mitreflektiert und dabei für die Kulturgeschichte als paradigmatischen Plot die Komödie als Geschichte einer gelungenen Zivilisation reklamiert. Sie bietet der Autor als Tonicum für spezifisch deutsche Gemütsgefährdungen an: mangelnde Politik- und Konfliktfähigkeit; Hang zu Katastrophismus und Hysterie; Verbiesterung durch Moralisierung des öffentlichen Diskurses; unterentwickelter Sinn für Komik und Lächerlichkeit als Wellenbrecher für Moralvirtuosen; und Unkenntnis der kulturellen Vorgeschichte der Demokratie.

Preisänderungen vorbehalten

Francke